MON MAXI-LIVRE POUR TOUT SAVOIR

ESPACE • GÉOGRAPHIE • CORPS HUMAIN
MYTHOLOGIE • HISTOIRE • VOLCANS

jeunesse éditions 365

MIX
Paper | Supporting responsible forestry
FSC™ C043979
www.fsc.org

Cet ouvrage est imprimé sur du papier certifié FSC® issu de forets gérées durablement et d'autres sources contrôlées.

Direction : Guillaume Pô
Direction éditoriale : Camille Chevalier
Responsable éditoriale : Euriell Séguillon
Direction de la fabrication : Thierry Dubus et Gwendoline da Rocha
Fabrication : Marie Dubourg

Loi n°49-956 du 16 juillet 1949 sur les publications destinées à la jeunesse, modifiée par la loi n°2011-525 du 17 mai 2011.

ISBN 978-2-38382-601-9
Dépôt légal : octobre 2024
Imprimé par Levent Ofset en Turquie en juillet 2024

www.editions365.eu
Média Diffusion • Distribution MDS

BIENVENUE DANS TON MAXI LIVRE POUR TOUT SAVOIR !

Prépare-toi à un voyage extraordinaire à travers la connaissance. Commence par explorer les mystères du système solaire, où chaque planète révèle ses secrets et ses merveilles. Ensuite, plonge au cœur des volcans, ces montagnes de feu qui façonnent notre planète avec puissance et beauté. Après cette aventure géologique, découvre les étonnants mécanismes du corps humain, une machine extraordinaire et complexe qui te permettra de mieux comprendre comment ton propre corps fonctionne. Puis, pars à la rencontre des pays d'Europe, chacun avec sa culture, son histoire et ses traditions uniques, pour un tour du monde sans quitter ta chambre ! Pour continuer cette aventure, plonge dans les mythes et légendes de la mythologie grecque, où dieux et héros vivent des aventures épiques qui t'enchanteront. Enfin, remonte le temps jusqu'au Moyen Âge, une époque de chevaliers, de châteaux et de grandes découvertes, pour vivre des histoires captivantes et instructives.

Chaque page de cette encyclopédie éveillera ta curiosité et stimulera ton imagination. Illustrée et riche en informations captivantes, elle te permettra de découvrir le monde sous toutes ses facettes ! Bon voyage au cœur du savoir !

SOMMAIRE

LE SYSTÈME SOLAIRE

LEXIQUE DE L'ESPACE

Pas toujours simple de comprendre les mots venant de l'espace !

L'UNIVERS

Ensemble de tout ce qui est présent dans l'espace.

UN CORPS CÉLESTE

Tout objet qui appartient à l'espace. Cela peut être une planète, une comète ou n'importe quel autre corps spatial.

UNE PARTICULE

Toute petite partie de quelque chose.

UNE GALAXIE

Ensemble de gaz, de poussières et d'étoiles qui flottent dans l'espace. Notre galaxie s'appelle la Voie lactée.

UNE ÉTOILE

Boule de gaz très chaude qui émet sa propre chaleur et sa propre lumière. Le Soleil est une étoile.

UN ASTRE

Corps céleste qui fait partie de l'Univers. Les planètes, la Lune, le Soleil, les comètes ou les étoiles sont des astres.

UN SATELLITE

Il existe des satellites artificiels, que l'on envoie dans l'espace et que l'on place en orbite autour d'un astre, et des satellites naturels, qui sont les corps célestes qui tournent autour d'une planète plus grosse qu'eux. La Lune est le satellite de la Terre.

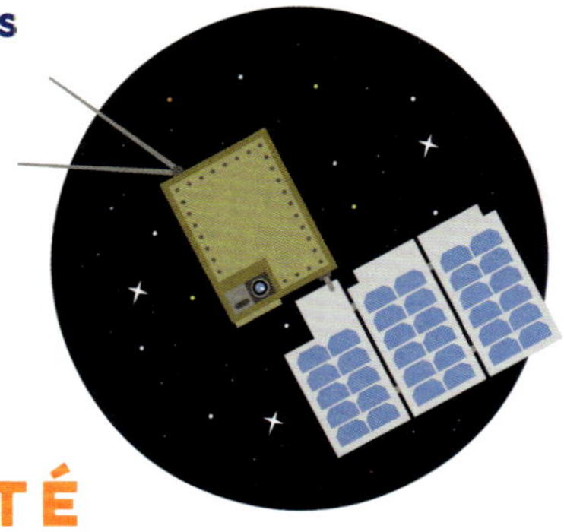

LA GRAVITÉ

On parle aussi de « pesanteur ». C'est le phénomène qui fait que les objets sont attirés vers le centre de la Terre, ou d'une autre planète. L'inverse s'appelle l'impesanteur.

LA COSMOLOGIE

L'étude de la formation de l'Univers s'appelle la cosmologie.

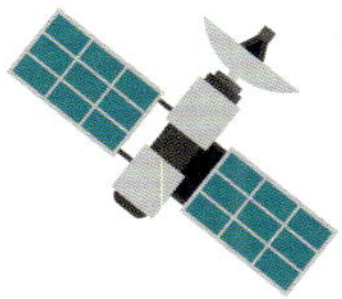

C'EST QUOI ?

L'Univers n'a pas de limites, il est infini. Il est l'ensemble de tout ce qui nous compose : des milliards d'étoiles, les galaxies, tous les objets spatiaux (qui pour certains nous sont encore inconnus !), les planètes dont la Terre et donc... nous !

LA MATIÈRE

La matière est tout ce qui compose l'Univers sous forme solide, liquide ou gazeuse. Elle est la même partout car nous sommes tous issus du même phénomène. L'élément chimique le plus présent est l'hydrogène : 92 % de l'Univers en est constitué.

LE SAIS-TU ?

Nous ne nous trouvons ni au centre ni sur un côté de l'Univers, car celui-ci n'a pas vraiment de sens ! Il s'étend dans toutes les directions, donc on ne peut pas dire où nous nous situons exactement.

PLUSIEURS UNIVERS ?

Certains scientifiques pensent qu'il pourrait y avoir plusieurs univers, mais cela reste encore impossible à prouver.

LES LIMITES

Les astronomes pensent que l'Univers a une fin puisqu'à partir d'une certaine distance, les télescopes ne détectent plus rien. Si c'est exact, la question est de savoir ce qu'il y a après ! Mais il est tellement grand qu'on ne sait pas le mesurer.

LA LENTE FORMATION DE L'UNIVERS

Il y a 14 milliards d'années, l'Univers, qu'on appelle aussi le cosmos, n'existait pas encore.

COMMENT EST-IL NÉ ?

On pense qu'une énorme explosion serait à l'origine de la formation des étoiles et des planètes : le Big Bang.

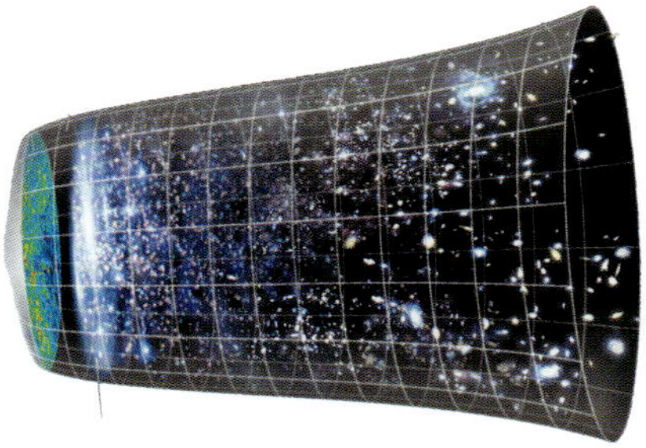

LE SAIS-TU ?

Notre étoile, le Soleil, est née il y a environ 5 milliards d'années.

- Avant le Big Bang, le temps et l'espace n'existaient pas.
- Juste après le Big Bang, les particules se sont regroupées et ont formé des atomes, la plus petite partie d'une matière.
- L'Univers, brûlant, a fini par se refroidir. Pendant des millions d'années, les particules ont bougé, se sont cognées les unes aux autres et ont formé des nuages de gaz et de poussières.
- Environ 200 millions d'années après le Big Bang, les gaz et ces poussières ont donné naissance aux premières étoiles qui se sont mises à briller et se sont regroupées en galaxies.
- Les planètes, à leur tour, ont vu le jour. Elles se sont toutes mises à tourner autour d'une étoile.

LE BIG BANG

Avant le Big Bang, l'Univers était minuscule et sa température extrêmement élevée : elle dépassait 1 milliard de degrés. Il faisait aussi tout noir !

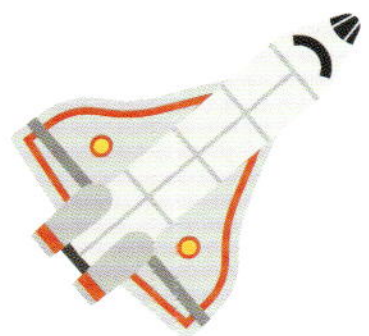

APRÈS LE BIG BANG

L'explosion aurait créé les premières particules et les aurait propulsées partout. Environ 180 millions d'années après le Big Bang, les particules se sont regroupées et ont créé des objets célestes : les étoiles, les galaxies...

LE GRAND BOUM

Une grande explosion a provoqué la formation de l'Univers, il y a 13,8 milliards d'années. Le « Big Bang », qui signifie le « grand boum » en français, a donné naissance au temps et à l'espace. L'Univers, qui se composait d'un seul bloc, a explosé dans toutes les directions.

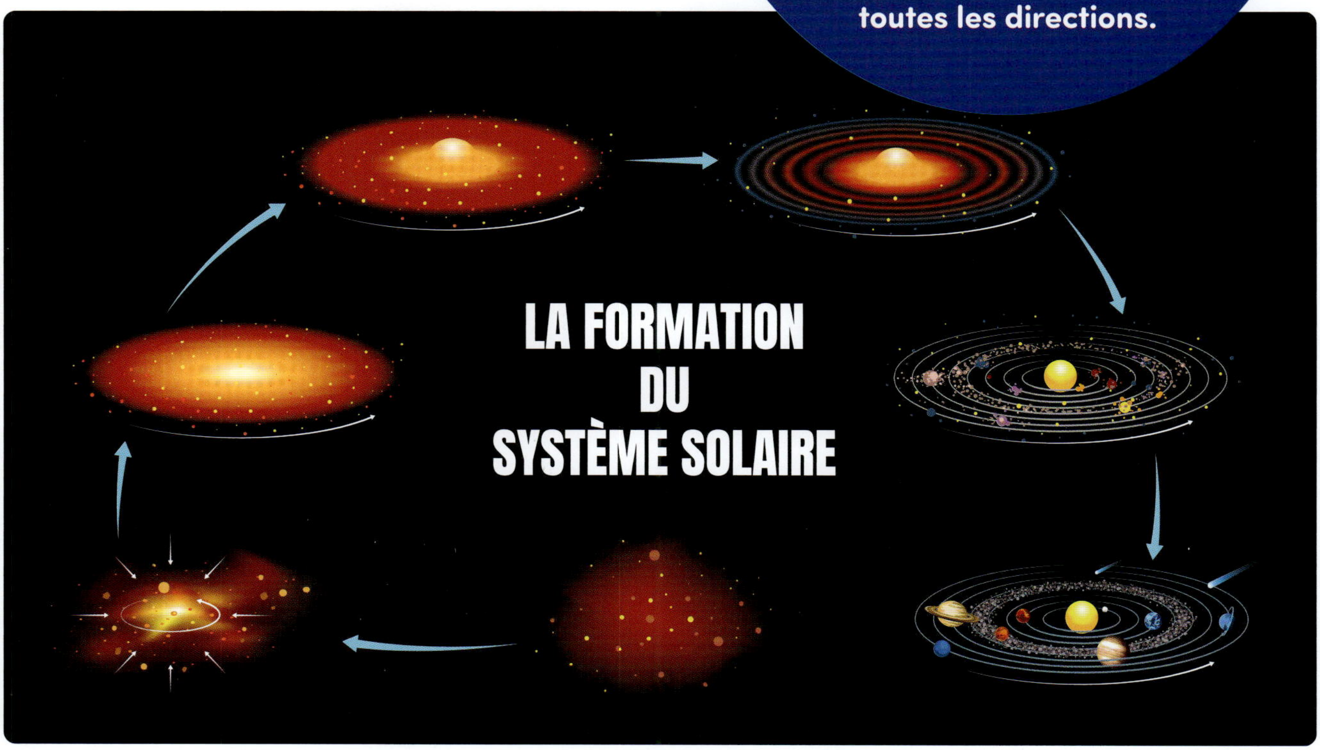

LA FORMATION DU SYSTÈME SOLAIRE

Une planète est un astre qui tourne autour d'une étoile. Par exemple, la Terre tourne autour de son étoile : le Soleil. Les huit planètes forment le Système solaire.

LE DÉBUT

Le Système solaire est né il y a 5 milliards d'années, en même temps que le Soleil. Notre Système solaire fait partie d'une galaxie, la Voie lactée, au côté de milliards d'étoiles.

LE BON ORDRE

Le Soleil est l'étoile de huit planètes. On les nomme souvent de la plus proche à la plus éloignée : Mercure, Vénus, Terre, Mars, Jupiter, Saturne, Uranus et Neptune.

ÇA TOURNE !

Plus une planète est éloignée du Soleil, plus elle tourne lentement. Et les planètes ne se rentrent jamais les unes dans les autres car elles suivent chacune leur propre chemin, souvent rond ou ovale, autour du Soleil : c'est leur orbite.

LE SAIS-TU ?

Le mot planète signifie « vagabond » en grec. C'est le nom que les astronomes ont décidé d'utiliser pour désigner ces astres qui bougent tout le temps !

LES SORTES DE PLANÈTES

Les planètes sont toutes différentes même si certaines, comme Vénus et la Terre, se ressemblent en termes de dimensions.

ROCHEUSES OU GAZEUSES

Mercure, Vénus, Mars et la Terre sont constituées de roches, on peut marcher dessus. On les appelle des planètes telluriques. Les autres planètes, Jupiter, Saturne, Uranus et Neptune, sont des planètes gazeuses. Leur surface est constituée de couches de gaz et de nuages, on ne peut pas se poser dessus.

LES DISTANCES

Pour mesurer les énormes distances dans l'espace, on utilise les années-lumière. Une année-lumière est la distance que parcourt la lumière en un an, soit environ 9 461 milliards de kilomètres, c'est-à-dire 300 000 km/seconde.

PETITES OU GRANDES

Des petites planètes se sont collées les unes aux autres pour former les planètes suivantes : Mercure, Vénus, la Terre et Mars. Pour Jupiter, Saturne, Uranus et Neptune, c'est un processus un peu différent : des poussières se regroupent et forment des noyaux solides. Autour de ces noyaux, des gaz se rassemblent et c'est ce qui forme les planètes. Elles attirent ensuite des blocs de roches qui forment leurs anneaux.

LE SOLEIL

Le Soleil est si gros qu'on peut le voir dans notre ciel alors qu'il est très loin ! Son diamètre représente plus de 100 fois celui de la Terre.

BOULE DE GAZ BRÛLANT

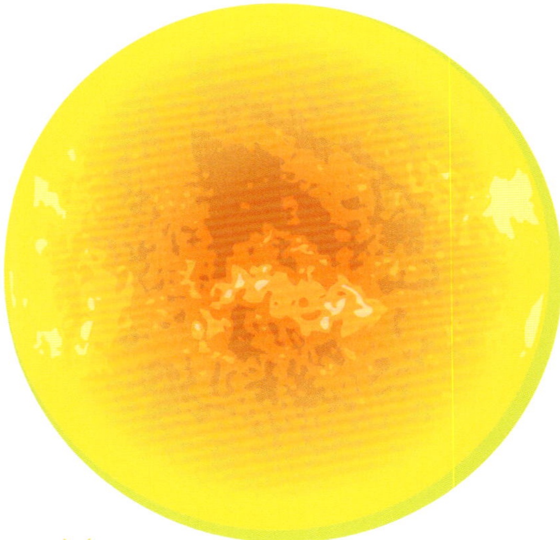

Le Soleil est très, très chaud. En son centre, il fait 15 millions de degrés et à sa surface, ça brûle aussi : il y fait plus de 6 000 °C ! Les responsables sont les gaz brûlants qui libèrent une grande quantité de chaleur et d'énergie. D'énormes bulles de gaz chaud apparaissent à la surface et éclatent sans arrêt avant d'être remplacés par d'autres : ce sont les protubérances. Heureusement, la Terre se situe à 150 millions de kilomètres, ce qui nous empêche d'être brûlés vifs !

T'AS UNE TACHE

Sur sa surface, le Soleil porte des taches sombres appelées taches solaires : ce sont des zones beaucoup moins chaudes. Certaines taches sont plus grosses que la planète Terre !

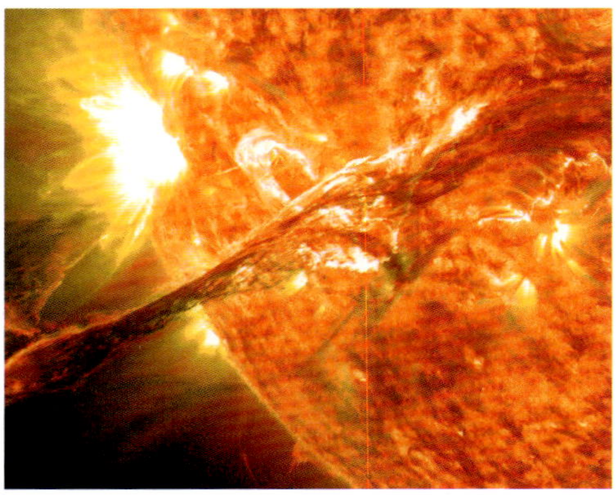

PRÉSENTATION DU SOLEIL

Le Soleil est né il y a 5 milliards d'années. C'est une étoile de type naine jaune.

POIDS LOURD

Le Soleil pèse 333 000 fois plus lourd que la Terre ! Il faut dire qu'il fait plus de 100 fois sa taille. C'est parce qu'il est si gros qu'il est au centre du Système solaire : il attire les plus petits éléments autour de lui, comme les planètes qui lui tournent autour.

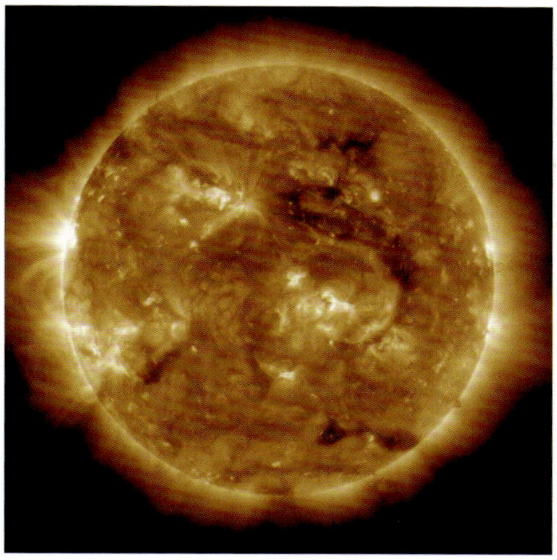

LES GAZ

Le Soleil est une énorme boule de gaz en feu, composée à 75 % d'hydrogène et à 25 % d'hélium. L'hydrogène produit de la chaleur et de la lumière quand il libère son énergie.

ÉCLIPSE DE SOLEIL

La Lune tourne autour de la Terre et la Terre tourne autour du Soleil. Quand la Lune est positionnée entre le Soleil et la Terre, elle cache les rayons du Soleil et crée de l'ombre sur la Terre : c'est l'éclipse solaire. Cela peut paraître étrange que la Lune soit capable de cacher le Soleil alors qu'elle est beaucoup plus petite, mais comme elle est plus proche de nous, Lune et Soleil nous paraissent être de la même taille !

Certaines taches sont plus grosses que la planète Terre !

LE SAIS-TU ?

Le Soleil tourne sur lui-même en 27 jours dans la zone équatoriale et en 34 jours aux pôles, mais il met 250 millions d'années pour faire le tour de la galaxie.

LA STRUCTURE DU SOLEIL

Comme la Terre, le Soleil est formé de couches successives.

SONDE SPATIALE

De nombreuses sondes spatiales nous ont aidés à en apprendre plus sur notre étoile. SOHO, un observatoire solaire, garde un œil en permanence sur le Soleil et nous envoie des images en temps réel. Grâce à cette mission, on peut savoir si des tempêtes solaires arrivent vers la Terre.

STRUCTURE DU SOLEIL

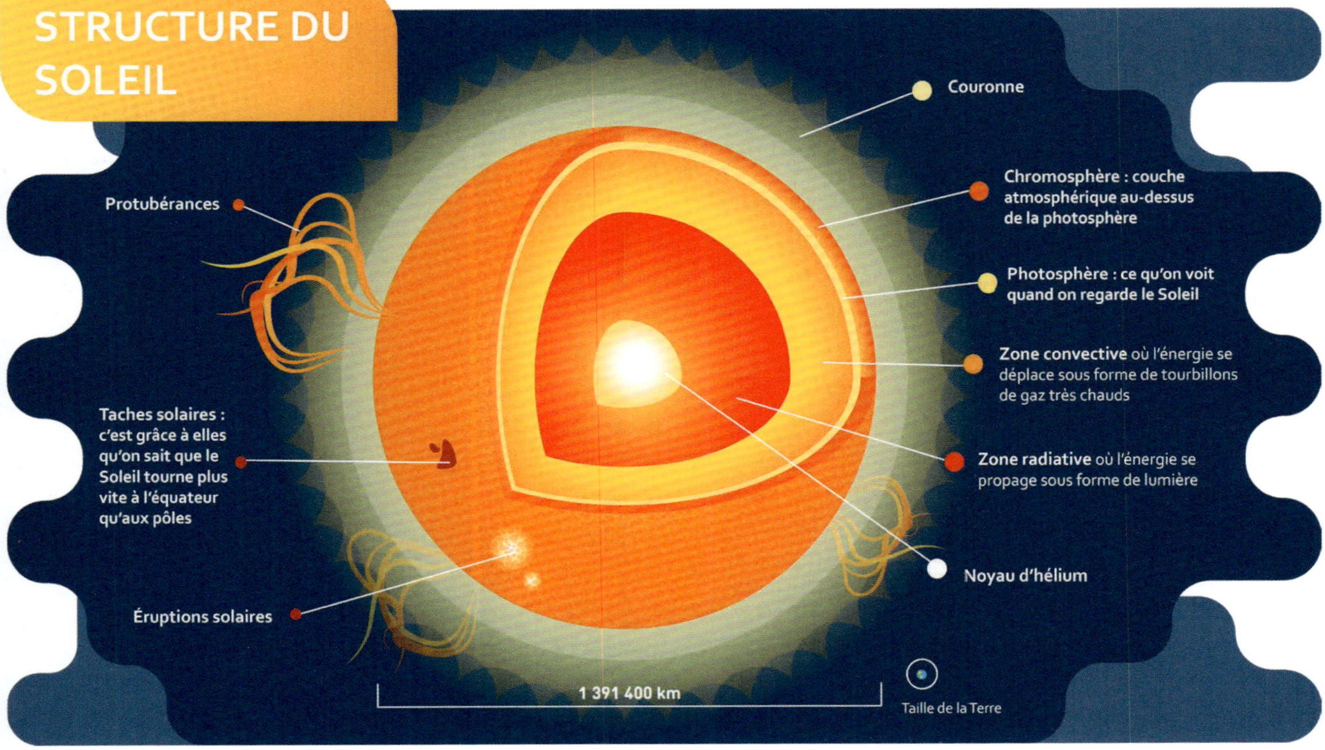

L'ATMOSPHÈRE DU SOLEIL

L'atmosphère du Soleil n'est pas uniforme, elle varie selon la couche. Plus on va vers le centre, plus la couche est chaude.

LA PHOTOSPHÈRE

C'est la couche de gaz qui constitue la surface visible du Soleil. On dirait qu'elle est solide mais elle est pourtant bel et bien constituée d'une couche de 500 km de gaz épais. Elle a un aspect irrégulier car elle est composée de granules.

LA CHROMOSPHÈRE

Épaisse de plusieurs milliers de kilomètres, on peut l'apercevoir à l'œil nu lorsqu'il y a des éclipses de Soleil. C'est le disque rouge.

LA COURONNE

À ce niveau du Soleil, la température du gaz atteint les 2 millions de degrés ! On peut l'apercevoir à l'œil nu lorsqu'il y a des éclipses de Lune : c'est le halo de lumière blanche qui brille autour de la Lune.

LE SAIS-TU ?

La lumière du Soleil est constituée d'un **mélange de couleurs**, mais le bleu est celle qui se diffuse le mieux dans l'air de l'atmosphère. C'est ce qui donne sa couleur au ciel !

LE CYCLE DE VIE DU SOLEIL

Le Soleil est une grosse étoile qui explose sans arrêt depuis des milliards d'années. Il en est déjà à la moitié de sa vie !

GROS DÉPENSIER

Le Soleil transforme progressivement son gaz, l'hydrogène, en hélium qui nous sert à gonfler les ballons de baudruche. Il consomme environ 1 milliard de tonnes d'hydrogène en une seule seconde !

IL EST MORT, LE SOLEIL

Quand le Soleil aura brûlé tout son hydrogène, ses réserves seront épuisées. Il deviendra au moins 50 fois plus gros : ce sera alors une géante rouge, une étoile vieille et énorme. Toutes les planètes telluriques qui l'entourent seront aspirées ! Certaines géantes gazeuses comme Jupiter pourraient, elles, y survivre. Il deviendra ensuite une naine blanche, un tout petit astre chaud qui émet peu de lumière, puis il disparaîtra.

CYCLE DE VIE DU SOLEIL

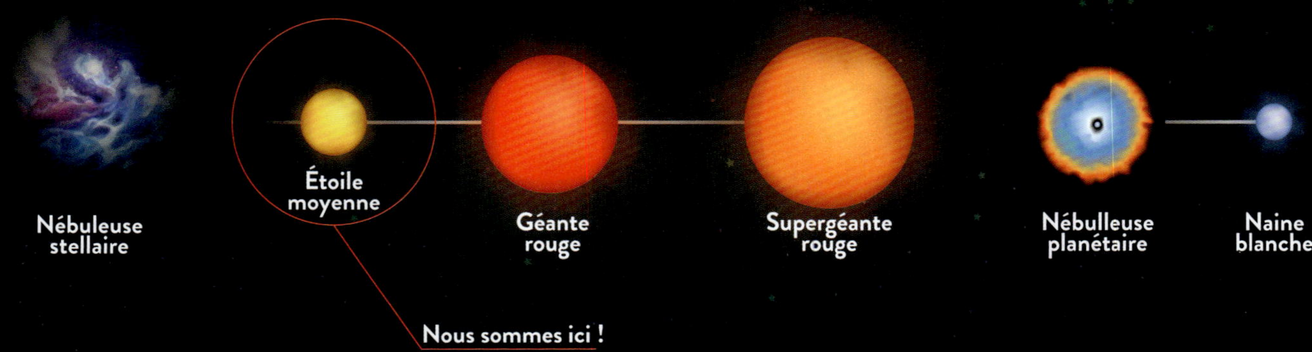

LES MOUVEMENTS DU SOLEIL

Chaque jour, le Soleil semble se lever à l'est et se coucher à l'ouest. Mais c'est une illusion !

UN PETIT TOUR ET PUIS S'EN VONT

C'est la Terre qui tourne autour du Soleil. Et même quand on dit qu'il se couche, c'est faux. En réalité, il ne dort jamais. La nuit, le Soleil ne nous éclaire pas puisque la Terre, qui tourne en permanence, n'est pas du bon côté. Mais quelque part ailleurs dans le monde, il fait jour !

LE SAIS-TU ?

Les saisons sont inversées dans les deux hémisphères. Les saisons ne sont donc pas les mêmes partout et au même moment. Une chose est sûre : aux pôles, il fait toujours froid, et sur l'équateur, toujours chaud !

LEVER À L'EST

Alors pourquoi dit-on que le Soleil se lève à l'est ? En fait, c'est la Terre qui tourne vers l'est. Quand on regarde vers l'est, dans le sens de rotation de la Terre, on croit que le Soleil se lève.

COULEURS ET LUMIÈRE DU SOLEIL

La lumière du Soleil met environ 8 minutes et 19 secondes à arriver jusqu'à nous.

BLANC OU JAUNE ?

La lumière du Soleil nous paraît jaune alors qu'en fait... elle est blanche. Elle est composée du mélange des sept couleurs de l'arc-en-ciel, mais quand elle arrive de manière verticale, notre atmosphère laisse passer seulement le jaune !

SOLEIL ROUGE

Le Soleil devient rouge le soir car il est très bas dans le ciel et nous illumine à travers l'atmosphère en diagonale et non plus verticalement comme à midi. Son trajet pour nous parvenir est alors plus long et les couleurs sont plus dispersées par l'atmosphère. Les couleurs qui nous arrivent sont donc plutôt rouges ou orangées.

LE SAIS-TU ?

Si on allumait toutes les lampes de la Terre, elles ne brilleraient pas autant que le Soleil, qui est lumineux de **380 millions de milliards de milliards de watts**. Rien à voir avec nos ampoules 25 watts !

PAS DODO !

Le Soleil de minuit apparaît en plein milieu de l'été au pôle Nord. Sa spécificité ? Il ne chauffe pas beaucoup mais ne se couche pas !

LES SAISONS

La Terre met un an pour tourner autour du Soleil. Voici les dates à retenir, valables en France métropolitaine (et en Europe).

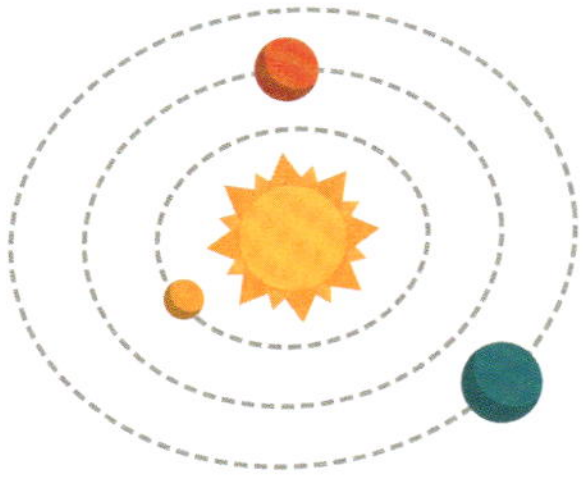

PRINTEMPS

L'équinoxe de printemps a lieu le 20 ou le 21 mars. La durée du jour est identique à celle de la nuit : c'est le début du printemps. Dans l'hémisphère sud, c'est l'automne austral.

AUTOMNE

L'équinoxe d'automne a lieu le 22 ou le 23 septembre. Comme lors de l'équinoxe de printemps, le jour et la nuit durent le même temps : c'est le début de l'automne. Dans l'hémisphère sud, c'est le printemps austral.

ÉTÉ

Le solstice d'été a lieu le 21 juin, jour de la fête de la Musique ! Et ce n'est pas un hasard : c'est le jour le plus long de l'année et le début de l'été. Dans l'hémisphère sud, c'est l'hiver austral.

HIVER

Le solstice d'hiver a lieu le 21 ou le 22 décembre. C'est le jour le plus court de l'année et le début de l'hiver. Les rayons du Soleil nous atteignent moins longtemps car les journées sont plus courtes, mais aussi car ils nous parviennent en biais : ils chauffent donc moins. Dans l'hémisphère sud, c'est l'été austral.

LA MÉTÉO DU SOLEIL

Environ tous les 11 ans, le Soleil reprend un nouveau cycle. Au début, tout est calme. Puis pendant le cycle, il y a de violentes éruptions solaires. À la fin, c'est le retour au calme… avant de repartir de plus belle !

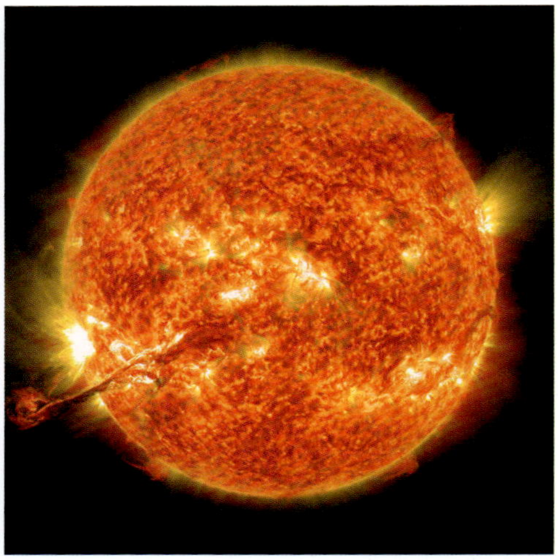

LE VENT SOLAIRE

Le Soleil est aussi capable d'envoyer de nombreuses poussières électriques dans l'espace : les vents solaires, formés en haut de son atmosphère, qui fabriquent comme des orages. Heureusement, la Terre est protégée par son champ magnétique, ouf ! De notre planète, on assiste alors à un magnifique spectacle lumineux : les aurores australes dans l'hémisphère sud, les aurores boréales dans l'hémisphère nord.

L'ÉRUPTION SOLAIRE

Quand le Soleil est en éruption, il envoie des jets de gaz brûlants dans l'espace, parfois sur plus d'un million de kilomètres. La Terre peut être touchée mais les conséquences ne sont pas trop graves : cela cause des perturbations électriques, par exemple. Heureusement, ces éruptions solaires, aussi appelées tempêtes solaires, ne durent que quelques minutes ou quelques heures.

MERCURE

Mercure est la planète la plus proche du Soleil. Elle est deux fois plus petite que la Terre.

CRIBLÉE DE TROUS

Mercure est principalement constituée de roches de fer qui lui donnent sa couleur grise. Comme la Lune, elle est recouverte de cratères, d'énormes trous creusés par la chute de fragments de roches venus de l'espace, les météorites. Le plus grand de ces cratères est appelé le bassin Caloris et mesure 1 300 km de large. Contrairement à la Terre, qui est protégée des météorites grâce à son atmosphère qui les consume, Mercure se fait percuter car elle n'a quasiment pas d'atmosphère.

CHAUD-FROID

Cette planète est très difficile à observer à cause de l'éblouissement. Toute proche du Soleil, Mercure se lève et se couche au rythme du Soleil. Il peut y faire très froid aux endroits peu exposés à la lumière (aux alentours de -170 °C) mais aussi très chaud (parfois jusqu'à 430 °C).

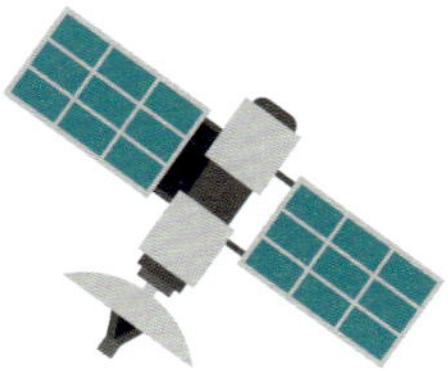

VÉNUS

En termes de taille, Vénus est presque la jumelle de la Terre.

CHALEUR ÉTOUFFANTE

Il fait sombre et très chaud sur cette planète. Sa surface est constellée de nombreuses montagnes et volcans qui lui permettent d'évacuer sa chaleur interne. Dans son ciel, des orages éclatent tout le temps, ce qui fait jaillir des éclairs.

PAS VIVABLE

Son sol est dur comme celui de la Terre, mais il est enveloppé de gaz carbonique irrespirable et toxique : l'acide sulfurique. Il est donc impossible d'y habiter !

SENS INVERSE

Vénus tourne en sens inverse de la Terre : le Soleil s'y lève à l'ouest et s'y couche à l'est.

SACRÉ SURNOM

Vénus est la planète la plus lumineuse du Système solaire. Elle est surnommée « l'étoile du berger » car les soirs d'été, on peut l'apercevoir dans le ciel, à l'heure où les bergers rentrent leurs moutons. C'est bien étrange car Vénus n'est pas du tout une étoile !

LA TERRE

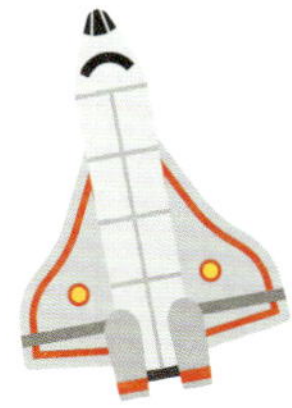

Au début, la Terre n'était qu'une boule de roches en fusion. Avant son refroidissement, elle aurait heurté une autre petite planète en formation : les débris éjectés de cette collision auraient formé la Lune.

PLANÈTE VIVANTE

La Terre est pour l'instant la seule planète que l'on connaisse qui soit capable d'abriter la vie.
Elle est constituée à 70 % d'eau, le reste représente les continents. C'est pour cette raison qu'elle a le surnom de planète bleue.
Elle est enveloppée par l'atmosphère, une couche de gaz qui la protège.

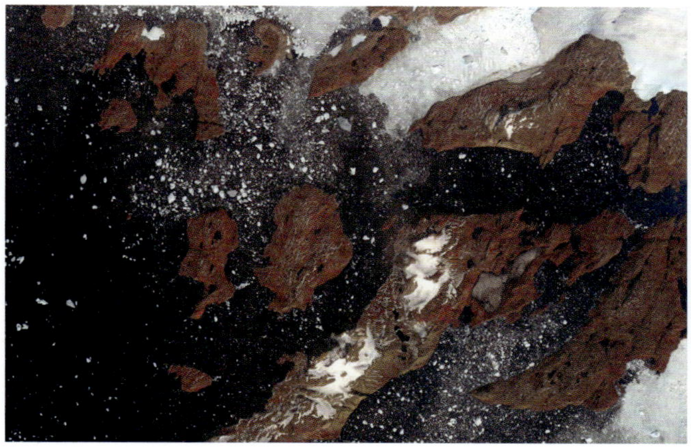

LE TOURNIS

La Terre tourne mais heureusement, on ne s'en rend pas compte. Et pourtant ! Comme toutes les autres planètes, elle est en mouvement. La Terre tourne autour de son étoile, le Soleil, à la vitesse de 108 000 km/h. Il lui faut 365 jours, soit une année, pour faire le tour complet du Soleil. Mais en plus de tourner autour du Soleil, la Terre tourne sur elle-même comme le fait une toupie. Et là, c'est plus rapide : cela lui prend 24 heures, soit une journée, pour faire un tour complet.

PRÉSENTATION DE LA TERRE

On peut comparer la Terre à un oignon qui possède plusieurs couches successives.

LA STRUCTURE DE LA TERRE

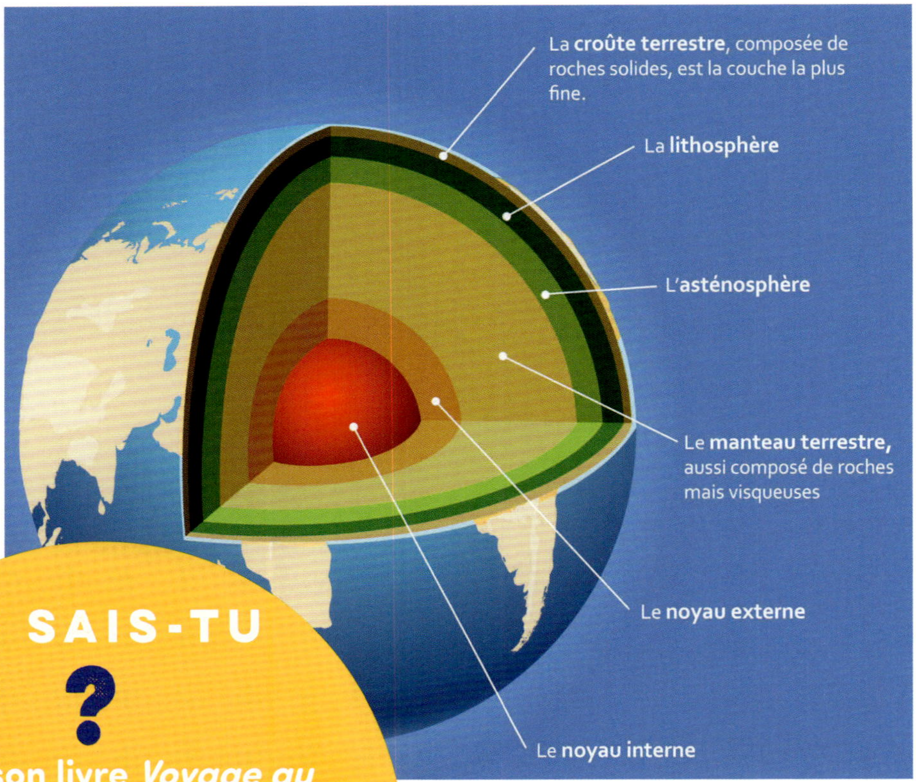

LE SAIS-TU ?

Dans son livre *Voyage au centre de la Terre*, Jules Verne avait imaginé l'intérieur de la planète mais il s'était trompé. Il avait par exemple imaginé que l'intérieur de la Terre était constitué d'eau, ce qui est faux !

COMPOSITION ET CONSTITUTION

Les deux noyaux sont composés de fer et de nickel. Plus on se rapproche du centre de la Terre, plus la température est élevée : entre 4 000 et 5 000 °C.

LA MAGIE DE LA TERRE

**Sans notre atmosphère, on ne pourrait pas vivre.
Et grâce à la pesanteur, on ne tombe pas de notre planète. Ouf !**

L'ATMOSPHÈRE

Atmosphère signifie « sphère de vapeur » en grec. C'est une couche de plusieurs gaz, épaisse d'environ 500 km, qui protège la Terre en filtrant les rayons du Soleil et en bloquant les météorites qui pourraient nous tomber dessus. Elle nous permet aussi de respirer de l'oxygène ! L'atmosphère est composée de quatre couches : la troposphère, la stratosphère, la mésosphère et la thermosphère. Les températures sont différentes à chaque couche.

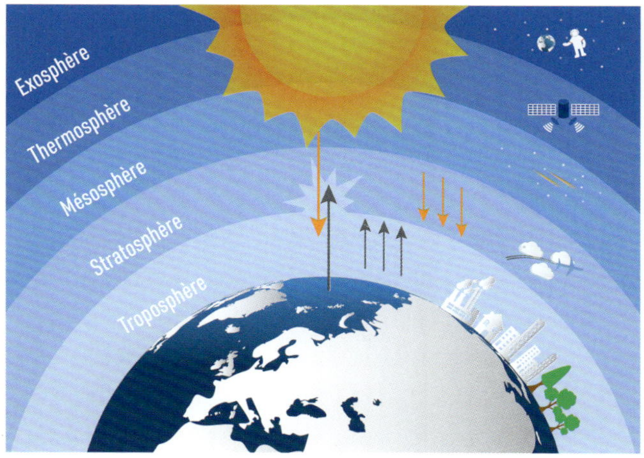

LA PESANTEUR

Si nous ne tombons jamais de la Terre, c'est grâce à la pesanteur, une force aussi appelée la gravité. Elle permet à la Terre d'attirer tous les corps vers son centre, vers le bas.

LE SAIS-TU ?

La **couche d'ozone** est une couche de gaz qui entoure la Terre, à environ 25 km de hauteur. C'est elle qui nous protège des rayons les plus forts du Soleil, ce qui la rend essentielle à notre survie.

LES CHANGEMENTS DEPUIS SA NAISSANCE

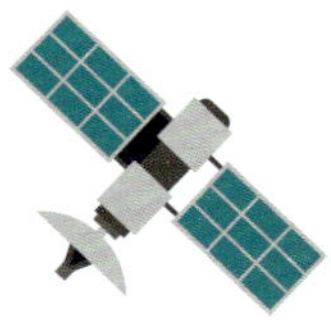

Si la formation de l'Univers a commencé il y a 15 milliards d'années, la Terre, elle, n'est âgée que de 4,543 milliards d'années.

LA FORMATION DE LA TERRE

Au début, la Terre était très chaude et les éruptions volcaniques très courantes, puis la vapeur des éruptions s'est transformée en gros nuages. Une fois la Terre refroidie, la croûte terrestre a complètement durci. Les gros nuages, eux, se sont transformés en pluie… qui a finalement formé les océans !

UNE SEULE TERRE

Au temps des dinosaures, il n'existait encore qu'un seul continent : la Pangée. Il était majoritairement recouvert par des déserts et ne possédait qu'un seul et unique océan : la Panthalassa. Puis 50 millions d'années plus tard, la Terre s'est fracturé et la Pangée s'est divisée en deux continents : la Laurasie au nord et le Gondwana au sud. Aujourd'hui, la Terre est constituée de sept continents.

LA DÉRIVE DES CONTINENTS

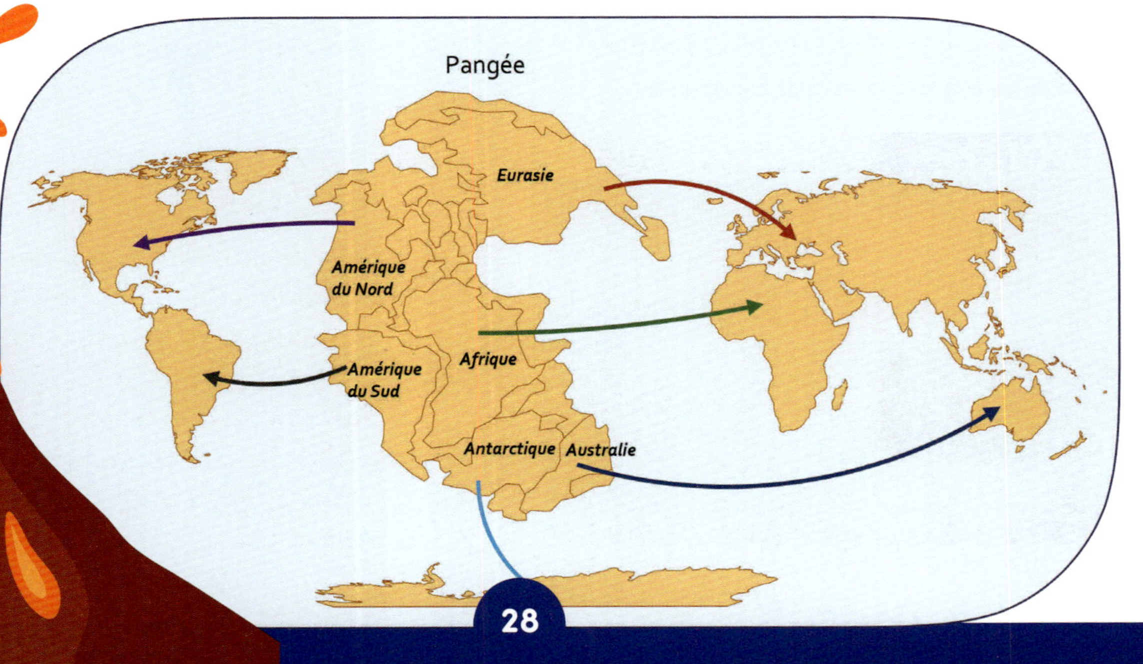

L'APPARITION DE LA VIE SUR TERRE

La Terre est la seule planète du Système solaire à abriter la vie.

LES PREMIÈRES CELLULES VIVANTES

Certains éléments chimiques, apportés par des météorites ou présents dans l'atmosphère, ont mijoté pendant des millions d'années pour former ce qu'on appelle la « soupe primitive ». C'est elle qui a donné naissance à des organismes unicellulaires (munis d'une seule cellule) : les bactéries.

DU SOLEIL ET DE L'EAU

Grâce à la présence du soleil et de l'eau, des plantes se sont développées en dehors de l'eau. Elles sont d'ailleurs les premières à avoir conquis la Terre. Puis les animaux ont quitté l'eau à leur tour et les premiers reptiles et mammifères sont apparus.

PETITES BÊTES

Il y a plus de 400 millions d'années, les premiers végétaux, comme les algues, apparaissent. Si certaines cellules sont végétales, d'autres sont animales et vont se transformer en vers, en éponges marines ou en méduses. Par la suite, de nouvelles espèces marines vont se développer, comme des sortes d'escargots marins, des crabes ou des poissons.

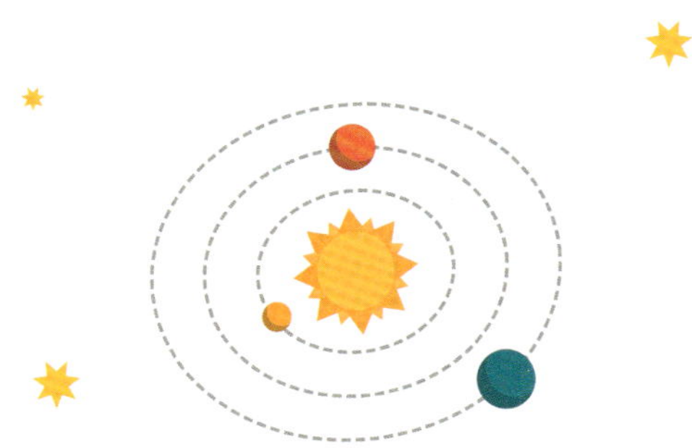

ET L'HOMME !

Il y a 8 millions d'années apparaît le premier hominidé, l'ancêtre de l'homme et du chimpanzé, qui n'est pas encore tout à fait un homme. Il est suivi de l'australopithèque, de l'Homo Habilis, de l'Homo Erectus. L'homme moderne, l'Homo Sapiens, fait son apparition il y a 300 000 ans.

LA TERRE EST RONDE

Il y a 3 000 ans, les hommes pensaient que la Terre était un disque et qu'elle était plate.

RONDE, PLATE OU CARRÉE ?

Au IIIe siècle avant J.-C., le scientifique grec Pythagore est le premier à affirmer que la Terre est ronde. Quelques années plus tard, le mathématicien Ératosthène parvient même à mesurer avec précision sa circonférence. Pourtant, beaucoup de gens continuent à penser qu'elle est carrée ou plate pendant plusieurs siècles !

LE PREMIER TOUR DU MONDE

Entre 1519 et 1522, Magellan et son équipage partent pour le premier tour du monde en bateau. Si on ne tombe jamais dans le vide, c'est la preuve que la Terre est bel et bien ronde !

LA PROJECTION MERCATOR

De nouvelles cartes sont tracées au fur et à mesure des découvertes. Mercator, un cartographe hollandais, établit des cartes marines fiables dès 1569. Il tient compte de la forme ronde de la Terre et trace ses cartes comme un cylindre déroulé. Dur de dessiner une Terre ronde sur une feuille plate !

LE BOULEVERSEMENT DE NICOLAS COPERNIC

Copernic pense au contraire que le Soleil est au centre de l'Univers et il a tout à fait raison !

L'HÉLIOCENTRISME

Longtemps, les hommes ont pensé que le Soleil tournait autour de la Terre, qui était au centre de l'Univers. Ce n'est qu'au XVIe siècle qu'un médecin et astronome polonais, Nicolas Copernic (1473-1543), comprend que c'est l'inverse ! Il explique que le Soleil est au centre de l'Univers et que la Terre et les planètes tournent autour de lui. Cette théorie s'appelle l'héliocentrisme.

VIVEMENT CRITIQUÉ

À cette époque, personne ne le croit. Les religieux critiquent beaucoup son idée car ils considèrent que tout l'Univers tourne autour d'une Terre qui a été créée spécialement pour les hommes par Dieu.

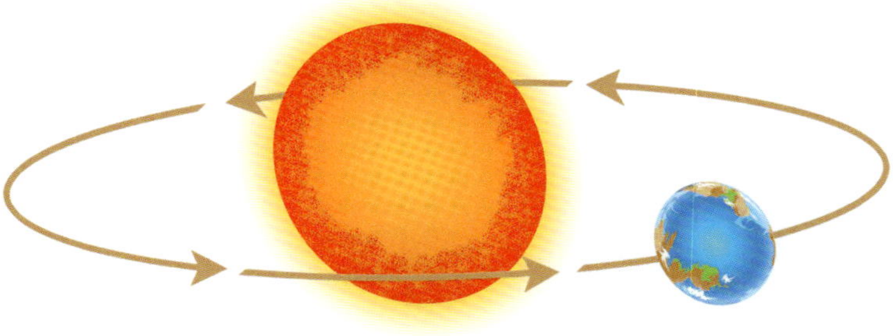

THÉORIE CONFIRMÉE

Au XVIIe siècle, c'est l'Italien Galilée qui confirmera, grâce à son observation du mouvement des planètes, que Copernic avait raison, plus de cent ans auparavant.

LES HÉMISPHÈRES

La Terre est coupée en deux par l'équateur. Cette ligne imaginaire sépare la sphère terrestre en deux hémisphères : l'hémisphère nord et l'hémisphère sud.

PÉRIODE ORBITALE

C'est le temps qu'il faut à un astre pour faire le tour d'un autre objet céleste. La Terre met 365 jours pour faire le tour du Soleil. C'est pour cette raison que les saisons diffèrent entre l'hémisphère nord et l'hémisphère sud : la Terre n'est pas chauffée par la Soleil partout au même moment et de la même façon.

JOUR-NUIT

La Terre tourne selon un axe incliné et ne reçoit pas la même quantité de Soleil en même temps et partout. Quand la moitié de la Terre est du côté du Soleil, il fait jour. Quand elle est de l'autre côté, c'est l'inverse : il fait nuit.

LE SAIS-TU ?

La Terre est un peu aplatie aux pôles en raison de son mouvement de rotation. La **période de rotation** est le temps qu'il faut à un astre pour faire un tour sur lui-même. La Terre tourne sur elle-même en 24 heures, c'est-à-dire en une journée.

LES SAISONS SUR TERRE

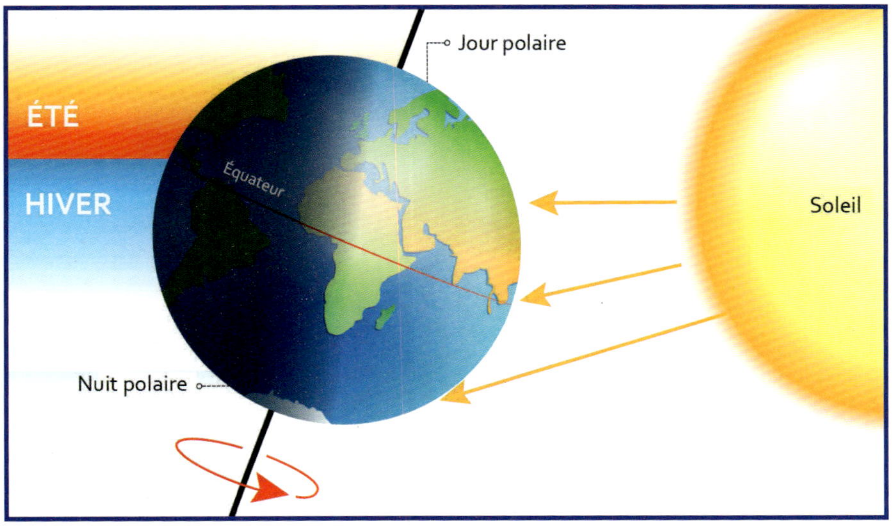

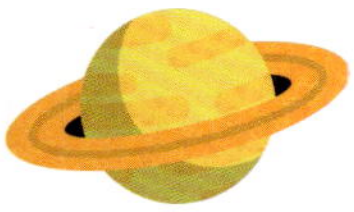

LA CROÛTE TERRESTRE

La croûte terrestre est divisée en plusieurs énormes plaques. Fine et rocheuse, elle est constituée de continents et d'océans.

LES PLAQUES TERRESTRES

À certains endroits, la croûte de la Terre est plus fine et constituée de plaques. Elles sont posées sur de la roche en fusion, qui bougent et se déplacent tout doucement. C'est ce qu'il s'est passé quand la Pangée, le supercontinent, s'est disloquée et a laissé place aux sept continents.

TOUJOURS EN ACTIVITÉ

Les plaques continuent de bouger d'environ 2,5 cm par an, alors qu'on ne sent rien ! Certaines plaques ne bougent pas, d'autres se rapprochent ou s'éloignent les unes des autres.

ÉRUPTIONS ET SÉISMES

Parfois, des roches en fusion, aussi appelées magma, sortent des profondeurs de la Terre pour remonter à la surface : c'est une éruption volcanique. Il peut aussi y avoir des séismes aux endroits où il y a de gros trous dans la roche souterraine : quand deux couches se cognent, des glissements de terrain se produisent et font trembler la terre.

MARS

Mars est la quatrième planète, juste après la Terre. Comme cette dernière, Mars a une atmosphère et des saisons, mais l'air y est irrespirable.

JOLIE COULEUR

Constituée de fer, Mars est appelée la planète rouge. Sa couleur rouille saute aux yeux quand on l'observe au télescope. Le sol de Mars est recouvert de cailloux, de sable et de volcans endormis. Les vents soufflent à plus de 200 km/h et déplacent la poussière et le sable. La plus haute montagne de Mars, le mont Olympe, mesure 21 km de hauteur.

DE L'EAU ?

Les scientifiques pensent que des océans et des rivières auraient existé sur Mars mais qu'ils se seraient asséchés. Il n'y a désormais plus d'eau à l'état liquide sur cette planète bien qu'elle en ait gardé des traces sur son sol.

LE SAIS-TU ?

Le pôle Nord et le pôle Sud de Mars sont recouverts de glace.

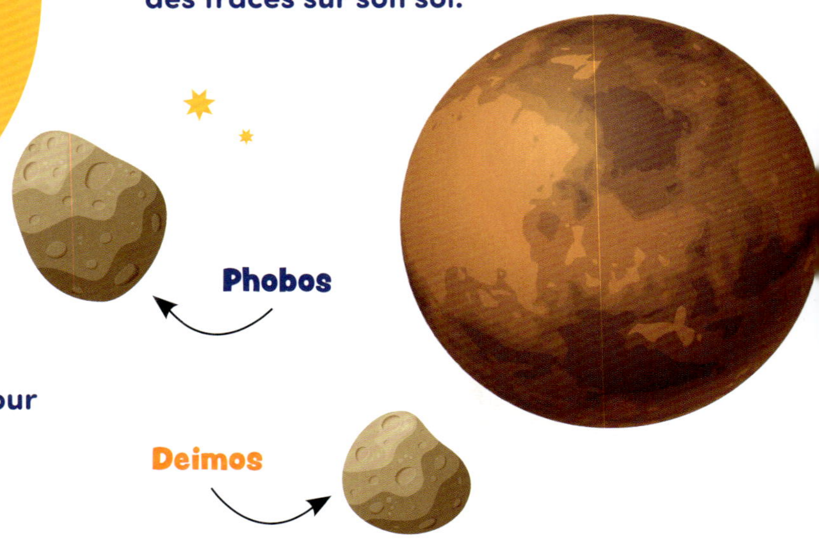

LES SATELLITES

Deux satellites naturels tournent autour de Mars : la lune Phobos qui mesure 22 km de diamètre et la lune Deimos qui mesure 12 km.

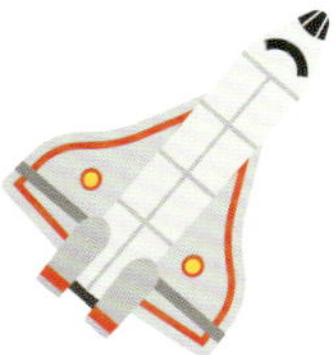

MISSIONS SUR MARS

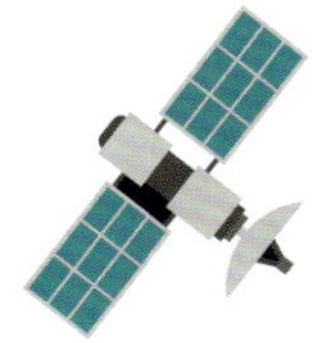

Pour l'instant, seuls des robots ont pu se poser sur Mars, mais les scientifiques espèrent un jour pouvoir y envoyer une équipe.

PAS SI SIMPLE

Le seul hic ? Mars se situe à environ 55 millions de kilomètres de la Terre. Il faut environ six mois pour l'atteindre ! Les scientifiques réfléchissent à un moyen de mettre en hibernation (comme les ours !) les astronautes pendant leur voyage aller-retour. Ils resteraient alors un an et demi à la découverte du sol martien. Mais les conditions difficiles comme les températures glaciales, la présence de poussières et le rayonnement du Soleil les obligeraient à porter un équipement adapté : scaphandre, combinaison spatiale...

DE LA VIE SUR MARS ?

Il n'y a ni eau ni oxygène sur Mars, et le Soleil tape fort. La mission est encore compliquée pour un être humain. Mais en février 2021, le rover (un petit robot) *Perseverance*, très bien équipé en radars, en stations météorologiques pour sonder la nature du sol et en caméras, a été envoyé sur Mars pour collecter des échantillons du sol. Grâce à ces informations, les scientifiques vont pouvoir déterminer si oui ou non il y a eu de la vie sur Mars.

JUPITER

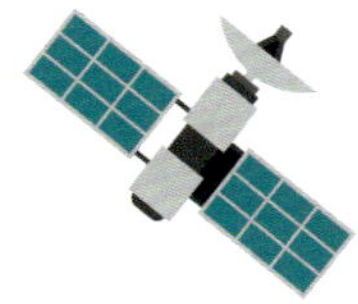

Jupiter est la plus grande planète du Système solaire. Elle est l'une des quatre planètes à anneaux. On la reconnaît à son jaune orangé, à ses nuages colorés et à sa tache rouge.

RAPIDE !

Jupiter est la planète qui tourne le plus vite. Elle effectue un tour sur elle-même en 9 h 50 !

LA TACHE

La tache rouge est un ouragan grand comme deux fois la surface de la Terre, qui traverse Jupiter depuis des centaines d'années.

ÇA TOURNE !

Jupiter est entourée d'au moins 79 lunes ! En 1610, l'astronome italien Galilée, qui a inventé la lunette astronomique, identifie 4 satellites : Ganymède, Io, Europe, Callisto. Io et Callisto sont couvertes de volcans, et Europe et Ganymède ont une surface glacée sous laquelle il existerait de l'eau liquide salée.

LE SAIS-TU ?

Les scientifiques pensent qu'au centre de Jupiter, il y a un gros noyau très chaud. Comme c'est une planète gazeuse, les engins spatiaux ne peuvent pas se poser sur son sol.

SATURNE

Saturne est la sixième planète à partir du Soleil.
C'est la planète la plus lointaine que l'on peut observer sans télescope.

SON APPARENCE

C'est une grosse planète, principalement formée de gaz. On reconnaît Saturne à ses trois principaux anneaux, très grands et très brillants, constitués de glace, de poussières et de roches. De loin, au télescope, Saturne est jaune pâle rayée de bandes de nuages. On peut y apercevoir de larges taches blanches qui sont en réalité des tempêtes.

LES LUNES DE SATURNE

Saturne possède de nombreux satellites naturels, au moins 77 selon les scientifiques. Ses lunes se situent à l'intérieur des anneaux ou gravitent autour d'elle. Le plus grand d'entre eux est appelé Titan : il est plus gros que Mercure !

LES ANNEAUX

Très brillants, les anneaux de Saturne seraient apparus après la désintégration d'un satellite qui se serait approché d'un peu trop près de la planète. Ce n'est pas la seule planète à posséder des anneaux mais c'est la seule dont les anneaux sont visibles depuis la Terre. Tous les 15 ans, Saturne se présente de profil et ses anneaux nous paraissent réduits.

DU VENT, DU VENT, DU VENT !

Même si on parvenait à se poser sur Saturne (ce qui est impossible), on serait projeté dans tous les sens en raison des vents violents qui balayent la planète. Ceux-ci peuvent atteindre 1 800 km/h !

URANUS

Uranus est un peu plus grosse que Neptune et est principalement composée de glace. Si elle nous apparaît bleue depuis l'espace, c'est en raison du méthane, le gaz présent dans son atmosphère.

LES ANNEAUX

Uranus est entourée de 13 anneaux étroits et sombres qu'on peut difficilement observer car ils sont constitués de roches et de poussières. Ils ne sont pas visibles de la Terre et n'ont été découverts qu'en 1977.

LES LUNES

Elle possède au moins 27 satellites naturels. Les deux plus gros sont Titania et Obéron, Miranda est le plus petit et Ariel le plus brillant.

DE TRAVERS

Uranus tourne sur elle-même selon un axe très incliné. Elle aurait été percutée par un corps céleste aussi gros qu'une planète, c'est pour cela qu'on dirait qu'elle est penchée.

LE SAIS-TU ?

Uranus a été baptisée au départ *Georgium Sidus* (l'étoile de George) en hommage au roi George III d'Angleterre. Mais ce nom n'a pas trouvé beaucoup d'adeptes, et la planète a été rebaptisée Uranus officiellement en 1850.

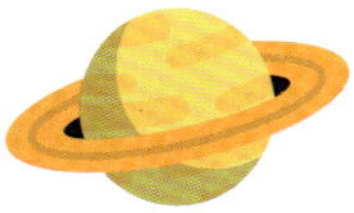

NEPTUNE

Neptune est la planète la plus éloignée du Soleil. Elle ressemble beaucoup à Uranus.

SON APPARENCE

C'est une planète gazeuse composée de gaz et de glace, parcourue par les vents les plus violents de tout le Système solaire. Elle a même connu un ouragan géant aussi étendu que la planète Terre ! Cette tempête, appelée la Grande Tache sombre, s'est évanouie après quelques années.

LES LUNES DE NEPTUNE

Neptune a au moins 14 lunes. La plus grosse, Triton, plus petite que la Lune mais plus grande que Pluton, est l'un des astres les plus froids du Système solaire. Sa surface est recouverte de trous et de fissures d'où jaillissent des geysers de gaz et de poussières. Les autres lunes de Neptune sont plutôt petites.

LES ANNEAUX

Neptune possède 6 anneaux sombres et étroits qui abritent 4 lunes.

PRÉSENTATION DE LA LUNE

La Lune serait née de la collision entre la Terre et une autre petite planète, il y a 4,5 milliards d'années. C'est le seul autre endroit sur lequel l'être humain a posé le pied.

ÇA TOURNE !

La Lune est le satellite naturel de la Terre et se situe à 385 000 km d'elle. Elle tourne autour de nous en 27 jours, 7 heures et 43 minutes et met le même temps à tourner sur elle-même.

BRILLANTE

Contrairement à ce qu'on pourrait penser, la Lune ne produit pas de lumière. Si on a l'impression qu'elle brille, c'est seulement grâce au Soleil qui l'éclaire ! Elle reste malgré tout le corps céleste le plus brillant après le Soleil : environ 7 % de cette lumière atteint la Terre et nous offre un peu de lumière en pleine nuit.

INVIVABLE

Contrairement à la Terre, la Lune n'a pas d'atmosphère, donc le Soleil lui tape directement dessus. Le jour, la température peut atteindre 123 °C et -150 °C la nuit. On ne peut pas respirer sur la Lune car il n'y a pas d'air.

LE CYCLE DE LA LUNE

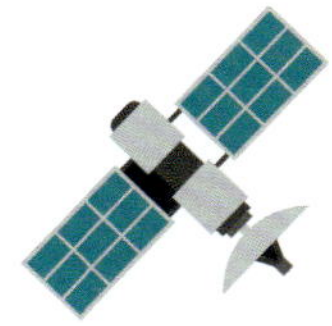

Malgré les apparences, la Lune est toujours ronde. De la Terre, on ne la voit que quand le Soleil l'éclaire, et on voit toujours le même côté !

DIFFÉRENTES FORMES

La Lune tourne en même temps que la Terre donc parfois, on ne voit qu'un croissant ou plus rarement, on ne la voit plus du tout !

LUNE ET SOLEIL

On a toujours l'impression que la Lune se lève quand le Soleil se couche, et inversement. Pourtant, ces deux moments ne coïncident que quand Lune, Terre et Soleil sont alignés, c'est-à-dire pas tout le temps !

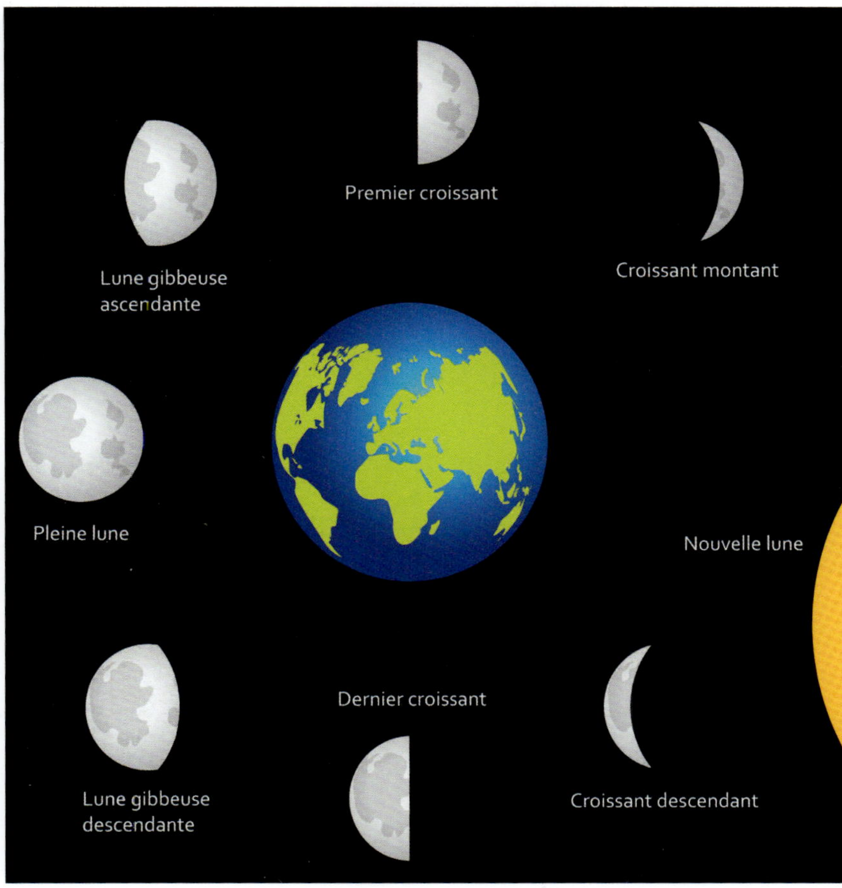

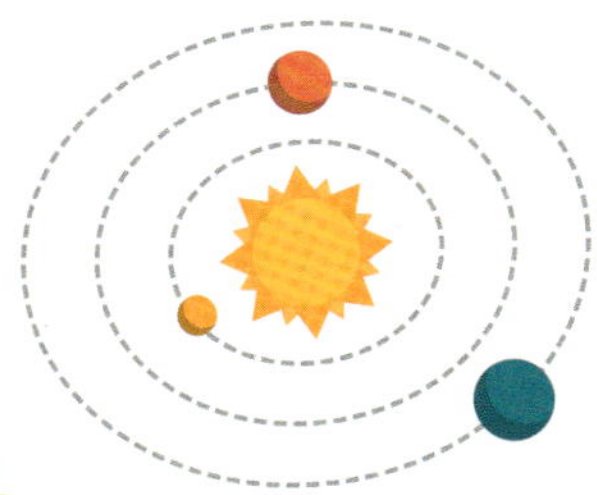

LE SAIS-TU ?

Une partie de la Lune n'est jamais éclairée, on l'appelle « **la face cachée** ».

CRATÈRES ET MERS

Depuis le début de sa vie, le sol de la Lune se modèle au fur et à mesure des événements.

LES MERS

Depuis la Terre, on voit des taches sombres sur la Lune, qu'on appelle des mers. Les mers lunaires ne portent pas bien leur nom : il n'y a pas d'eau ! Ce sont en fait de grandes plaines, des endroits où le sol est plat. Elles sont apparues au fil des années car de la lave a coulé des volcans. Les zones plus claires correspondent, elles, aux montagnes. Certaines peuvent atteindre 3 500 km de haut.

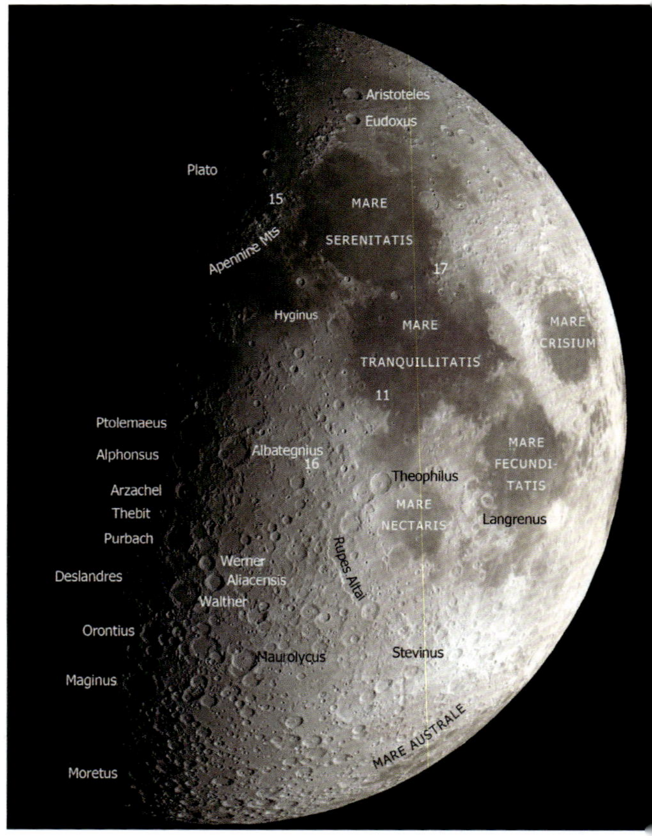

LES TERRES

Comme la Lune n'a pas d'atmosphère, les gros cailloux, les météorites ou les astéroïdes qui viennent de l'espace, ne sont pas freinés et frappent le sol de la Lune. C'est pour cette raison qu'elle est couverte de cratères. Certains peuvent mesurer 300 km de large, l'équivalent de la distance entre Paris et Rennes !

CHACUNE SON NOM

Comme sur Terre, les mers de la Lune portent un nom. Mer de la Tranquillité, mer de la Connaissance, océan des Tempêtes... Il y en a pour tous les goûts !

LES MARÉES

Le déplacement de l'eau dans les océans est principalement dû aux courants marins, mais pas seulement. L'eau bouge aussi à cause du Soleil et de la Lune !

LA FORCE DU CIEL

Le Soleil exerce un pouvoir d'attraction sur les océans, mais la plus douée dans ce domaine, c'est la Lune ! Quand elle se trouve face à un océan ou à une mer, elle attire l'eau à elle comme un aimant. Quand elle s'éloigne, l'eau baisse à nouveau. Elle attire aussi les terres, mais il est plus difficile de les faire bouger, bien évidemment.

IMPACT SUR LA NATURE

La Lune est si proche de la Terre qu'elle agit sur notre environnement et sur notre nature. Par exemple, il y a des moments où il serait plus intéressant de semer ! Les jardiniers les plus expérimentés se renseignent sur les phases de la Lune avant de planter.

UN CYCLE ÉTERNEL

Les marées de l'océan surviennent environ deux fois par jour. Quand notre planète tourne et que notre côté de la Terre est face à la Lune, on connaît une marée haute : pendant six heures, la mer monte. Les six heures suivantes, c'est la marée basse : la mer redescend.

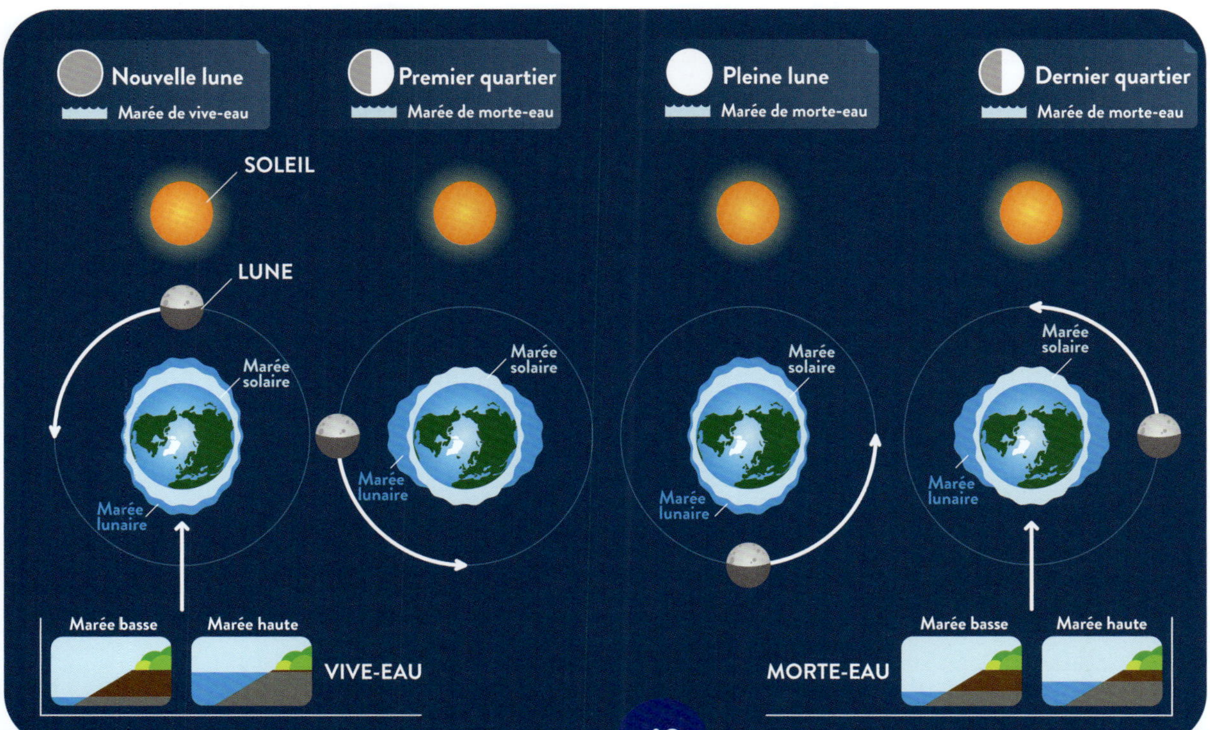

ÉCLIPSE DE LUNE

Bye, bye, la Lune !

LUNE CACHÉE

Comme la Lune tourne autour de la Terre et que la Terre tourne autour du Soleil, il arrive un moment où la Lune passe derrière la Terre. Elle n'est plus éclairée car la Terre lui fait de l'ombre. En même temps, elle est environ quatre fois plus petite que la Terre. Facile de se cacher !

LE SAIS-TU ?

On peut parfois voir la Lune en plein jour quand il fait beau et qu'elle se situe suffisamment loin du Soleil pour renvoyer une partie de sa lumière.

L'ADMIRER

Si tu veux bien voir une éclipse de Lune, il ne doit pas y avoir de nuages dans le ciel. On peut l'observer à l'œil nu ou avec des jumelles, mais un télescope permet de voir la Terre avancer progressivement sur la Lune : son ombre apparaît sous la forme d'un rond. Tu verras alors que la Lune est encore là mais devient orangée. Prépare-toi, car la prochaine éclipse de Lune visible en France métropolitaine aura lieu... le 20 décembre 2029 !

OBJECTIF LUNE

Le programme Apollo a été mis au point en 1961 par les États-Unis dans l'unique but de pouvoir marcher sur la Lune.

DE NOMBREUX TESTS

Si c'est *Apollo 11* qui a finalement envoyé des hommes sur la Lune, de nombreuses autres fusées ont fait des essais avant. *Apollo 1* a été victime d'un incendie, *Apollo 2* et *3* ont voyagé sans être humain, *Apollo 4* a testé une nouvelle fusée (*Saturn V*), *Apollo 5* a mis en orbite le module lunaire *Eagle*, *Apollo 6* a rencontré des problèmes de combustion, *Apollo 7, 8, 9* et *10* ont envoyé des astronautes dans l'espace. Tout était prêt pour la grande aventure *Apollo 11* !

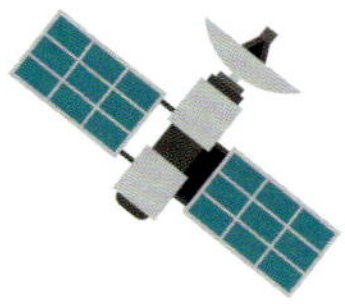

PEU D'ÉLUS

En tout, 12 êtres humains sont allés sur la Lune entre 1969 et 1972, tous des hommes et tous américains. Par la suite, seuls des robots y sont retournés car la mission coûte cher et elle est longue et périlleuse.

DÉBRIS SPATIAUX

Sur la Lune, on trouve tout un tas d'objets humains laissés par les astronautes : des débris spatiaux laissés là pour alléger le vaisseau au moment du retour, mais aussi des objets personnels comme une balle de golf, un drapeau américain, des bottes spatiales ou une photo !

MARCHER SUR LA LUNE

Neil Armstrong est le premier être humain à avoir posé son pied sur la Lune le 21 juillet 1969.

DÉCOLLAGE IMMÉDIAT

Le 16 juillet 1969, à 8 h 32 (heure de Houston), la fusée *Saturn V*, avec le vaisseau *Apollo 11*, est envoyée dans l'espace. Elle quitte Cap Kennedy, en Floride, aux États-Unis, avec à son bord trois astronautes : Neil Armstrong, Edwin Aldrin, surnommé Buzz, et Michael Collins.

SORTIE SUR LA LUNE

Après quatre jours de voyage, le module lunaire *Eagle* se détache d'*Apollo 11* et se pose sur la Lune avec à son bord Neil Armstrong et Buzz Aldrin. Michael Collins, lui, attend dans le vaisseau *Apollo*, resté en orbite autour de la Lune. La sortie lunaire dure 2 heures et 31 minutes. Le but de Buzz Aldrin et Neil Armstrong ? Explorer et effectuer des relevés scientifiques, prendre des photos et récolter des roches pour les examiner à leur retour sur Terre. Ils en ramassent 21 kg !

LE SAIS-TU ?

La trace de pas de Buzz Aldrin est célèbre et encore visible aujourd'hui. En effet, les empreintes ne s'effacent pas car sur la Lune, il n'y a pas de vent pour déplacer la poussière ou de pluie pour effacer les traces !

MISSION ARTÉMIS

Il aura fallu attendre plus de 50 ans avant le lancement de nouvelles fusées en direction de la Lune ! Mais grâce au programme *Artémis*, l'homme devrait de nouveau poser son pied sur la Lune d'ici 2027.

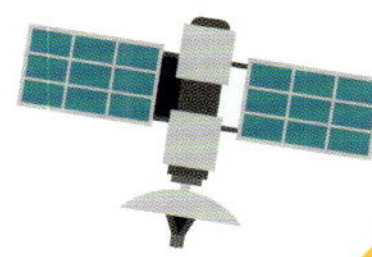

SANS ÉQUIPAGE

Dans le cadre du programme *Artémis* développé par la NASA, la mission *Artémis 1* doit voir le décollage de la fusée *SLS* avec la navette *Orion* à son sommet, depuis Cap Canaveral, en Floride, aux États-Unis. Prévu en fin d'année 2022, ce test sans êtres humains à bord (juste des mannequins équipés de capteurs) permet de s'assurer que des astronautes pourront prochainement voyager en toute sécurité.

AVEC ÉQUIPAGE

Deux astronautes devraient bientôt voyager vers la Lune à bord du vaisseau spatial *Orion*, lancé par la fusée *Artémis 2*. Mais les astronautes n'atterriront pas, comme *Apollo 8* en 1968.

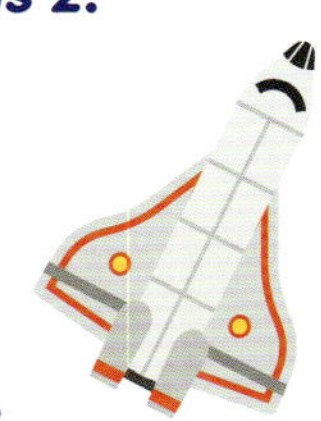

2026 OU 2027

Ce n'est que dans quelques années que les États-Unis ont prévu de faire alunir des astronautes. La construction de *Gateway*, une station spatiale en orbite lunaire où des astronautes du monde entier seront accueillis pour une durée de 42 jours, est prévue. L'équipage pourra commander des rovers à partir de la station sans même en sortir.

LE SAIS-TU ?

Le nom Artémis a été choisi en l'honneur du programme *Apollo* car dans la mythologie grecque, Artémis est la sœur jumelle d'Apollon (*Apollo* en anglais).

LES VOLCANS

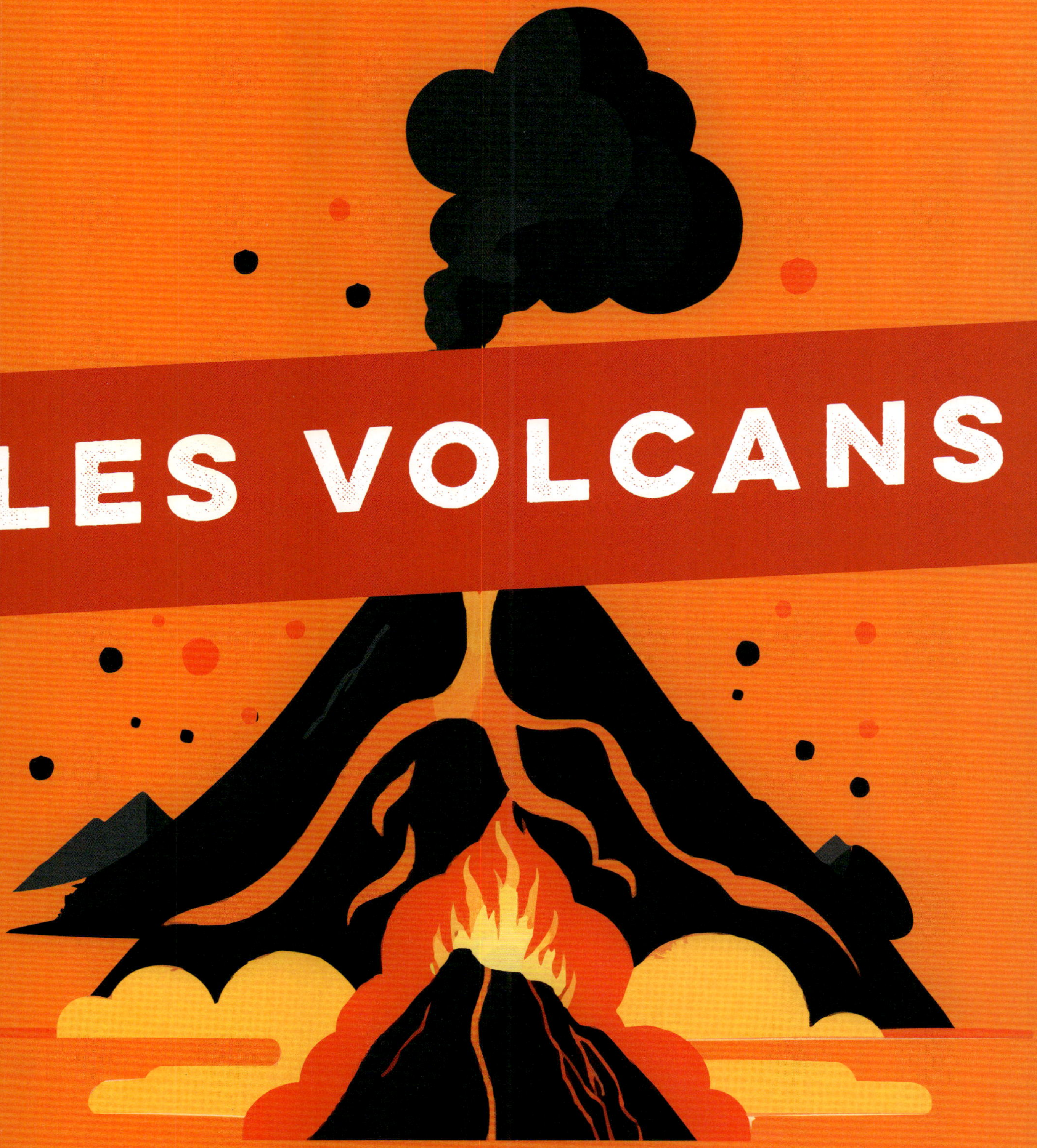

LA DÉRIVE DES CONTINENTS

Depuis la fin du XVIe siècle, plusieurs scientifiques avaient remarqué que les formes des côtes bordant l'Atlantique se ressemblaient étrangement, se constituant comme les pièces séparées d'un puzzle.

DES PREUVES FOSSILES

En 1912, le géophysicien allemand Alfred Wegener développa l'hypothèse de la dérive des continents. À l'appui de cette théorie, les preuves ne manquaient pas ! Des fossiles de plantes et d'animaux très similaires ont en effet été trouvés dans des roches du même âge sur les côtes de différents continents. Wegener en a conclu que les continents formaient à l'origine un supercontinent unique : la Pangée.

DES CONTINENTS QUI SE DÉPLACENT

Mais ce n'est pas tout ! Selon Wegener, les altitudes de la surface terrestre se distribuent essentiellement en 2 niveaux : les terres émergées des continents et les fonds océaniques. Cela ne pouvant être expliqué par les théories géologiques de l'époque, il a émis l'hypothèse selon laquelle les continents se déplacent lentement et séparément sous les océans, entraînant ainsi la formation des montagnes.

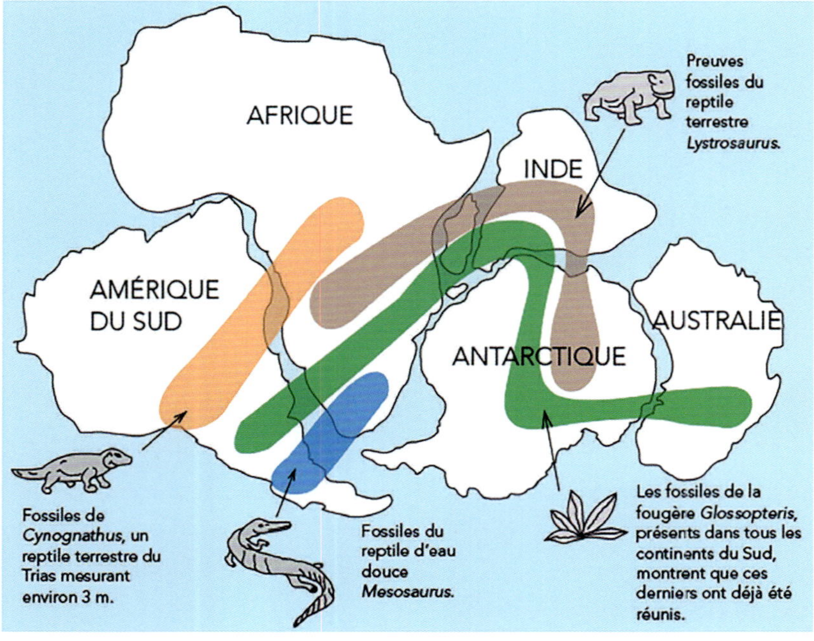

LES PLAQUES TECTONIQUES

Ces plaques sont des fragments de lithosphère et de croûte terrestre.

UNE THÉORIE DÉBATTUE

Au début, beaucoup ne croyaient pas à cette idée. Pourtant, les progrès de la sismologie – la science qui étudie les tremblements de terre – ont permis une découverte importante : la Terre possède une couche extérieure solide, la lithosphère, comprenant à la fois la croûte terrestre et une partie supérieure du manteau terrestre. Et, en dessous, se trouve une couche plus souple, l'asthénosphère. C'est cette couche qui permet le mouvement des plaques tectoniques. La croûte terrestre, qui représente la couche supérieure de la lithosphère, est principalement composée de granite sous les continents et de basalte sous les océans. Quant à la lithosphère et à l'asthénosphère, elles sont toutes deux majoritairement constituées de péridotite.

UNE THÉORIE EN MOUVEMENT

Selon la théorie de la tectonique des plaques, ce sont elles, et non les continents, qui se déplacent sur l'asthénosphère. On identifie actuellement 7 grandes plaques qui englobent la majeure partie des continents et l'océan Pacifique : la plaque africaine, la plaque antarctique, la plaque eurasienne, la plaque australienne, la plaque nord-américaine, la plaque pacifique et la plaque sud-américaine.

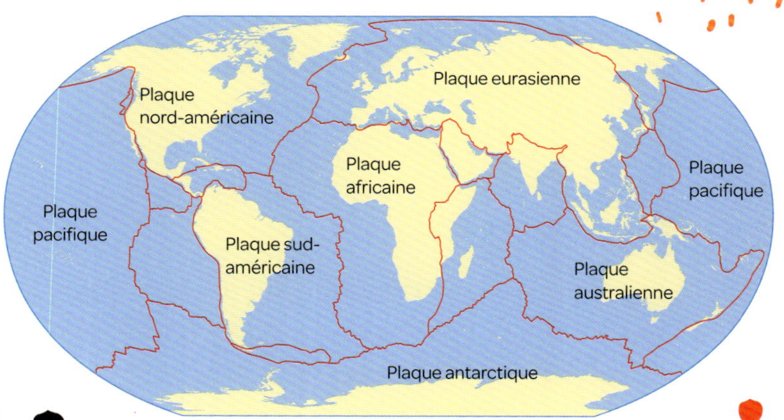

UNE THÉORIE LARGEMENT ACCEPTÉE

La théorie de la tectonique des plaques constitue le fondement de notre compréhension de la dynamique de la Terre. Elle explique non seulement les mouvements des continents, mais aussi les tremblements de terre, les éruptions volcaniques et bien d'autres phénomènes géologiques.

LES VOLCANS

Un volcan est une ouverture dans la croûte terrestre à travers laquelle de la lave, des cendres volcaniques et des gaz peuvent s'échapper.

EN PLEINE FORME

Les volcans qui sont entrés en éruption durant les dernières décennies ou sont susceptibles de le faire dans le futur sont appelés les volcans « actifs ».

TU DORS ?

Le volcan endormi, aussi appelé volcan « inactif », est un volcan qui n'est pas entré en éruption entre 10 000 ans et il y a quelques centaines d'années et dont la probabilité d'éruption est basse. Mais, même endormi, il peut présenter de légers signes d'activité au travers de fumerolles (des émanations de gaz ou de vapeur qui s'en échappent), de sources chaudes, ou se réveiller soudainement. En Auvergne, la chaîne des Puys est ainsi composée de volcans endormis qui n'ont pas montré d'activité volcanique significative au cours des derniers millénaires. La dernière éruption date d'il y a 6 000 ans !

HORS SERVICE

On considère qu'un volcan est éteint lorsque cela fait plus de 10 000 ans qu'il n'a pas connu d'éruption.

UNE CROISSANCE EXPRESS

En 1943, près du village de Paricutín, au Mexique, un fermier et sa femme inspectaient leur champ de maïs quand, soudain, la terre gronda. Il y avait eu plusieurs petits tremblements de terre durant les derniers jours et ils n'y prêtèrent pas attention. Pourtant, un peu plus tard, tout un pan de leur champ se souleva sous leurs yeux, en rejetant une forte odeur de soufre. Effrayés, les fermiers s'enfuirent. Lorsqu'ils revinrent dans leur champ, le lendemain, un cône volcanique de près de 50 m se dressait à la place de la fissure, expulsant un mélange de roches volcaniques et de gaz ! Une semaine plus tard, il mesurait 130 m de hauteur.

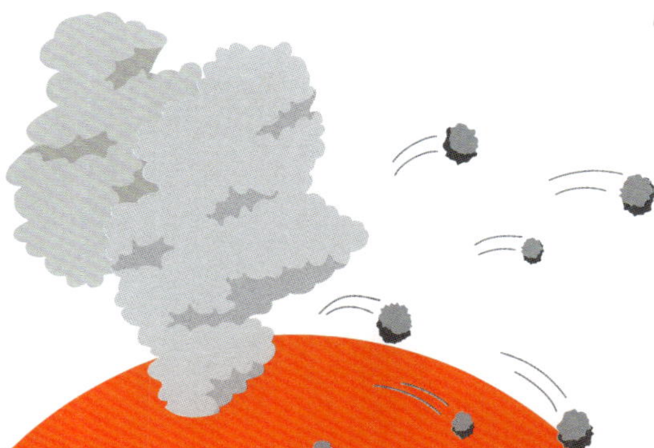

LE SAVAIS-TU ?

Certains volcans peuvent être actifs pendant des millions d'années, tandis que d'autres peuvent s'éteindre après seulement quelques éruptions !

DU MAGMA À LA LAVE

Les géologues appellent « magma » la roche fondue qui se trouve encore sous la surface de la Terre. Mais dès qu'elle atteint la surface et s'écoule sous forme liquide, elle est qualifiée de lave !

PSCHITT !

Ouvre une boisson gazeuse et tends l'oreille : tu entendras un petit « pschitt » ! C'est le gaz sous pression qui s'échappe de la bouteille en faisant ce bruit. Mais si la bouteille a été trop secouée, alors les bulles de gaz sortiront en étant très agitées et plus nombreuses. Elles entraîneront même avec elle le liquide hors de la bouteille, éclaboussant tout autour. Il se passe un peu la même chose avec le magma.

ÇA BOUT !

Dans le manteau terrestre, les variations de pression et de température font partiellement fondre la roche solide en liquide. Ce processus s'appelle la fusion. Extrêmement chaud et fluide, le magma est le mélange en fusion de roches et de gaz qui se trouvent sous la surface terrestre. Comme il a tendance à être moins dense que les roches environnantes, il remonte vers la surface.

CHANGEMENT D'IDENTITÉ

Lorsqu'il atteint la surface terrestre, le magma libère ses gaz. Il change alors de nom et devient de la lave ! En fonction de sa composition chimique et de sa viscosité, la lave peut prendre différentes formes. Les laves basaltiques sont généralement fluides et donnent naissance à des coulées qui s'étendent sur de longues distances. En revanche, les laves plus riches en silice sont plus visqueuses et peuvent provoquer des éruptions explosives, projetant des fragments de roches et formant des dômes de lave ou des cônes volcaniques.

LE SAVAIS-TU ?

Les températures de la lave peuvent varier considérablement. Par exemple, la très rare lave carbonatite que l'on trouve en Tanzanie a une température autour de 500 à 550 °C. En revanche, les volcans d'Hawaï peuvent émettre de la lave à des températures atteignant 1 200 °C !

LA NAISSANCE DES VOLCANS

En constante évolution, les volcans naissent de l'activité géologique souterraine, influencée par les mouvements des plaques tectoniques à la surface de la Terre…

LE JEU DES PLAQUES

Comme tu le sais désormais, l'écorce de la Terre est divisée en plusieurs plaques qui bougent très lentement. Or, les volcans se trouvent principalement aux endroits où ces plaques se rencontrent, car il est plus facile pour le magma, venu du manteau, de s'échapper par là.

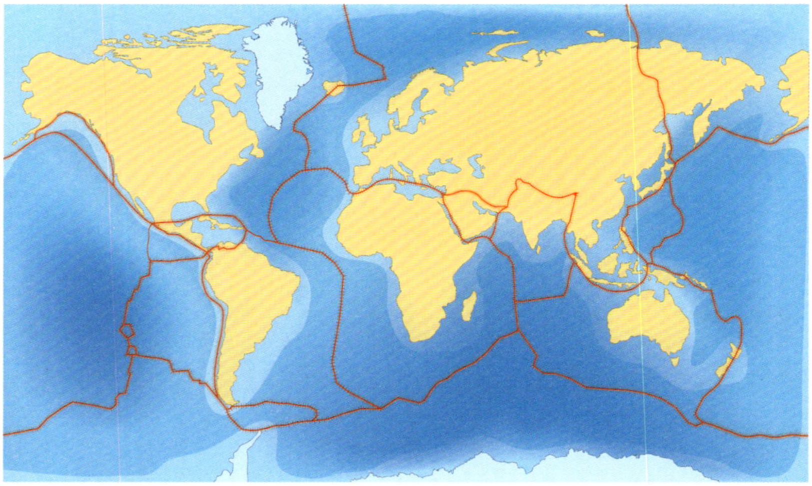

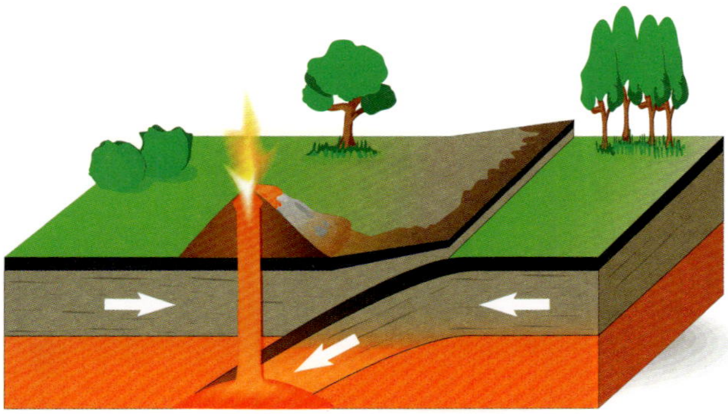

LES ZONES DE SUBDUCTION

Lorsque deux plaques tectoniques se rencontrent, l'une peut être amenée à plonger sous l'autre, créant ainsi ce que l'on appelle une zone de subduction. Le magma du manteau terrestre peut alors remonter vers la surface et former des volcans.

LES ZONES DE DIVERGENCE

Dans les zones de divergence, où deux plaques terrestres s'éloignent l'une de l'autre, des fissures peuvent se former, permettant au magma, sur lequel les plaques flottent, de s'échapper et de créer de nouveaux volcans.

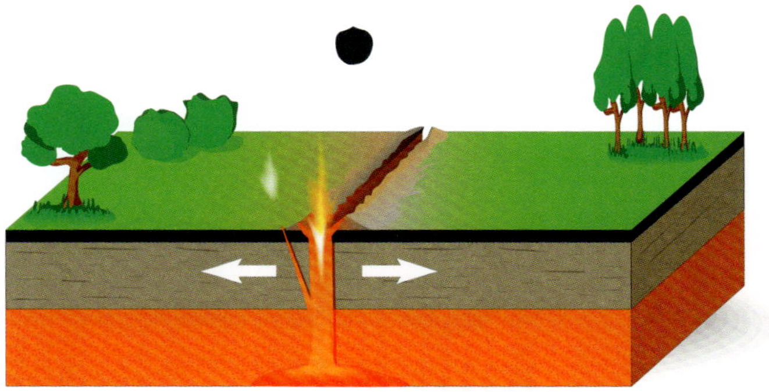

UNE CEINTURE GÉANTE

Comme la formation des volcans dépend principalement de l'activité des plaques tectoniques, certaines zones géographiques en regroupent un grand nombre. C'est le cas autour de l'océan Pacifique où plusieurs plaques, comme la plaque nord-américaine, la plaque eurasienne, la plaque philippine, la plaque de Nazca et d'autres plus petites, entrent en contact. Elles ont ainsi créé un vaste arc de volcans, nommé la ceinture de feu du Pacifique.

LES POINTS CHAUDS

À certains endroits de la Terre appelés « points chauds », le magma bouillonne avec une intensité particulière. Il brise alors l'écorce terrestre et jaillit avec puissance.

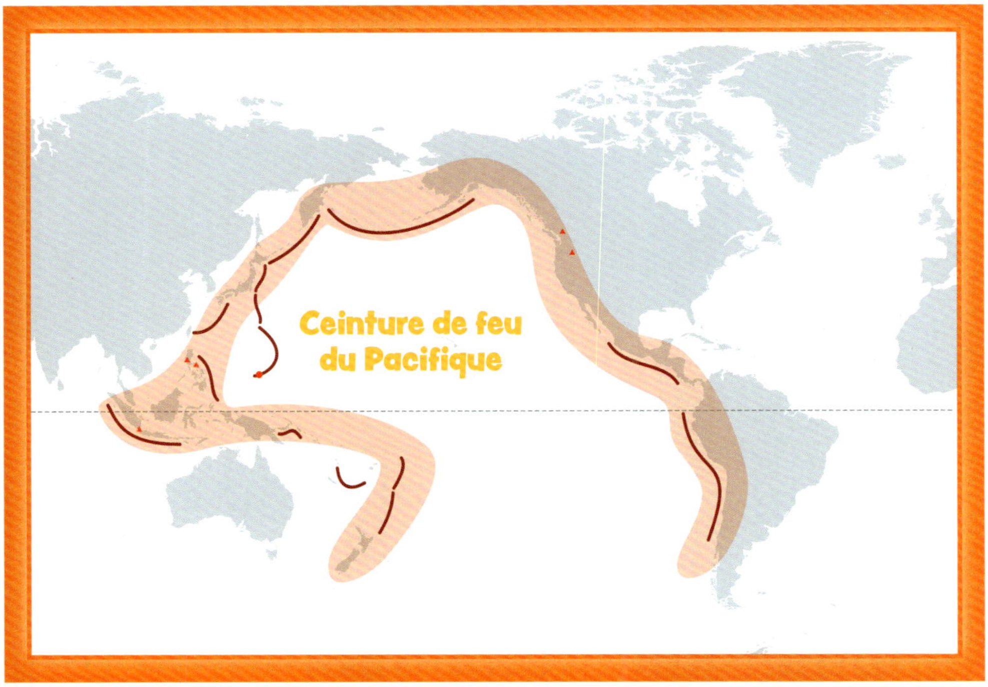

LES VOLCANS SOUS-MARINS

Cela va peut-être te surprendre, mais il y a beaucoup plus de volcans sous-marins que de volcans terrestres !

1, 2, 3… VOLCANS !

Il y aurait plus de 1 million de volcans cachés dans les profondeurs. Mais en raison de l'étendue et de la profondeur des océans, il est très difficile de connaître le nombre de volcans sous-marins en activité. À la surface de la Terre, en revanche, on n'en compte « que » 10 000 ! Parmi ceux-ci, une vingtaine serait continuellement en éruption et, chaque année, 50 à 70 autres entreraient à leur tour en éruption, selon une durée et une intensité très diverses. Enfin, les volcanologues estiment le nombre de volcans « actifs » émergés à environ 1 500, dont 600 auraient connu au moins une éruption depuis l'Antiquité.

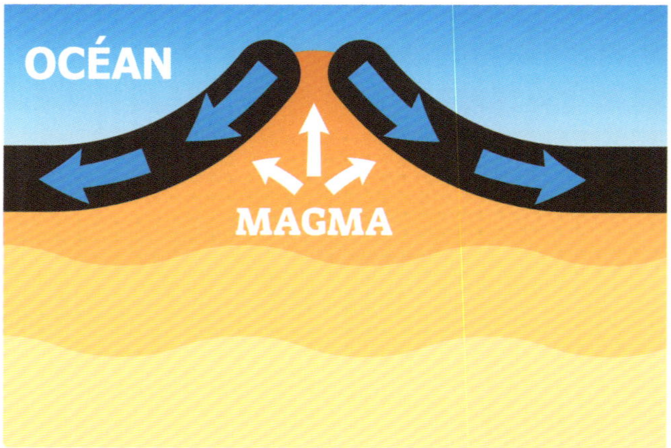

Ancien volcan sous-marin

LE SAVAIS-TU ?

La grande majorité du magma, nouvellement formé sur notre planète, provient des volcans situés sous les océans.

GLA-GLA !

Plongés dans l'obscurité, les fonds océaniques baignent dans des eaux glaciales, dont les températures avoisinent 2 °C. Pourtant, au cœur de ces profondeurs inhospitalières, des écosystèmes uniques prospèrent ! Et si cela est possible, c'est grâce à l'activité géologique de notre planète : en créant des sources hydrothermales, c'est-à-dire des systèmes qui émettent des fluides chauds riches en minéraux, celles-ci permettent à de véritables oasis de vie de voir le jour, que ce soit sur les dorsales océaniques, comme à proximité de la fosse des Mariannes.

ÉTONNANTS VOLCANS SOUS-MARINS !

Contrairement aux volcans subaquatiques traditionnels, desquels jaillit de la lave, les volcans de boue des Mariannes, dans l'océan Pacifique, rejettent de la boue et des sédiments riches en matière organique mêlés à de l'eau. Les bulles de gaz qu'ils libèrent entraînent la boue vers la surface, créant ainsi des éruptions sous-marines.

L'ANATOMIE D'UN VOLCAN

Maintenant que nous savons qu'un volcan est une sorte de « cheminée » à travers laquelle s'échappent la lave en fusion, les gaz et les cendres qui résultent des activités géologiques souterraines, voyons comment il se compose.

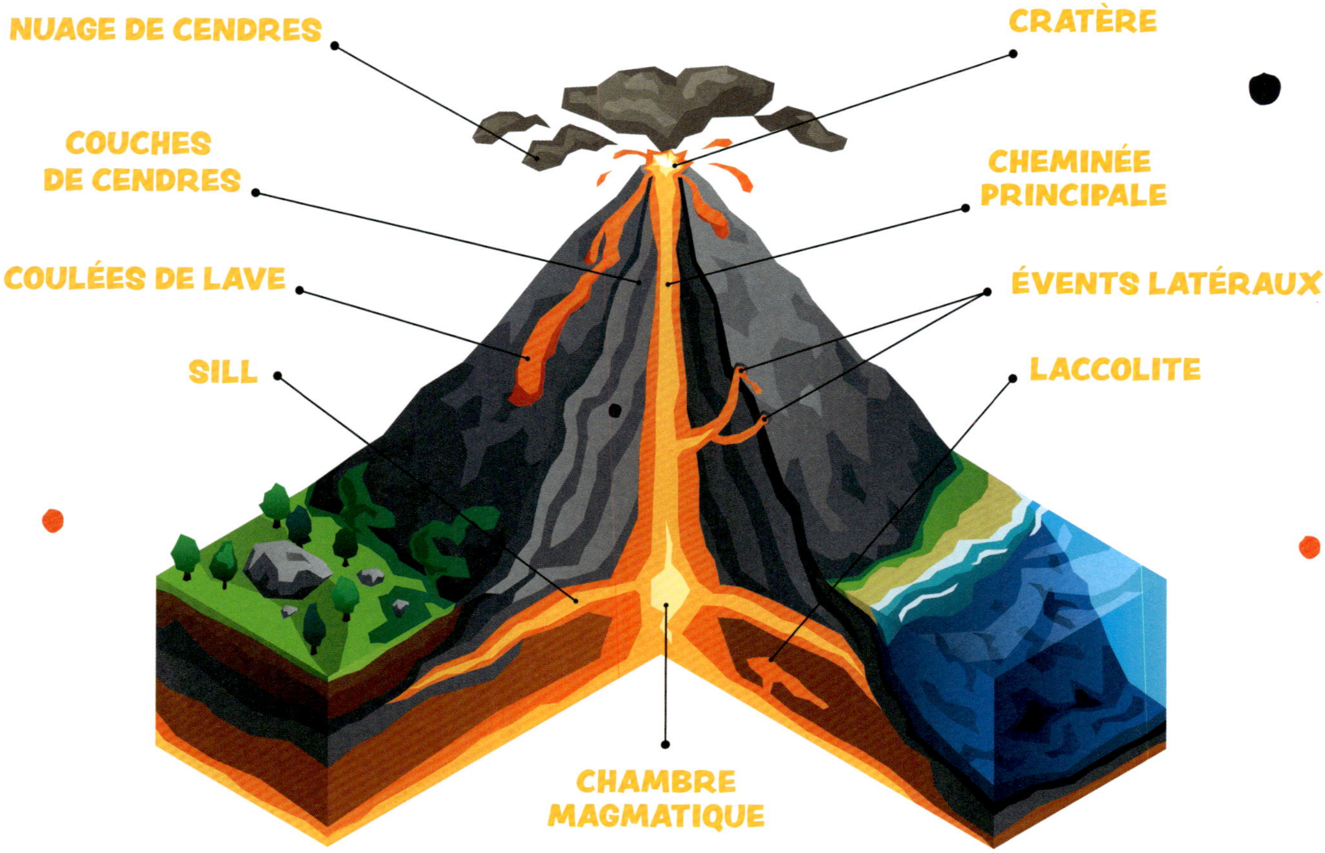

LA CHAMBRE MAGMATIQUE

Au cœur du volcan se trouve la chambre magmatique, une réserve souterraine de magma (des roches en fusion contenant du gaz) issu du manteau de la Terre. Celui-ci remonte sous l'effet des déplacements des plaques tectoniques.

LES ÉVENTS

Parfois, la lave trouve des évents latéraux, des ouvertures secondaires sur les flancs du volcan. Ceux-ci permettent à la lave de s'échapper de manière moins explosive que par le cratère principal, contribuant ainsi à la formation de coulées de lave le long des pentes du volcan.

LA CHEMINÉE ET LES FILONS

Lorsque la pression sur le magma augmente, ce dernier cherche une échappatoire et emprunte la cheminée, un conduit vertical qui s'ouvre à la surface. Au passage, il remplit des filons et forme des couches horizontales de roche magmatique.

LE CRATÈRE

Lorsque l'éruption entre dans la phase la plus intense, la lave jaillit du cratère, la bouche principale du volcan. Elle peut être expulsée violemment sous forme de fontaines ou se répandre en coulées de lave à la surface.

LES CENDRES

Les éruptions volcaniques peuvent également produire des nuages de cendres, composés de fragments de roche et de particules fines, qui s'élèvent dans l'atmosphère et se propagent sur de grandes distances, affectant les conditions météorologiques et le climat.
Les retombées de cendres, appelées chutes de cendres, sont un autre résultat des éruptions. Elles laissent une couche de matériau volcanique fin et fertile sur le sol des régions avoisinantes, qui est très bénéfique pour la végétation.

LES GLISSEMENTS DE TERRAIN

Lorsqu'un glissement de terrain se produit, il peut entraîner des conséquences dévastatrices, comme la mise en danger de vies humaines, la perturbation des écosystèmes et des pertes matérielles considérables.

ATTENTION, SOL GLISSANT !

Les glissements de terrain constituent un risque majeur. Ils se produisent lorsqu'une partie du volcan, généralement située sur ses flancs, s'effondre de manière brutale. Ce glissement peut être déclenché par des éruptions volcaniques, des tremblements de terre ou la saturation en eau des matériaux volcaniques.

BOMBE VOLCANIQUE

Quand la masse de roches s'effondre lors d'un glissement de terrain, elle libère la pression accumulée dans la chambre magmatique. Cela peut déclencher une éruption explosive et puissante !

ALERTE AUX LAHARS !

Mais ce n'est pas tout ! Les glissements de terrain peuvent aussi générer des lahars. Semblables à des rivières, ces coulées de boue volcanique en fusion dévalent les pentes du volcan et rejoignent les vallées en contrebas, détruisant tout sur leur passage.

LES VOLCANS BOUCLIERS

Les volcans se présentent sous une multitude de formes. Les formes de chapeau sont en effet le résultat de la complexité des processus géologiques qui se déroulent sous la surface terrestre.

FORMATION

Un volcan bouclier est principalement composé de coulées de lave basaltique très fluide qui s'étendent sur de vastes distances depuis le cratère central du volcan. Les couches successives s'accumulent horizontalement et forment un dôme aplati qui donne au volcan sa silhouette caractéristique.

LE SAVAIS-TU ?

Le Mauna Loa, à Hawaï, est l'un des plus grands volcans actifs de la planète. Et dans la catégorie des volcans boucliers, c'est lui le plus grand !

LES STRATOVOLCANS

Imposant, le stratovolcan a une très belle silhouette avec un sommet pointu et des pentes raides.

FORMATION

Le stratovolcan doit son nom au fait qu'il naît de l'accumulation de couches successives (ou strates) de lave visqueuse, de cendres et de débris volcaniques issus d'éruptions explosives.

RECOUVERT DE BRUME ET DE NUAGES

Le mont Fuji, emblème du Japon, est un stratovolcan qui culmine à plus de 3 700 m d'altitude. Sa silhouette symétrique et enneigée en fait une icône artistique et une destination prisée des randonneurs et des amateurs de photographie.

ÇA ALORS !

Mesurant entre quelques mètres et 15 m de hauteur, les fujizuka sont des monticules que l'on trouve à Tokyo et qui représentent le mont Fuji. Ils servaient autrefois de substituts pour les pèlerins ne pouvant pas escalader le mont sacré. La plupart sont façonnés à l'image de la montagne, avec un soin particulier porté à l'aspect volcanique. D'ailleurs, de nombreux fujizuka comportent même un peu de roche provenant du volcan à leur sommet !

LES VOLCANS EN CÔNE

Majestueux, ce type de volcan présente une forme plus conique et régulière que le stratovolcan.

FORMATION

Le volcan en cône doit sa forme à l'accumulation de lave fluide qui s'étend sur de vastes distances depuis le cratère central. Si ces coulées de lave sont moins explosives que celles des stratovolcans, elles peuvent tout de même être dangereuses pour les zones situées à proximité.

DEUX CÔNES À LA MÊME ADRESSE !

Célèbre volcan en cône, le mont Vésuve, qui surplombe la ville de Naples, en Italie, possède une particularité étonnante : il est associé à un autre volcan, le mont Somma. Ce dernier est en fait le vestige d'un ancien volcan qui s'est effondré sur lui-même, formant une immense caldeira, c'est-à-dire un grand creux. À l'intérieur de cette caldeira, un nouveau cône volcanique s'est formé au fil du temps : c'est le mont Vésuve que nous connaissons aujourd'hui !

LES FISSURES VOLCANIQUES

Chez les volcans fissuraux, il n'y a pas de chapeau. Ce qui ne les empêche pas d'être spectaculaires !

FORMATION

Ce type de volcan a la particularité d'être tout plat et de s'étendre en suivant de longues failles linéaires mesurant plusieurs kilomètres. C'est à travers ces fissures qui s'ouvrent dans la croûte terrestre que le magma s'échappe, se déversant en plusieurs points le long de la ligne de fracture. Voilà pourquoi il n'est pas doté d'un cratère central !

Fissure vent

LE « DÉSERT DE LAVE TROUÉ »

En Islande, le Holuhraun, est un désert de lave et un sandur, c'est-à-dire une vaste plaine recouverte de sable, de graviers et de blocs de roches qui ont été déposés par les glaciers en mouvement. Entre août 2014 et février 2015, une éruption spectaculaire y a eu lieu, provoquant une importante coulée de lave qui s'est étendue sur une surface de plus de 85 km^2. C'était la plus vaste éruption qui se produisait en Islande depuis plus de 200 ans !

LA CHAÎNE DES PUYS

Dressé au cœur du Massif central, cet alignement de 80 volcans s'étend sur près de 32 km le long desquels toutes les formes de volcanisme sont présentes.

TOUTES LES FORMES ET TOUTES LES TAILLES

Avec ou sans cratère, plus ou moins pentus, les volcans de la chaîne des Puys présentent toutes les formes imaginables, témoignant d'une histoire géologique riche. Cette diversité s'explique par le type de lave qui s'est écoulé pendant les éruptions et qui a permis leur formation.

QUAND LA LAVE FAIT DU « SUR PLACE »

Lorsque la lave était visqueuse, le volcan s'est gonflé de l'intérieur, s'élevant à la surface de la Terre sous la pression du magma en fusion. Le Puy de Clierzou, par exemple, a ainsi pris la forme d'un chaudron renversé à cause d'une unique manifestation volcanique qui s'est déroulée il y a 11 000 ans environ. Une sorte de « bulle » remplie de lave très visqueuse a enflé sans s'écouler avant de se solidifier sur place, formant ainsi un dôme.

LES CRATÈRES RÉGULIERS

D'autres volcans de la chaîne des Puys ont connu une éruption de lave plus fluide, au cours de laquelle les gaz ont pu s'échapper librement. Ces éruptions se sont transformées en fontaines de lave et de rochers, qui ont créé des cratères parfaitement réguliers comme celui du Pariou.

LES CRATÈRES ORIGINAUX

Certains volcans ont été sculptés en C par une importante coulée de lave qui a emporté les résidus de roches volcaniques sur l'un des côtés de leur cratère. Ce phénomène a notamment donné naissance au Puy de la Vache, dont la forme rappelle celle d'un fer à cheval.

LA RENCONTRE DE LA LAVE ET DE L'EAU

Au cours de l'activité volcanique qui a agité la chaîne des Puys, il est arrivé que la lave rencontre l'eau avant d'atteindre la surface, provoquant une énorme explosion qui a engendré de vastes cratères. Lorsqu'il restait de l'eau, ces volcans se sont transformés en lacs.

LES SIGNES AVANT-COUREURS D'UNE ÉRUPTION

Lorsqu'une éruption se prépare, ça bouillonne dans les profondeurs des volcans. L'augmentation de l'activité sismique augmente alors. Mais si celle-ci est un des premiers indices, elle n'est pas la seule...

MÉTAMORPHOSE !

Aussi incroyable que cela puisse paraître, des modifications dans la forme du volcan peuvent se produire ! Les gonflements et déformations du sol indiquent l'accumulation de magma sous terre, qui cherche à se frayer un chemin vers la surface.

LE SAVAIS-TU ?

Les animaux étant sensibles aux vibrations, un changement dans leur comportement peut alerter sur une transformation de l'activité volcanique.

TU FUMES ?

L'apparition de fumerolles et de sources chaudes peut également être un signe précurseur. Quand le magma se rapproche de la surface, il libère des gaz, qui s'échappent par des fissures dans le sol sous forme de fumée et de vapeur.

LES ÉRUPTIONS EXPLOSIVES

Il existe deux grandes formes d'éruptions : les éruptions explosives, caractéristiques des volcans gris, et les éruptions effusives, associées aux volcans rouges.

GRIS CENDRE

Les volcans gris sont nommés ainsi en raison de la teinte sombre des cendres et des roches brisées qui sont éjectées lors d'éruptions explosives dévastatrices.

LES NUÉES ARDENTES

Ces avalanches de gaz brûlants, de cendres incandescentes et de fragments de roches dévalent les pentes du volcan à une vitesse pouvant atteindre les 700 km/h, engloutissant tout sur leur passage.

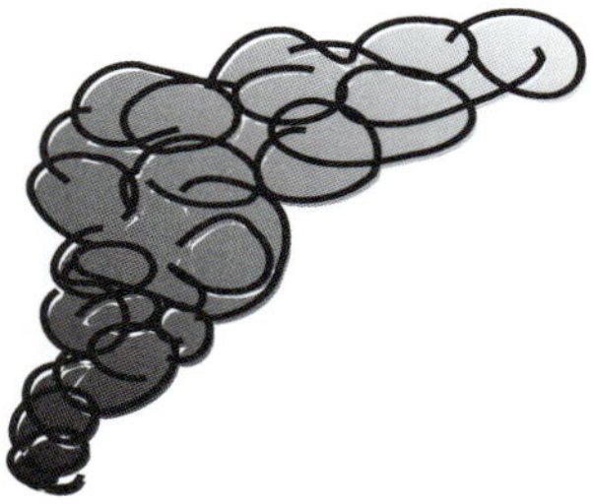

LES CENDRES VOLCANIQUES

Une éruption explosive libère d'énormes quantités de cendres volcaniques dans l'atmosphère. Transportées par les vents, ces fines particules minérales créent un manteau sombre qui recouvre les paysages et les villes.

LES LAHARS

Ces avalanches de boue volcanique et bouillonnante sont une autre menace redoutable lors des éruptions explosives. Elles se forment lorsque les cendres volcaniques se mélangent à de l'eau, que celle-ci provienne de pluies intenses ou de la fonte rapide de la neige et de la glace sur les flancs du volcan.

L'ÉRUPTION DU VÉSUVE

L'une des éruptions explosives les plus célèbres est celle du Vésuve, qui a eu lieu en l'an 79 après J.-C.

UNE CATASTROPHE ENTRÉE DANS L'HISTOIRE

Situé en Italie, à proximité de la ville de Naples, le Vésuve, redoutable stratovolcan a laissé une empreinte indélébile dans les annales de la géologie et de l'archéologie. Et pour cause ! Non seulement les historiens en ont connaissance grâce au récit d'un témoin oculaire, Pline le Jeune, mais, en plus, plusieurs cités, comme Pompéi, Herculanum et Stabies, ont été figées dans le temps et redécouvertes après des siècles d'oubli.

LE SAVAIS-TU ?

Frappées toutes deux par l'éruption du Vésuve, les cités de Pompéi et d'Herculanum n'ont pourtant pas été touchées de la même manière.

POMPÉI, FIGÉE DANS LE TEMPS

Pompéi fut principalement touchée par l'éruption volcanique sous la forme d'une pluie mortelle de cendres, de lapilli (des petits fragments de roches) et de roches en fusion.

L'EFFONDREMENT

La ville a vu les toits de ses bâtiments s'effondrer sous le poids des dépôts volcaniques qui atteignaient jusqu'à 7 m de hauteur, tandis que les rues se sont transformées en rivières de boue bouillante.

D'ÉMOUVANTS MOULAGES

Surpris par la soudaineté de l'éruption, une partie des habitants de Pompéi n'a pas pu fuir et s'est retrouvée prise au piège, ensevelie sous les pierres et les cendres crachées par le volcan. Préservées pendant des siècles, ces victimes ont laissé derrière elles un témoignage poignant de l'Antiquité. À partir du XIXe siècle, elles ont été immortalisées à l'aide de plâtre liquide injecté dans les cavités laissées par leurs corps.

HERCULANUM

C'est une première nuée ardente, qui s'est abattue sur la ville d'Herculanum, plus proche du Vésuve que Pompéi.

NUAGE MORTEL

Un nuage de gaz dont la température avoisinait les 400 °C est arrivé sur la ville. Ce nuage a entraîné avec lui des fragments de roches volcaniques et de pierres ponces, réduits à l'état liquide sous l'intense chaleur. En se rapprochant du sol et en refroidissant, ces particules se sont transformées en une boue qui a noyé la cité sous plusieurs mètres. Grâce à elle, les matériaux tels que le bois et les tissus ont été épargnés de la destruction !

REPOS ÉTERNEL

Peu après, un second nuage ardent, plus fort que le premier, a recouvert la ville de cendres sur une épaisseur de 15 à 30 m, achevant ainsi son ensevelissement. Comme un grand manteau protecteur, l'épaisseur des couches de débris a permis la conservation exceptionnelle des bâtiments, des meubles, des peintures murales, des mosaïques, etc.

LES ÉRUPTIONS EFFUSIVES

Lorsqu'un volcan entre en éruption de manière effusive, la lave en fusion s'échappe du cratère et s'écoule le long des flancs du volcan.

ROUGE LAVE

Cette lave peut atteindre des températures extrêmement élevées, provoquant une lueur rougeoyante intense qui donne aux volcans effusifs leur nom de volcans rouges.

UNE VITESSE VARIABLE

En fonction de la pente du terrain et de la viscosité de la lave, les coulées de lave peuvent se déplacer à une vitesse allant de 10 à 50 km/h, soit l'équivalent de la vitesse d'une voiture en ville. Pendant leur progression, elles brûlent tout ce qui se trouve sur leur chemin. Mais contrairement aux éruptions explosives, qui projettent des matériaux à grande distance, les éruptions effusives ont un impact plus localisé.

DES ÉRUPTIONS DE LONGUE DURÉE

Ces éruptions peuvent durer des jours, des semaines, voire des mois ! Au fil du temps, les coulées de lave qui se succèdent agrandissent le volcan et modifient le paysage alentour.

L'ÉRUPTION DU KĪLAUEA

Les éruptions effusives font partie de l'histoire d'Hawaï, cet archipel situé dans l'océan Pacifique. Il faut dire que chaque île comporte un ou plusieurs volcans !

UNE TRÈS LONGUE ÉRUPTION

L'une des éruptions effusives les plus importantes de l'histoire de l'archipel s'est produite sur le volcan Kīlauea. Elle a débuté en 1983 et s'est achevée officiellement le 5 septembre 2018, soit au bout de 35 ans !

QUAND LA TERRE SE LÉZARDE

L'éruption a commencé par la formation d'une fissure sur la partie est du volcan. Au fil des années, celle-ci s'est allongée et a donné naissance à une série de nouvelles fissures, libérant de la lave en fusion qui s'est lentement dirigée vers l'océan Pacifique. La lave a englouti des terres, détruit des routes, des maisons et des infrastructures, mais en s'accumulant continuellement, elle a aussi créé de nouveaux terrains. Depuis, d'autres éruptions, d'une durée bien plus courte, se sont produites.

LES TYPES D'ÉRUPTIONS

Voici quelques-unes des éruptions volcaniques les plus courantes. Les connaître permet de mieux protéger les populations locales.

LES ÉRUPTIONS HAWAÏENNES

Lors des éruptions hawaïennes, une lave fluide se répand paisiblement hors du cratère. Sa faible viscosité facilite son écoulement sur de longues distances. Ce type d'éruption peut durer longtemps et générer des coulées de lave impressionnantes, qui modifient doucement le paysage environnant.

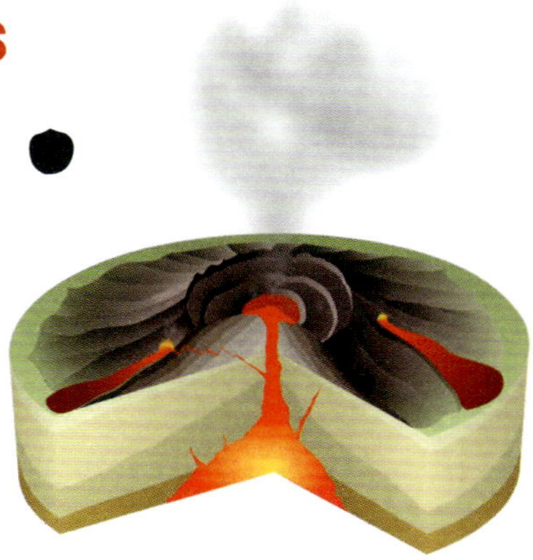

LES ÉRUPTIONS STROMBOLIENNES

Les éruptions stromboliennes tirent leur nom du volcan Stromboli, qui se trouve sur l'une des îles Éoliennes, en Italie. Elles se caractérisent par des explosions régulières et relativement faibles de gaz et de cendres.

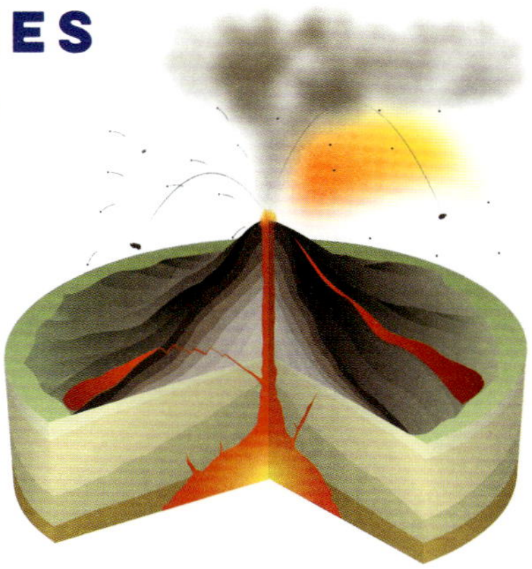

LES ÉRUPTIONS VULCANIENNES

Les éruptions vulcaniennes sont beaucoup plus explosives que leurs cousines stromboliennes. Elles impliquent l'éjection violente de lave visqueuse et de bombes volcaniques dont les dimensions peuvent considérablement varier : de petites perles de quelques centimètres de diamètre jusqu'à des morceaux beaucoup plus gros équivalant à la taille d'une voiture ! Mais durant ces éruptions, la quantité de lave émise est généralement moins importante que lors d'éruptions effusives.

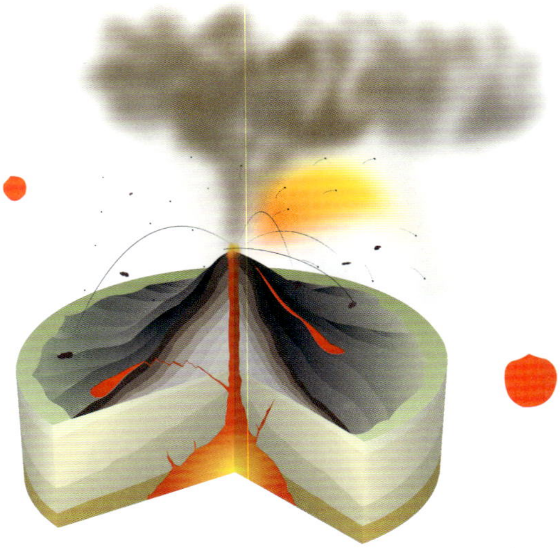

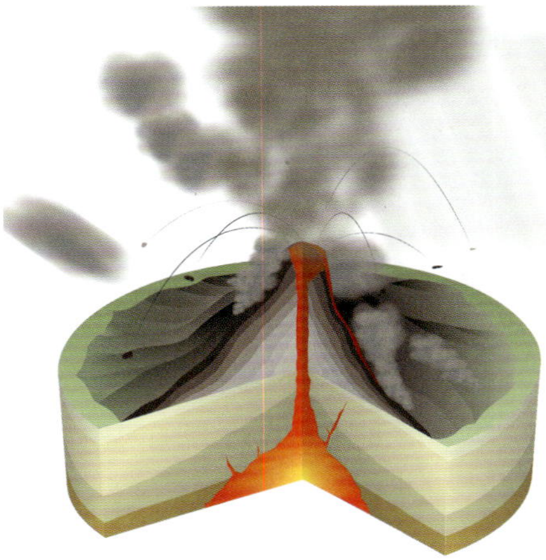

LES ÉRUPTIONS PÉLÉENNES

Également appelées nuées ardentes, ces éruptions sont extrêmement dangereuses. Elles se produisent lorsque de la lave, presque solide, monte dans la cheminée. Des éruptions explosives projettent alors des matériaux pyroclastiques (des fragments de roches, de cendres, de pierres ponces...) à des températures élevées qui descendent ensuite rapidement les pentes du volcan, incinérant tout sur leur passage.

LES ÉRUPTIONS PLINIENNES

Parmi les plus violentes, les éruptions pliniennes éjectent des quantités massives de cendres, de gaz et de matériaux solides à des altitudes élevées. Les panaches de fumée peuvent s'étendre sur des centaines de kilomètres et avoir un impact significatif sur le climat régional et mondial. L'éruption du Vésuve, qui a enseveli Pompéi en 79 après J.-C., en est un exemple classique.

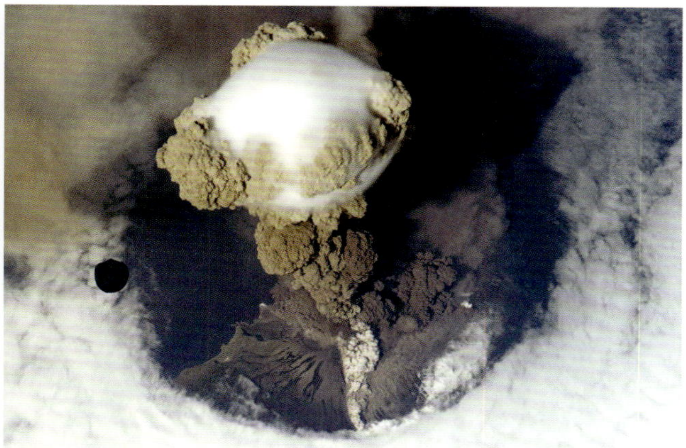

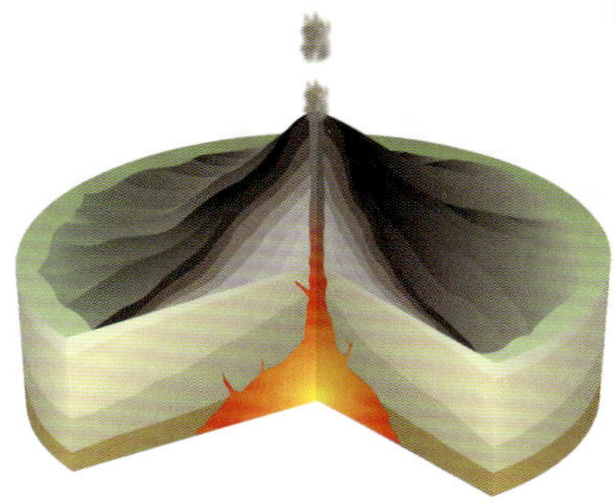

ON N'Y VOIT RIEN !

Dans la catégorie des éruptions pliniennes, celle du volcan islandais Eyjafjöll en 2010 a entraîné d'importantes perturbations dans le trafic aérien. En effet, les cendres volcaniques libérées dans l'atmosphère pouvant endommager les moteurs des avions et réduisant la visibilité, la majorité des États européens ont restreint, puis interdit les vols dans leur espace aérien du 14 au 21 avril 2010. Ce sont ainsi 100 000 vols environ qui ont été annulés, affectant des millions de passagers !

LE CORPS HUMAIN

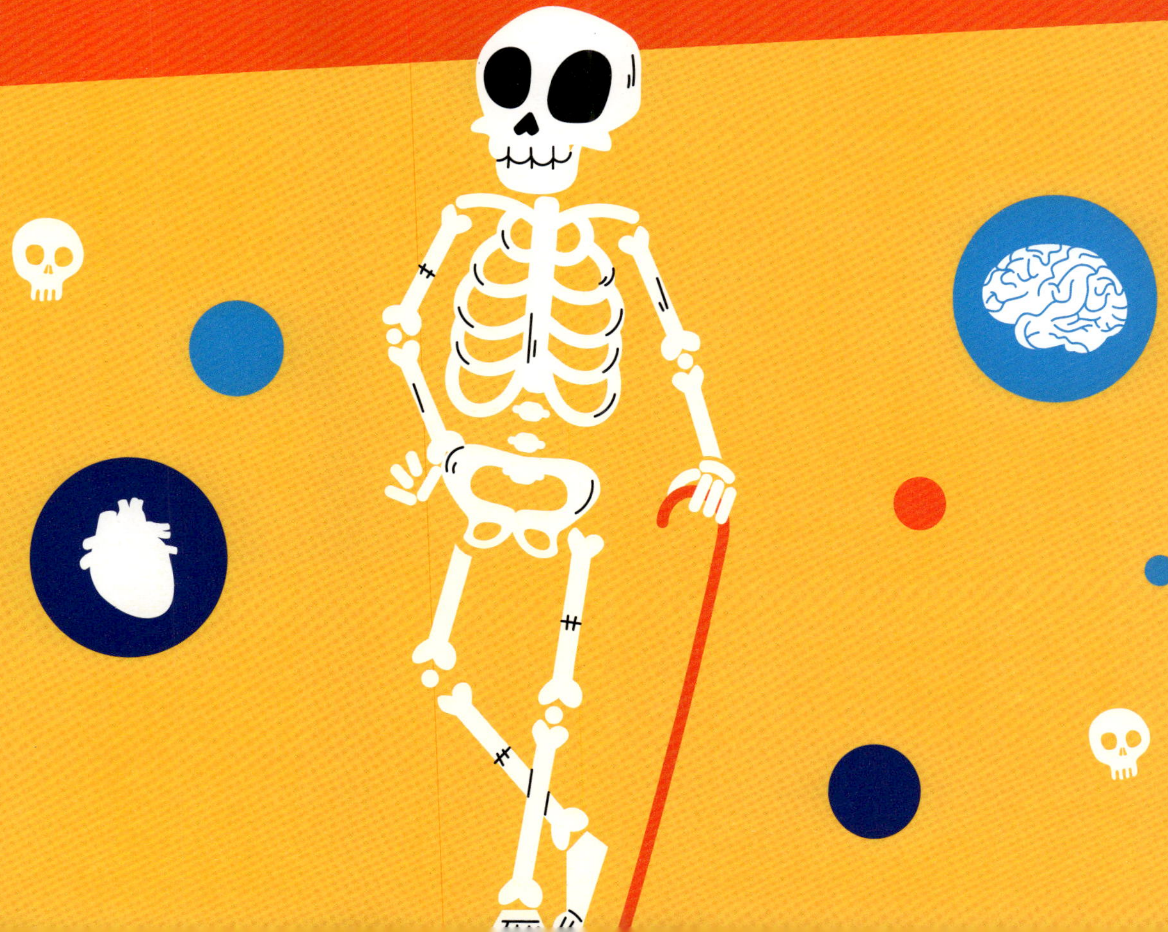

FABRIQUER LES BÉBÉS

En règle générale, pour faire un bébé, un homme et une femme doivent faire l'amour. Et de cet amour, peut-être qu'un bébé naîtra 9 mois plus tard !

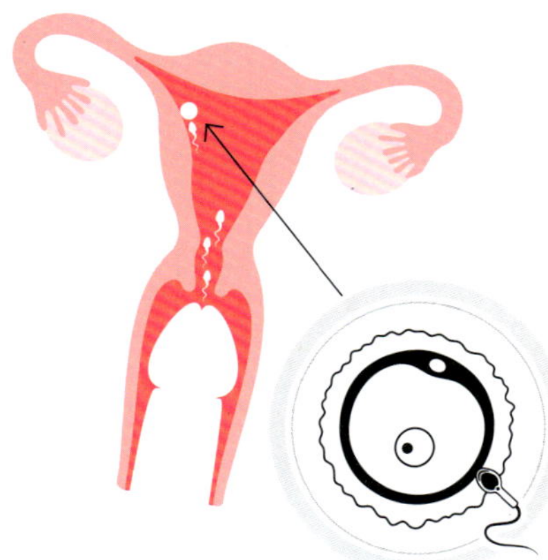

LA RENCONTRE

La vie commence quand l'œuf d'une maman, appelé ovule, rencontre un spermatozoïde. Cette magnifique aventure commence dans le ventre de la femme, c'est la fécondation. Mais attention, ça ne fonctionne pas à tous les coups ! Souvent, le spermatozoïde ne trouve pas le bon chemin et il ne se passe donc rien. Pour faire un bébé, il faut que ce soit le bon moment.

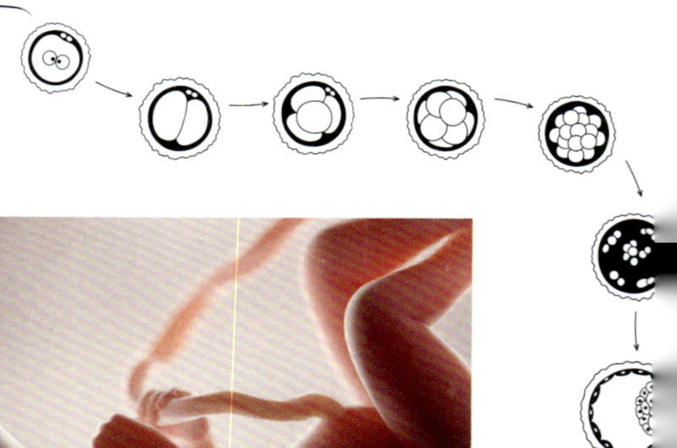

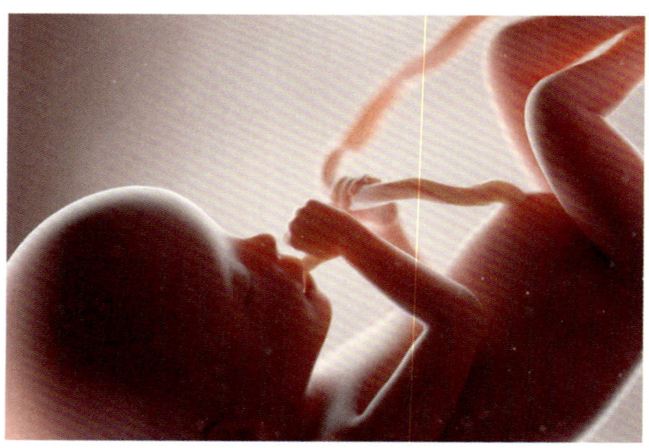

LE DÉBUT DE L'EMBRYON

Dans les premiers jours suivant la fécondation, la cellule de l'œuf se divise en 2, puis 4, puis 8 cellules. Au bout de 8 jours, elle s'installe dans l'utérus, une grande poche élastique dans le ventre de la maman. On ne parle alors plus de cellule mais d'embryon. Ce dernier n'est pas plus gros qu'un haricot mais son cœur bat déjà !

LE FŒTUS

Au bout de 8 semaines, l'embryon se transforme en fœtus. Il va alors grandir, grandir dans une poche remplie de liquide amniotique... pendant 9 mois !

DANS LE VENTRE DE MAMAN

Le bébé va rester au chaud dans le ventre de sa maman durant 9 mois. Parfois un peu moins… mais rarement beaucoup plus !

BIEN AU CHAUD

Dans le ventre, le bébé se développe, même ses ongles et ses cheveux poussent, et il bouge ! Il grandit dans une poche qui le protège du monde extérieur : des chocs mais aussi des virus.

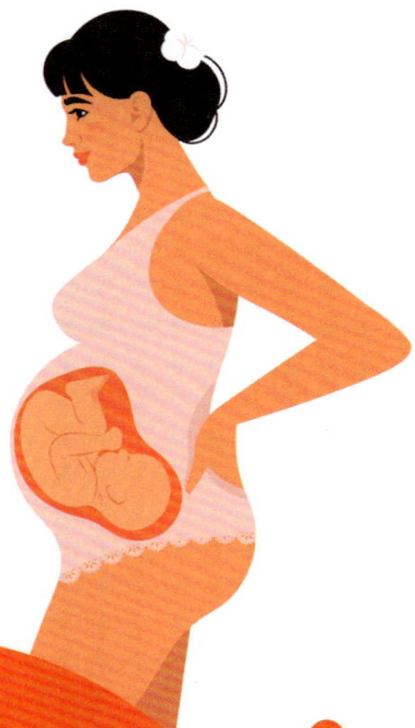

MANGER ET RESPIRER

Le bébé est relié à sa maman par le cordon ombilical. Comme il ne peut pas manger ni respirer tout seul, il reçoit tous les bons nutriments et l'oxygène dont il a besoin par le sang de sa maman.

SURVEILLÉ DE PRÈS

Tout au long de la grossesse, la maman subit des examens pour s'assurer que tout va bien à l'intérieur. Ce sont les échographies, des images qui permettent de voir l'intérieur du ventre, de voir le bébé et d'entendre si son cœur bat normalement. Souvent, la femme voit un gynécologue, le médecin des mamans.

LE SAIS TU ?

Parfois, la maman fabrique deux ovules et non pas un seul. Il arrive aussi que l'œuf se sépare en deux. Dans les deux cas, ce sont des jumeaux qui se développent à l'intérieur.

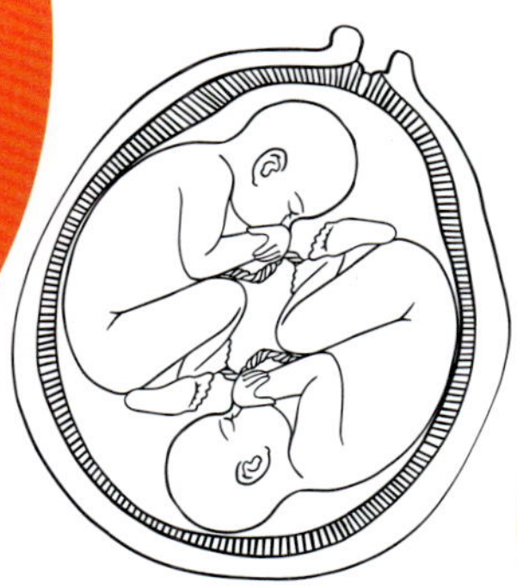

PAR ICI, LA SORTIE

La maman est prête pour le grand jour ! C'est le moment de découvrir le petit être qui pousse en elle depuis si longtemps...

ARRIVÉE TOUTE PROCHE

L'utérus est le muscle qui a accueilli l'œuf dans le ventre de la maman. Quand le bébé est prêt à sortir, il se contracte et provoque la rupture de la poche remplie de liquide amniotique. On dit que la maman « perd les eaux ».

BIENVENUE !

Le bébé, qui est la plupart du temps positionné la tête en bas, est poussé vers la sortie. Ce sont les contractions, de fortes douleurs que ressent la maman, qui aident à la descente. Normalement, le bébé pousse son premier cri et prend sa première bolée d'air frais.

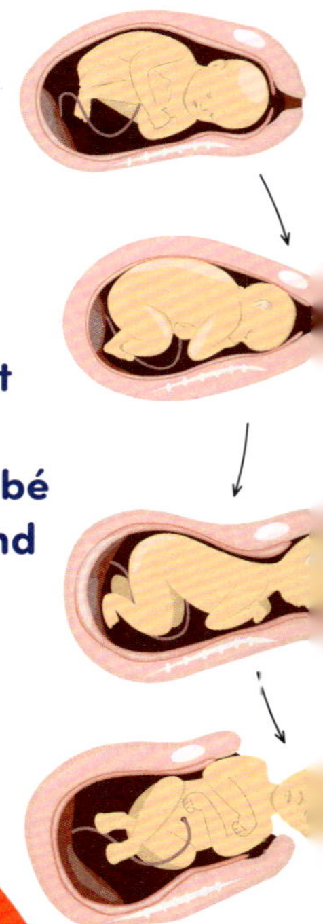

LE SAIS-TU ?

Parfois, les événements se déroulent autrement et les médecins sont obligés de pratiquer une césarienne. On ouvre un peu le bas du ventre de la maman pour que le bébé puisse sortir par-là, et non par le sexe de la femme comme prévu.

BÉBÉ ET MAMAN SÉPARÉS

Pour la première fois, le bébé va être séparé de sa maman. Mais pas pour très longtemps ! C'est le moment de couper le cordon ombilical qui reliait bébé et maman. Le nombril est la cicatrice qu'il nous reste une fois qu'on a coupé le cordon.

TOUT SUR LE ZIZI

Le sexe des filles n'est pas le même que celui des garçons. Il est plus difficile à observer, tandis que le sexe des garçons est bien visible.

CHEZ LES GARÇONS

Le sexe des garçons est constitué d'un pénis et de deux testicules. Le gland est au bout du pénis. Sa peau, nommée prépuce, est fine et sensible. De nombreux conduits et glandes relient le pénis aux testicules. Les spermatozoïdes, qui ressemblent à de minuscules têtards, sont fabriqués à l'intérieur des testicules.

CHEZ LES FILLES

Les organes sexuels des filles se trouvent principalement à l'intérieur du corps. La vulve est la partie externe de l'appareil génital féminin. Elle est formée par deux grandes lèvres et une paire de lèvres plus fines surmontées d'un clitoris au milieu. Comme le gland, le clitoris est un petit organe très sensible. Juste au-dessous se trouve l'entrée du vagin qui mène vers l'utérus. L'utérus est prolongé de chaque côté par une trompe au bout de laquelle l'ovaire produit les ovules.

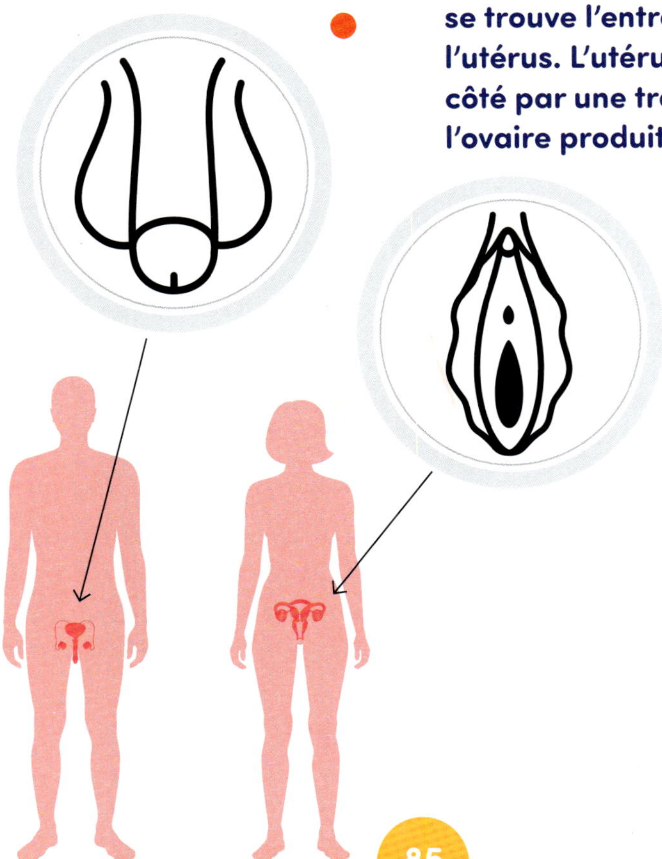

TOUS ET TOUTES DIFFÉRENTS

Même si on est tous constitués de la même façon et qu'on appartient à l'espèce des Homo sapiens, chaque personne est unique au monde !

XX OU XY ?

Nous avons 23 paires de chromosomes qui déterminent comment nous sommes. La 23ᵉ paire fait toute la différence ! Chez les filles, elle est sous forme de 2 chromosomes X : XX. Chez les garçons, elle est sous forme d'un chromosome X et d'un chromosome Y qui donnent XY.

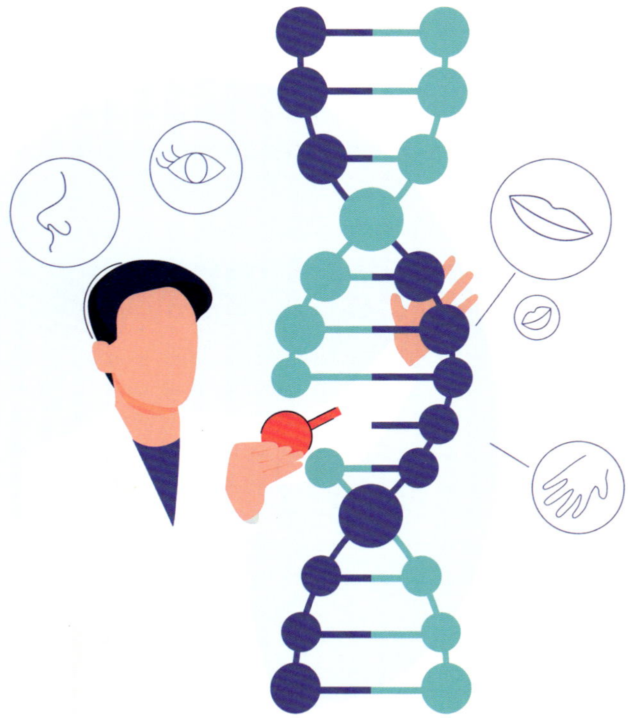

LE PATRIMOINE GÉNÉTIQUE

Un gène est une petite partie du chromosome. Nos gènes font de nous des êtres uniques. Ils définissent la couleur de nos yeux ou de nos cheveux par exemple. Ce sont nos parents ou nos géniteurs qui nous les transmettent.

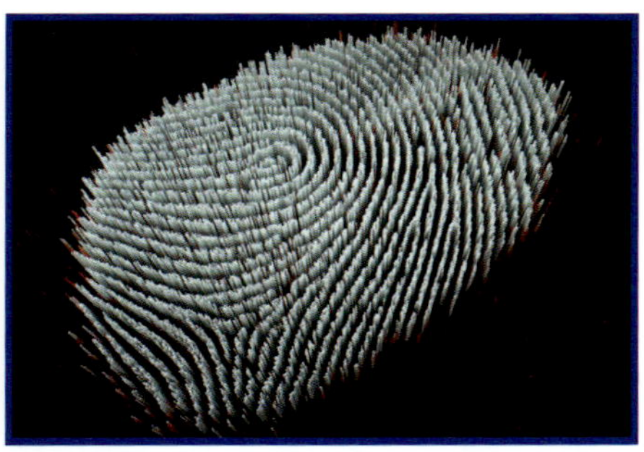

UNIQUE AU MONDE

Si tu observes bien tes paumes de main, tu verras des sillons sur le bout de tes doigts. Ce sont les empreintes digitales. Elles forment des spirales, des boucles ou des cercles. Il n'existe aucune empreinte identique dans le monde entier. Chacun a les siennes ! Et on garde les mêmes empreintes toute sa vie.

TOUR DU MONDE DU CORPS

Chaque organe qui constitue notre corps joue un rôle bien défini. Ils permettent le bon fonctionnement de notre corps. En voici quelques-uns mais pas tous, car nous en possédons 80 !

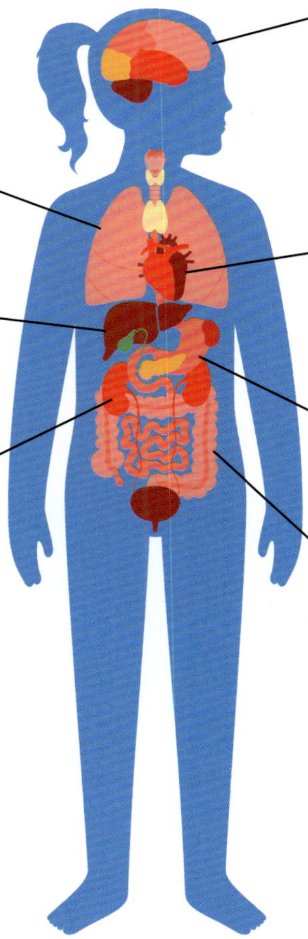

Le cerveau
C'est l'ordinateur du corps humain. Sans lui, on ne peut rien faire !

Les poumons
C'est grâce à eux que nous respirons.

Le cœur
Il joue le rôle de pompe du sang.

Le foie
C'est le plus gros organe du corps et ses fonctions sont multiples.

L'estomac
Il digère les aliments.

Les reins
Les reins sont des filtres super efficaces qui servent à purifier le sang.

Les intestins
Ils décomposent la nourriture et l'envoient dans le sang.

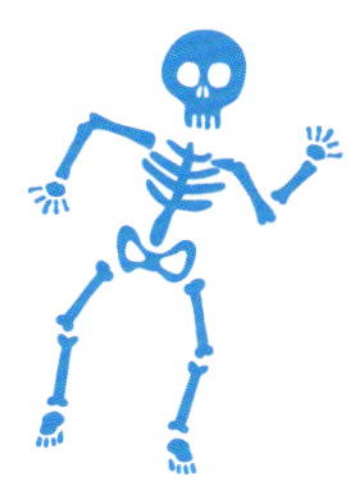

LE CERVEAU

Ce n'est peut-être pas le plus gros organe mais c'est lui qui gère tout ! Grâce au cerveau, on peut sourire et écrire en même temps ou réfléchir et marcher. Des choses toutes simples mais qui ont toute leur importance.

QUATRE PARTIES

Le cerveau ressemble à une grosse noix. Il est divisé en deux parties qu'on appelle les hémisphères. Chaque hémisphère est composé de quatre parties bien distinctes : le lobe frontal, le lobe pariétal, le lobe occipital et le lobe temporal. À l'arrière du cerveau, le cervelet vient compléter le tableau.

Le lobe frontal
Il contrôle la pensée, la volonté, les idées. C'est grâce à lui qu'on peut réfléchir.

Le lobe pariétal
C'est lui qui gère les mouvements : sauter, bouger, danser, saisir un objet.

Le lobe occipital
Il contrôle la perception visuelle, il analyse ce qu'on voit.

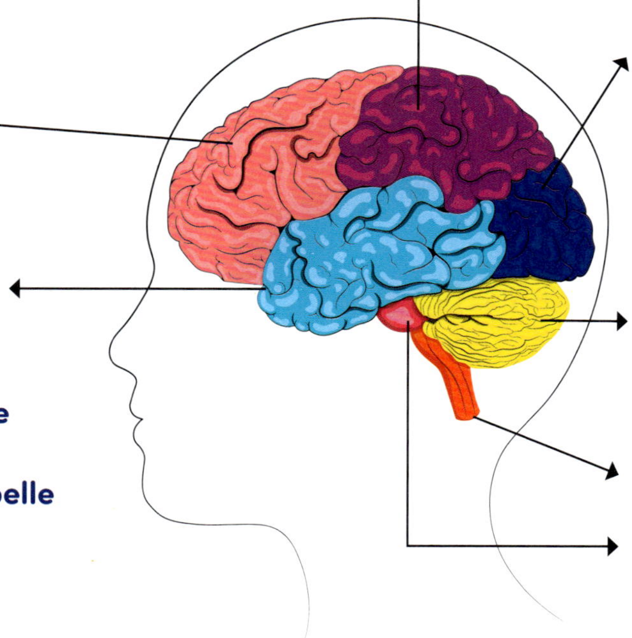

Le lobe temporal
Il gère les sons, la mémoire et les odeurs. Mmm, cette bonne odeur de madeleine me rappelle quelque chose !

Le cervelet
Il coordonne les mouvements et l'équilibre.

La moelle épinière

Le bulbe rachidien

LES POUMONS

Protégés par les côtes puis par des membranes très fines, les poumons sont l'un des organes les plus importants du corps humain.

LE DIAPHRAGME

Nous avons deux poumons. Le poumon droit possède trois lobes ; le poumon gauche, seulement deux. C'est grâce au diaphragme situé sous les poumons qui se contracte et se relâche que l'on peut gonfler les poumons.

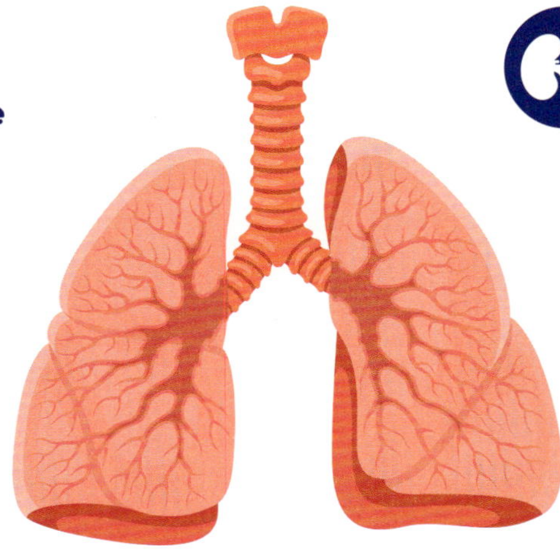

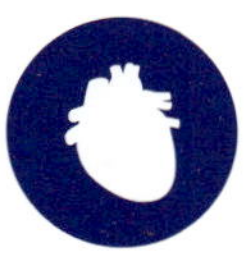

LE SAIS-TU ?

Quand un bébé naît, ses poumons sont tout roses. En grandissant, les poumons deviennent gris à cause de l'air sale que nous respirons.

INSPIRER-EXPIRER

Pendant l'inspiration, l'air passe dans la bouche ou le nez, et continue son chemin vers la trachée puis les bronches pour entrer ensuite dans les poumons. Les bronches sont deux tuyaux qui se divisent comme un arbre en tuyaux plus petits puis en bronchioles de plus en plus nombreuses et plus fines dans les poumons. L'air arrive alors dans les alvéoles pulmonaires, de tout petits sacs très fins. Dans les alvéoles, le sang va décharger le dioxyde de carbone pour se recharger en oxygène.

LE CŒUR

Le cœur est situé dans la cage thoracique entre les deux poumons. C'est un muscle qui pèse 300 g et qui fait la taille du poing d'un adulte.

DOUBLE POMPE

Le cœur comporte deux moitiés distinctes : le cœur droit et le cœur gauche. Chaque partie est composée en haut, d'une oreillette ; en bas, d'un ventricule.

UN DUO DE CHOC

Le cœur et les poumons travaillent en étroite collaboration. Le cœur joue un rôle très important de pompe. C'est lui qui est chargé d'envoyer le sang en passant par les poumons (cœur droit) et de le récupérer pour le renvoyer dans tout le reste de ton corps (cœur gauche).

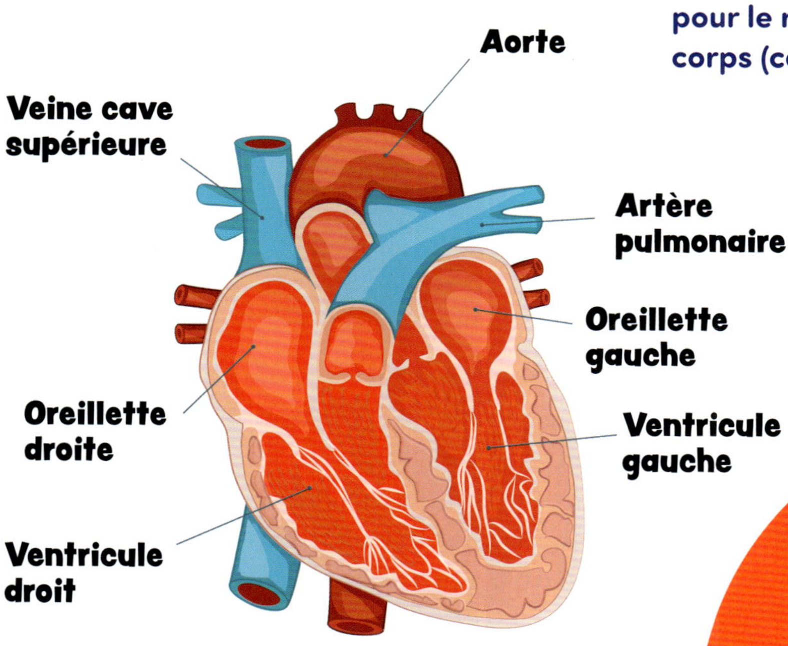

LE SAIS-TU ?

Quand le cœur se contracte, on parle de systole. Quand il se détend (il se décontracte), c'est la diastole. Si le cœur bat de manière irrégulière, c'est une extrasystole.

PASSAGE DANS LES ARTÈRES

Le sang passe dans tout le corps grâce à des artères, des gros tuyaux remplis de sang qui parcourent ton corps. Environ 8 000 litres de sang sont pompés chaque jour par notre cœur.

L'ESTOMAC

L'estomac est comme un lave-linge : il mélange tous les ingrédients et les réduit en purée grâce à un acide redoutable.

L'ŒSOPHAGE

Tu as mastiqué les aliments, tu les as avalés et ils sont passés dans un grand tuyau, l'œsophage. Grâce aux contractions de nos muscles, le travail de l'œsophage est de faire descendre les aliments de la bouche jusqu'à l'estomac.

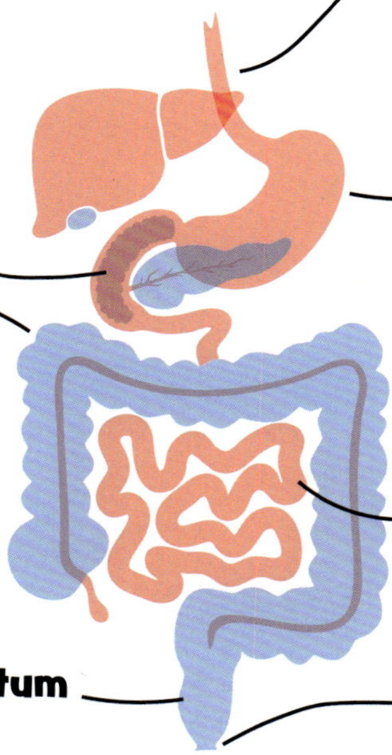

HOP, ÇA DESCEND !

L'estomac sécrète des substances spéciales, appelées sucs gastriques, chargées de décomposer en tout petits bouts la nourriture restante. L'eau que l'on boit suit le même chemin. Quand l'estomac est plein, il peut contenir jusqu'à 4 litres. Il faudra attendre entre 3 et 7 heures et que l'estomac ait effectué son travail pour que la bouillie continue son chemin vers le duodénum (le début de l'intestin qui est rattaché à l'estomac).

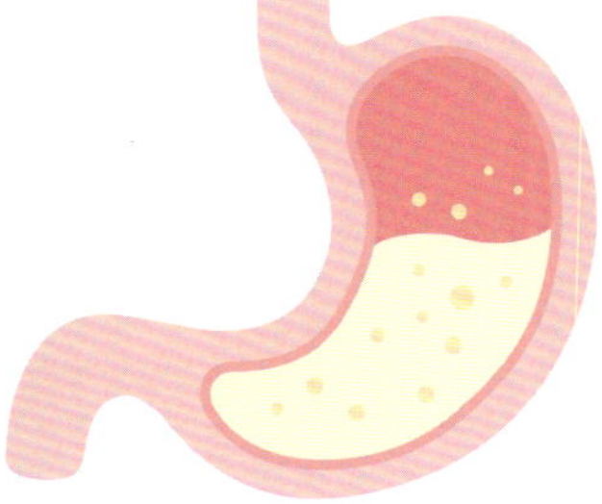

INCROYABLE !

Les parois de l'estomac sont recouvertes de mucus. Heureusement, sinon il ne survivrait pas à l'attaque des acides et il se digérerait lui-même !

LES INTESTINS

Merci à l'estomac qui a bien fait son travail et qui a réduit en bouillie tous les aliments. Il est temps pour l'intestin de prendre le relais !

DEUX LONGS SERPENTS

Nous avons deux intestins : l'intestin grêle et le gros intestin. Ils font tous deux partie du système digestif.

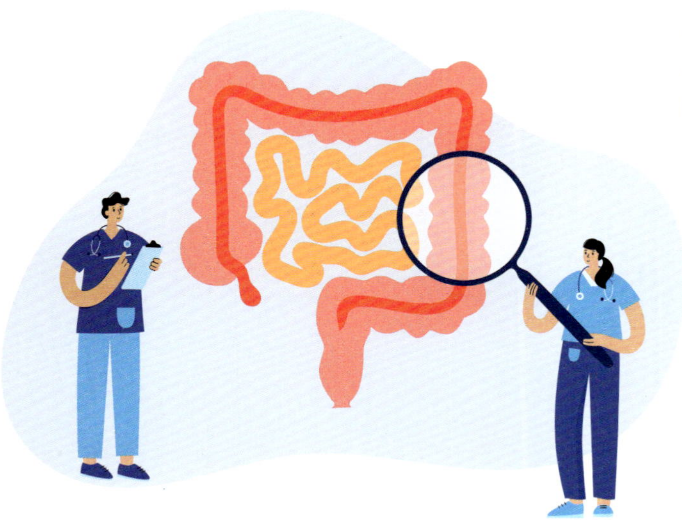

L'INTESTIN GRÊLE

On l'appelle aussi petit intestin mais il ne porte pas très bien son nom car il mesure pas loin de 6 mètres, soit la taille de deux petites voitures l'une devant l'autre. C'est lui qui reçoit la bouillie de l'estomac. Il est chargé de faire passer dans le sang par des excroissances qu'on appelle villosités toutes les substances des aliments qui te seront utiles : protéines, lipides, glucides...

LE GROS INTESTIN

On l'appelle aussi colon. Tout ce qui est inutile à ton corps arrive chez lui. Il est moins long que l'intestin grêle (1,5 mètre) mais les aliments y restent quand même pendant environ 16 heures. C'est le temps nécessaire pour que tous les aliments broyés descendent sous forme d'excréments. Les matières fécales seront ensuite évacuées dans le rectum.

LES REINS

Les reins, avec la vessie et l'urètre, font partie du système urinaire.

QUI SONT-ILS ?

Nous avons deux reins, des filtres efficaces pour éliminer les déchets de notre sang. Ils sont situés à l'intérieur de la cavité abdominale de part et d'autre de la colonne vertébrale. Les reins ressemblent à des haricots super-héros chargés de nettoyer notre corps.

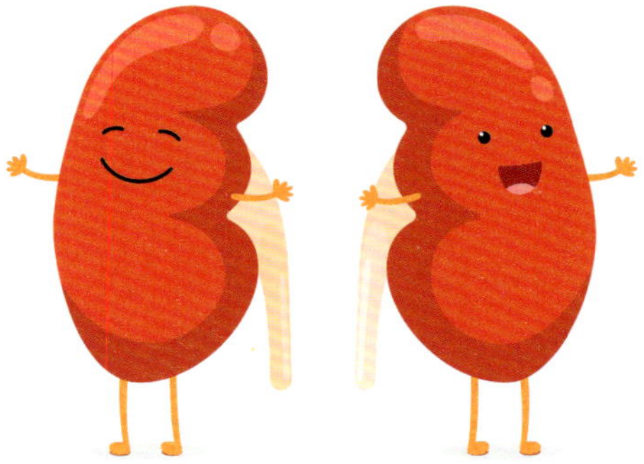

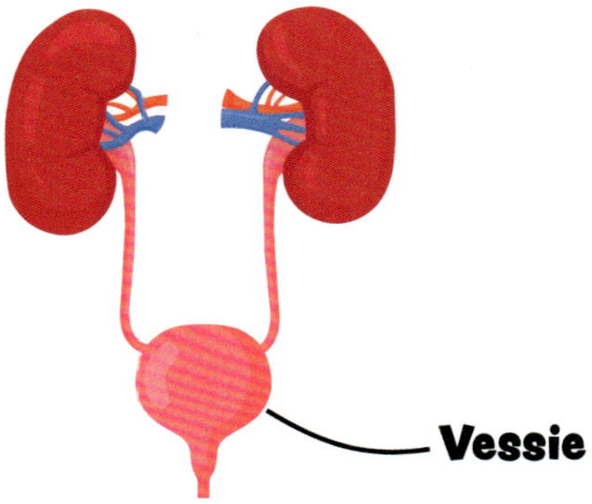

USINE À PIPI

Plus le sang circule dans notre corps, plus il se charge de déchets. Quand il arrive dans nos reins, ces derniers le nettoient et ce qu'il reste devient de l'urine. Les reins ont donc filtré les déchets du sang et il en reste ce liquide jaune : le pipi. L'urine passe ensuite dans la vessie pour être éliminée du corps.

DEUXIÈME MISSION

Les reins ont aussi une autre fonction un peu plus compliquée. Ils fabriquent des hormones, une substance qui permet d'augmenter la production de globules rouges dont nous avons besoin.

LE SAIS-TU ?

À chaque minute qui passe, un litre de sang est nettoyé et filtré par les reins.

LE FOIE

Le foie est un organe du système digestif qui a plusieurs centaines de fonctions. Au repos, près d'un quart du sang de notre corps se trouve dans notre foie.

LE RÉGULATEUR

Le foie régule la quantité de nourriture qui passe dans le sang et s'il y en a trop, hop, il stocke tout ça sous forme de sucre.

NE TE FAIS PAS DE BILE !

Le foie fabrique la bile stockée dans la vésicule biliaire avant qu'elle soit injectée dans le système digestif. Elle sert à décomposer les lipides, c'est-à-dire à transformer les graisses.

OUSTE !

Il débarrasse aussi l'organisme de poisons mauvais pour lui et détruit les vieux globules du sang.

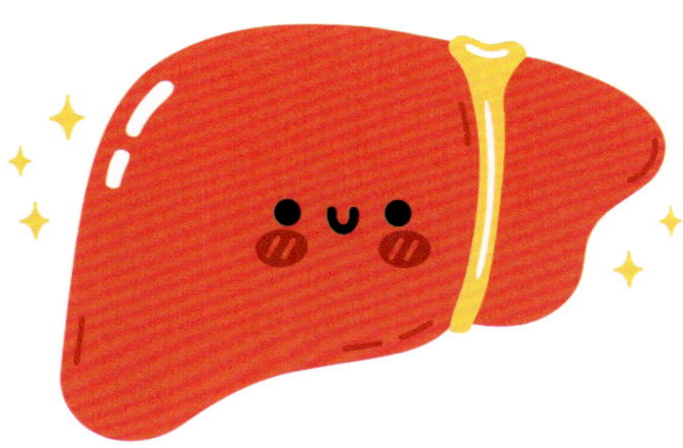

RÉSERVOIR À VITAMINES

Le foie stocke également le fer, le glucose riche en énergie ainsi que des vitamines et des minéraux. Quand notre corps en a besoin, le foie les libère dans le sang.

LE SAIS-TU ?

Le foie dégage beaucoup de chaleur durant son lourd travail, c'est donc en partie grâce à lui que nous maintenons notre **chaleur corporelle**.

TOUR DU MONDE DU SQUELETTE

Tous nos os assemblés les uns aux autres forment le squelette qui donne la forme de notre corps. En voici quelques-uns mais pas tous, car nous en possédons 206 ! Notre squelette se divise en trois parties : le tronc, les membres et le crâne.

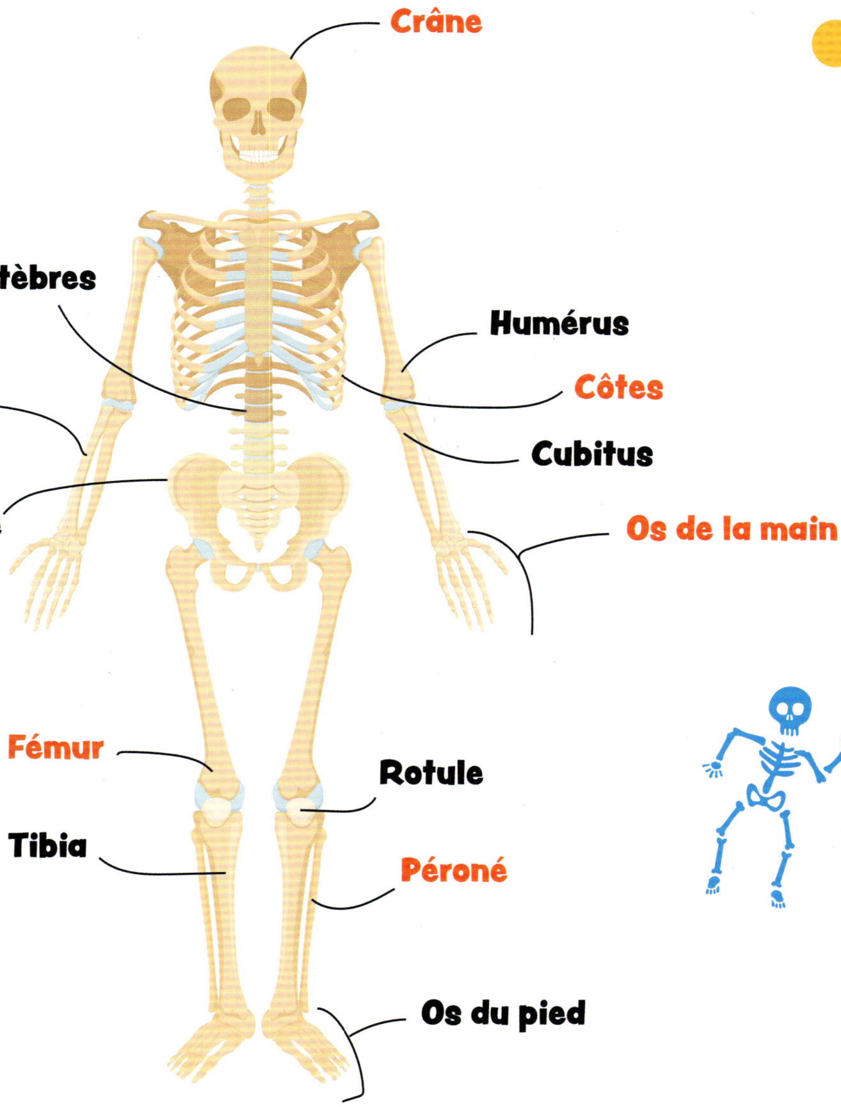

BIEN ACCROCHÉS

La quasi-totalité des os de notre corps sont reliés entre eux.

LES LIGAMENTS

Les os sont accrochés les uns aux autres grâce à des attaches très solides qu'on peut comparer à des élastiques. Ce sont les ligaments. Certaines personnes ont une faiblesse dans les ligaments, ce qui les rend extrêmement souples. On dit qu'elles sont hypermobiles ou hyperlaxes.

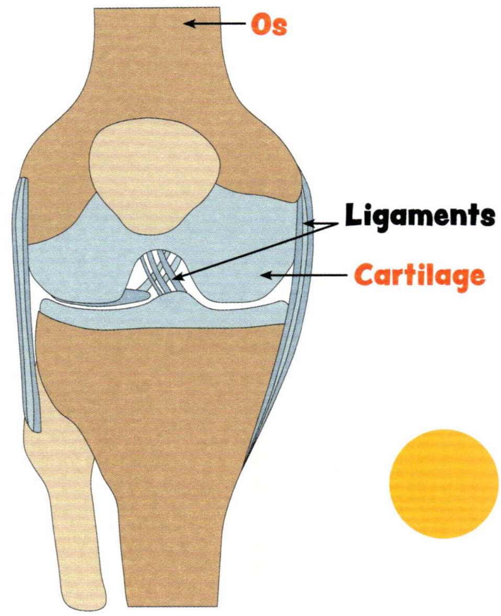

LE SAIS-TU ?

À la naissance et jusqu'à l'âge de 18 mois environ, les bébés ont des fontanelles au sommet du crâne. C'est une zone très fragile, des membranes qui séparent les différents os du crâne. Les fontanelles permettent au crâne de s'accroître en même temps que le cerveau grandit.

LES CARTILAGES

Les ligaments sont des parties fragiles qui doivent être protégées. C'est le rôle du cartilage, qui est composé d'une protéine appelée collagène. Il existe trois sortes de cartilages :

– le cartilage hyalin, qui recouvre les os au niveau des articulations ;
– le cartilage élastique, qui est sur nos oreilles ;
– le cartilage fibreux, très résistant, qui se trouve dans les vertèbres ou le genou.

VUE DE L'INTÉRIEUR

L'intérieur d'un os est tout creux et n'est pas fait d'os mais de moelle osseuse. La moelle est rouge chez les enfants et devient jaune quand on vieillit.

DE QUOI SONT-ILS FAITS ?

Les os sont constitués de différents minéraux qui leur donnent de la résistance et de l'élasticité. Ils sont principalement formés de calcium que l'on trouve dans l'alimentation dans les laitages, le fromage mais aussi les fruits et les légumes.

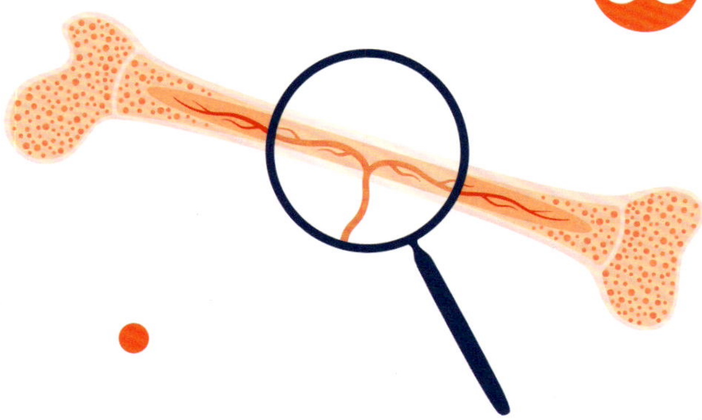

CROISSANCE OSSEUSE

Les os grandissent au fur et à mesure de la croissance de l'enfant. D'ailleurs, au tout début de sa vie, un bébé a 350 os. Un adulte n'en a que 206. Alors où sont passés les 144 os ? Pas de panique, ils n'ont pas disparu ni ne se sont dissous ! Quand le bébé grandit, de nombreux os se soudent entre eux. C'est surtout au niveau du crâne où se trouve du cartilage, une matière toute molle, qui deviendra de l'os par la suite.

LE SAIS-TU ?

As-tu déjà mangé un os à moelle ? On peut voir l'os troué avec une substance gélatineuse à l'intérieur. Chez l'être humain, c'est la même chose !

LA COLONNE VERTÉBRALE ET LES CÔTES

La colonne vertébrale est formée par l'ensemble des vertèbres qui s'articulent les unes aux autres. Elle s'étend du crâne jusqu'au bassin.

LES VERTÈBRES

C'est grâce aux vertèbres que nous pouvons courber le dos vers l'avant pour nous baisser, nous pencher sur les côtés, pivoter ou plier un peu vers l'arrière selon la souplesse de chacun. Nous possédons 24 vertèbres : 7 vertèbres, appelées cervicales, forment le cou ; 12 sont reliées aux côtes, et les 5 dernières situées en bas du dos forment les lombaires. Mais la manière de les compter diffère selon les scientifiques, selon si l'on compte les vertèbres mobiles ou non.

L'AMORTISSEMENT

Entre chaque vertèbre, le cartilage permet d'éviter les frottements mais est aussi très utile pour amortir les chocs que l'on fait subir à notre corps quand on saute ou quand on court, par exemple.

INCROYABLE MAIS VRAI !

Même si nous ne faisons pas du tout la même taille, nous avons le même nombre de vertèbres que la girafe. Tout est une question de taille de vertèbres !

LE SAIS-TU ?

La cage thoracique comporte 24 côtes, des os longs et recourbés, attachées à la colonne vertébrale.

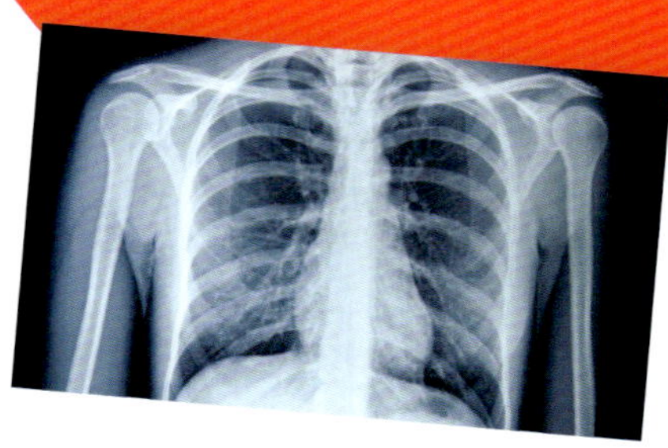

TOUR DU MONDE DES MUSCLES.

Notre corps tout entier est recouvert de muscles. En voici quelques-uns mais pas tous, car nous en possédons plus de 600 !

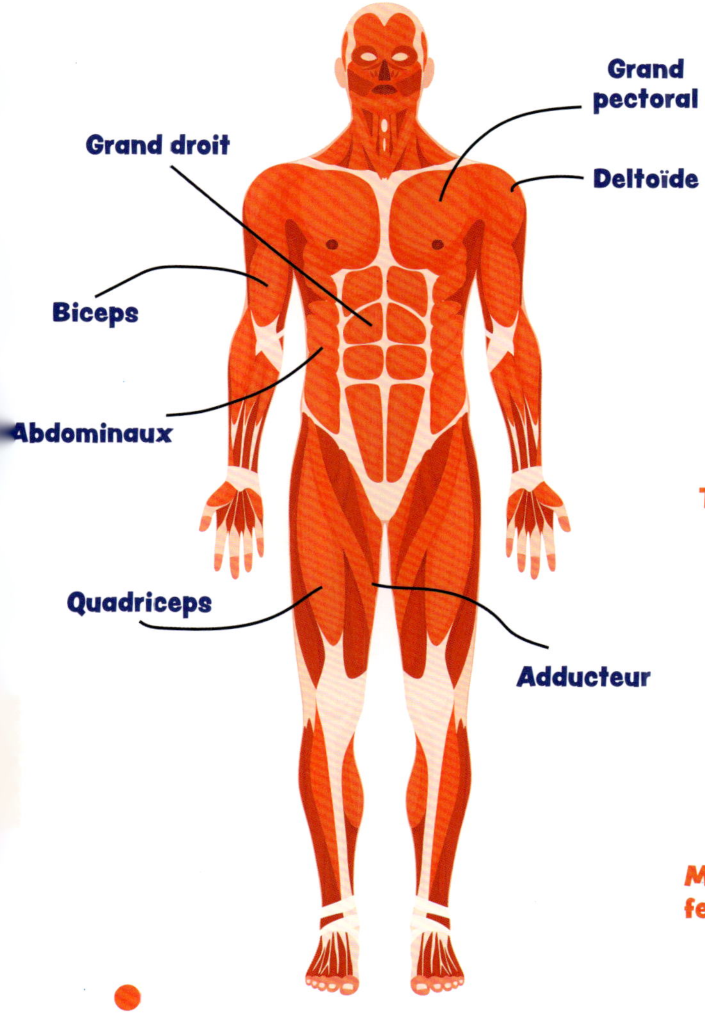

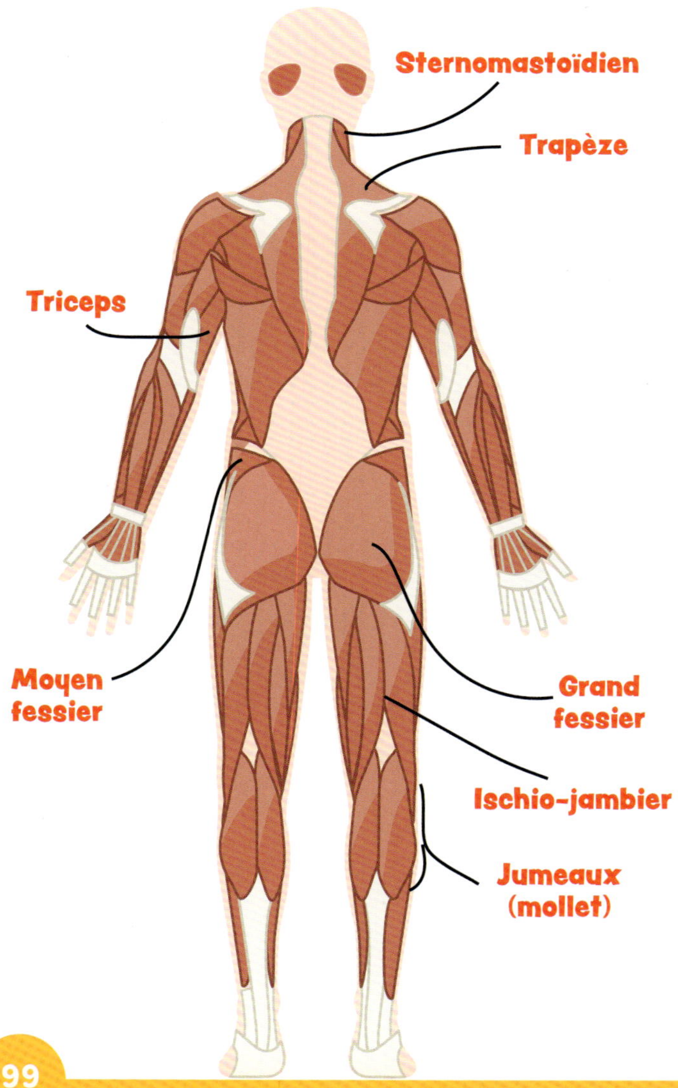

LES MUSCLES DU BAS

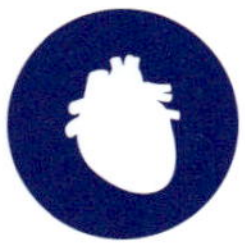

Les jambes représentent la partie du corps la plus musclée.

PLUS FORTS

Il en faut de la force pour supporter le poids de notre corps ! C'est pour cette raison que les muscles des jambes sont plus volumineux que ceux des bras, qui ne sont pas destinés à supporter de lourdes charges.

TOUS ENSEMBLE

Quand un muscle se contracte, il devient plus dur, plus court et tire sur l'os. Ainsi, c'est tout le membre qui bouge. Quand il se relâche, il s'allonge et devient plus mou. Les muscles sont reliés aux os grâce à des tendons, des sortes de cordons de tissu résistants. L'un des plus connus est le tendon d'Achille, qui relie le pied au mollet.

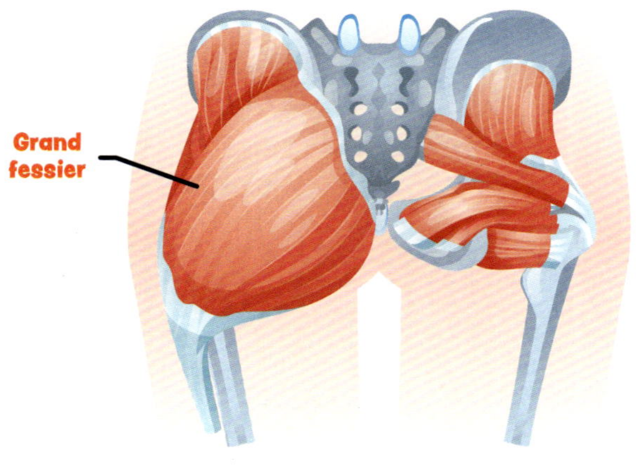

BIG MUSCLE

Le muscle le plus grand du corps humain est le grand fessier. Il part du bassin et se termine sur le fémur. C'est grâce à lui que nous pouvons tenir debout et surtout nous déplacer. Il permet de soulever et de faire tourner la cuisse.

LES MUSCLES DU HAUT

Les biceps et les triceps sont les principaux muscles du haut du corps. Ce sont eux qui dirigent les bras.

SENS OPPOSÉ

Pour plier le coude, deux muscles entrent en action. Le biceps et le triceps agissent de manière totalement opposée. Essaie ! Quand tu contractes ton biceps, ton bras se plie. Au contraire, quand tu contractes ton triceps, ton bras se tend.
Bien sûr, tous ces mouvements se réalisent car c'est le cerveau qui envoie des signaux aux muscles. Même si on ne s'en aperçoit pas, un muscle se contracte à chaque fois que l'autre s'étire.

MORSURE EXTRÊME

Si le grand fessier est un muscle puissant, il en est un autre auquel on ne s'attend pas : le masséter. Ce sont les muscles situés de part et d'autre de la mâchoire qui nous servent à mordre.

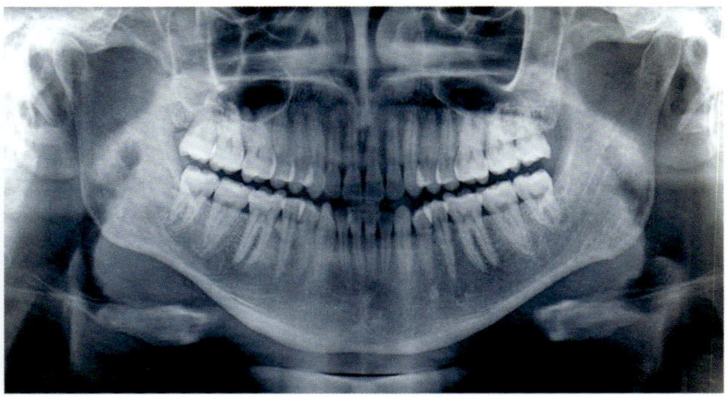

DANS LA MAIN

Fais cette expérience : quand tu tends la main et les doigts, tu sens et tu peux voir ton muscle de l'avant-bras bouger.

LE NEZ

Le nez absorbe l'air qui transporte des odeurs. Il sert aussi à réchauffer et nettoyer l'air qui est envoyé jusqu'à nos poumons.

TRANSMISSION AU CERVEAU

Quand le nez détecte une odeur, l'information est transmise au cerveau et c'est lui qui décide si ça sent bon ou mauvais. C'est grâce aux millions de cellules qui tapissent notre nez que nous pouvons reconnaître de nombreuses odeurs différentes. En moyenne, on reconnaît 4 000 odeurs mais les spécialistes en création de parfums, qu'on appelle des « nez », peuvent en détecter 10 000.

EN LIEN AVEC LA VOIX

Le nez joue un rôle dans la mélodie de notre voix. Quand tu te bouches le nez et que tu parles, ta voix est différente.

EN LIEN AVEC LE GOÛT

As-tu déjà remarqué que quand tu es enrhumé(e), tu ne parviens plus à déceler le goût des aliments ? C'est normal ! Le nez aide aussi à déterminer le goût de ce qu'on mange.

LE SAIS-TU ?

Les trous de nez s'appellent les fosses nasales.

LES YEUX

Les yeux permettent de voir en captant la lumière des objets et en transmettant l'information à notre cerveau. Ils clignent environ 6 fois par minute.

L'ANATOMIE DE L'ŒIL

Voici notre œil vu en coupe :

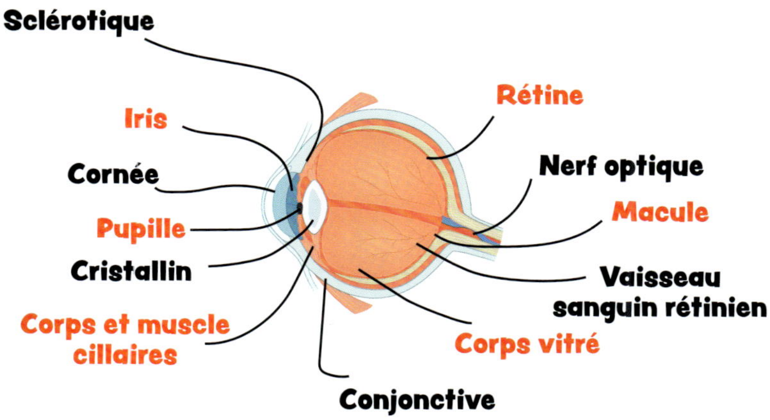

COMMENT ÇA MARCHE ?

Les rayons lumineux entrent par la pupille, le rond noir au milieu de notre œil. Puis ils sont concentrés par le cristallin. L'image se forme alors sur la rétine mais elle est inversée ! Le nerf optique situé à l'arrière de l'œil relie l'œil au cerveau. Et c'est le cerveau qui retourne l'image dans le bon sens et nous fait voir correctement, comme par magie.

VISION DÉFORMÉE

Quand on ne voit pas très bien, celui qui est en cause, c'est le cristallin, qui n'arrive pas à faire une bonne mise au point de l'image sur la rétine. On a donc besoin de lunettes pour corriger la vue ou de lentilles qu'on pose sur la cornée et qui font le même travail.

LE SAIS-TU ?

Le médecin des yeux s'appelle l'ophtalmologue.

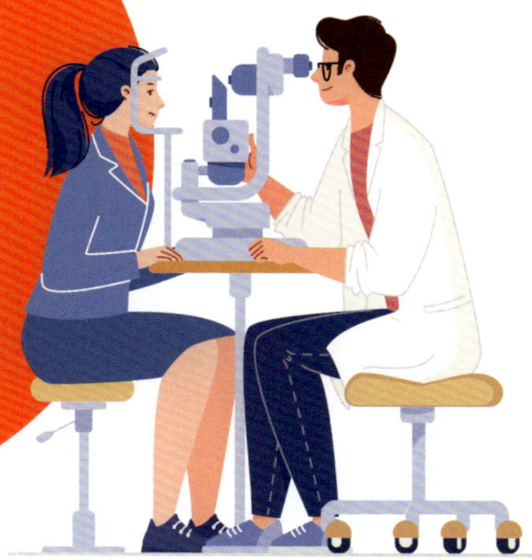

LES OREILLES

Les oreilles permettent d'entendre des sons.

L'ANATOMIE DE L'OREILLE

Voici notre oreille vue en coupe :

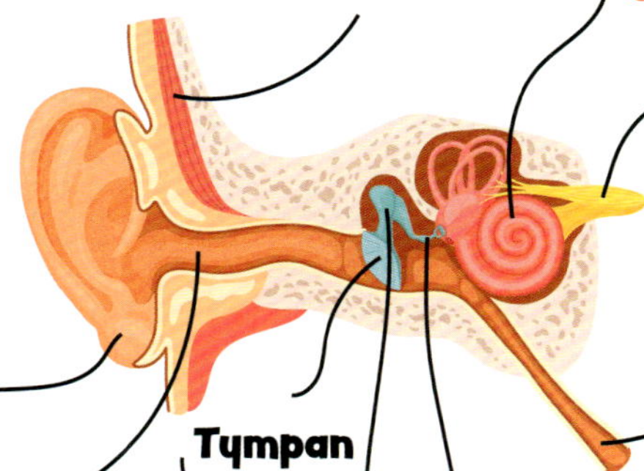

COMMENT ÇA MARCHE ?

Les sons se diffusent dans l'air et quand ils parviennent à l'oreille externe, ils sont emmenés dans le conduit auditif jusqu'au tympan, qui se met à vibrer. Les vibrations sont amplifiées dans l'oreille moyenne, puis transmises aux liquides de l'oreille interne. Les liquides font bouger la cochlée, qui transmet à son tour des signaux au cerveau par le nerf auditif.

ALLÔ, DOCTEUR ?

Le médecin des oreilles, du nez et de la gorge s'appelle un médecin ORL pour désigner le mot oto-rhino-laryngologiste : « oto » pour oreille, « rhino » pour nez et « laryn » pour gorge. Pour observer le fond des oreilles, le tympan, le médecin utilise un otoscope.

LE SAIS-TU ?

On croit entendre la mer quand on porte un coquillage à notre oreille. En fait, on entend le bruit du flux sanguin de notre tête.

LA BOUCHE

La cavité buccale est le nom scientifique que l'on donne à la bouche.

L'ANATOMIE DE LA BOUCHE

Voici notre cavité buccale :

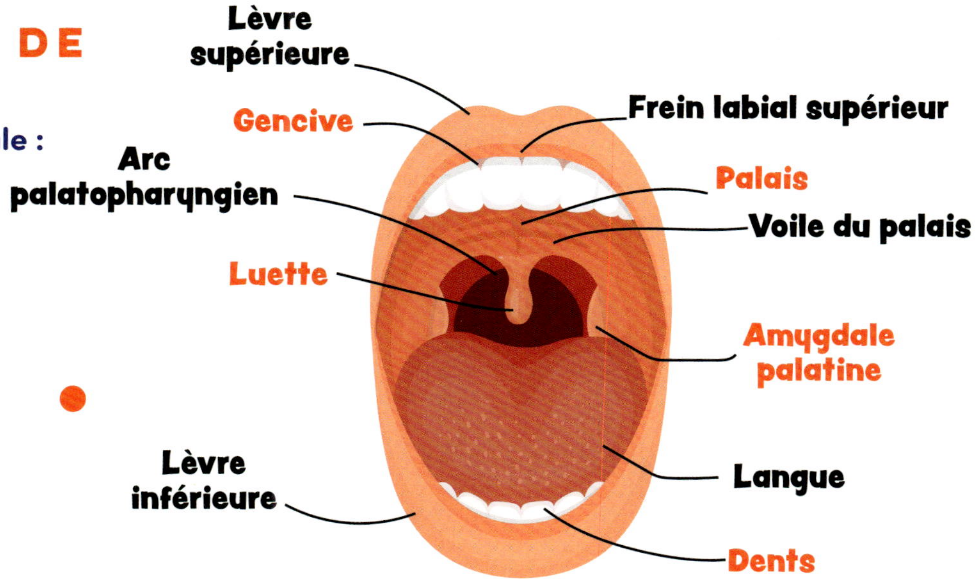

LES RÔLES DE LA BOUCHE

La bouche joue plusieurs rôles. Elle est utile à la mastication des alimentss et à la perception du goût. Elle constitue aussi le premier acteur de la digestion grâce à la salive. La bouche nous sert aussi à respirer car même si l'air peut passer par le nez, on peut aussi respirer la bouche ouverte !

LE SAIS-TU ?

La bouche est un vrai nid à microbes ! Même si tu viens de te brosser les dents, des milliards de bactéries vivent ici. Mais pas de panique, ce sont de gentilles bactéries !

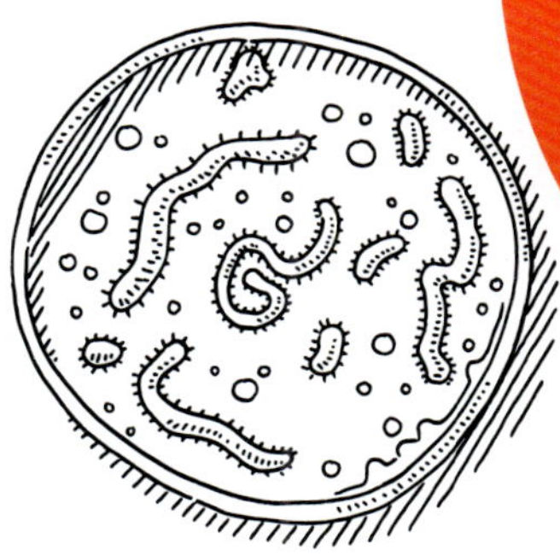

LA LANGUE

La langue est constituée de 14 muscles qui lui permettent d'exécuter de nombreux mouvements. Ça fait beaucoup pour un si petit organe !

DÉBUT DE LA DIGESTION

La langue déplace les aliments dans la bouche et les goûte. Les plus grosses papilles accrochent les aliments pendant que l'on mastique.

PARLER CORRECTEMENT

La langue joue un rôle dans la prononciation des lettres. Essaie de parler en immobilisant ta langue. Pas évident, hein ?

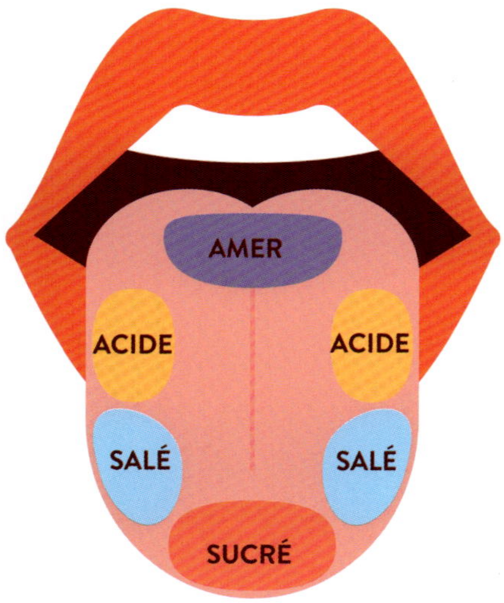

LE RÔLE DES PAPILLES

Si on regarde la langue au microscope, on aperçoit de minuscules petites boules : les papilles. C'est grâce aux papilles que l'on peut déterminer si les aliments qu'on avale sont salés, sucrés, amers ou acides. Tire la langue devant un miroir pour bien les apercevoir ! Nous en avons à peu près 4 000 sur la langue qui ne se renouvellent pas quand elles disparaissent. Quand nous dépassons l'âge de 60 ans, il ne nous reste que la moitié de nos papilles !

LE SAIS-TU ?

On trouve des papilles sur la langue mais nous en possédons aussi sur l'intérieur des joues, sur les gencives et sur le palais. En tout, on en a environ 8 000.

LES CORDES VOCALES

Notre voix provient du fond de notre gorge. Situées au fond de la gorge, dans un tube appelé le larynx, les cordes vocales vibrent au passage de l'air pour produire des sons.

COMMENT ÇA MARCHE ?

Quand on parle, qu'on crie ou qu'on chante, l'air qui sort de nos poumons est expulsé par un conduit qui contient les cordes vocales. Au passage de l'air, ces cordes vocales vibrent et produisent un son.

MONSIEUR OU MADAME

La voix diffère selon si on est un homme ou une femme. Fille ou garçon, quand on est petits, la voix est sensiblement la même car les cordes vocales sont toutes fines. Chez les hommes, le conduit est plus large et les cordes vocales sont plus épaisses et plus longues. Leur voix est donc plus grave que celle des femmes.

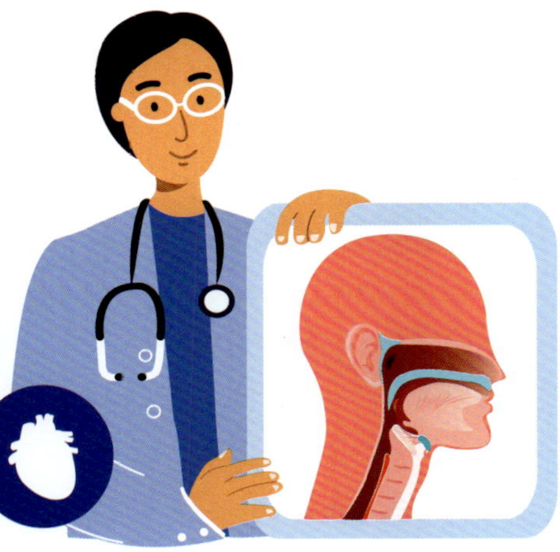

LA MUE

À la puberté, vers l'âge de 13 ans, la voix des garçons mue. Les cordes vocales deviennent plus épaisses et plus longues et ne vibrent donc plus de la même façon. La voix devient donc plus grave. De la même façon, la partie du larynx contenant les cordes vocales s'élargit.

LA GORGE

Notre gorge est remplie de conduits qui nous servent à avaler de la nourriture ou à respirer.

L'ANATOMIE DE LA GORGE

Voici notre gorge vue en coupe :

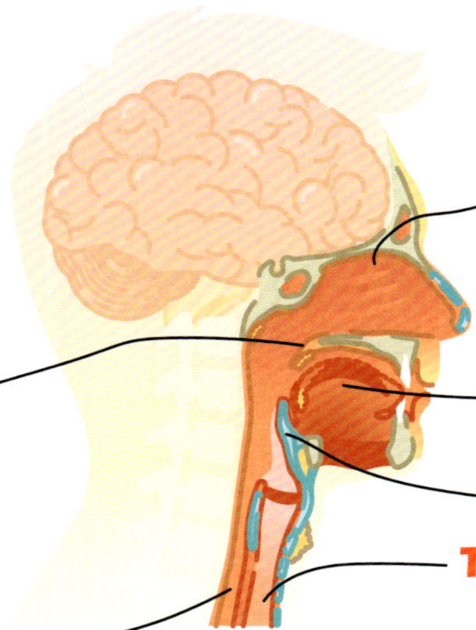

LA POMME D'ADAM

As-tu déjà remarqué chez les hommes une bosse au niveau du cou ? C'est la pomme d'Adam ! Elle est aussi présente chez les femmes mais on la voit moins car elle est plus petite. La pomme d'Adam sert à protéger le cou et, entre autres, les cordes vocales. Essaie d'appuyer sur ta pomme d'Adam et de parler en même temps, tu verras que ta voix se modifie.

COMMENT ÇA MARCHE ?

La trachée est l'endroit dans lequel circule l'air de l'extérieur vers nos poumons et inversement. Les aliments, eux, empruntent le chemin de l'œsophage pour parvenir jusqu'au tube digestif.

LES NERFS, À CHACUN SON RÔLE

Notre corps tout entier est formé d'un **réseau de nerfs**, comme une grande autoroute ! En voici quelques-uns mais pas tous car nous possédons plus de **100 milliards** de cellules nerveuses !

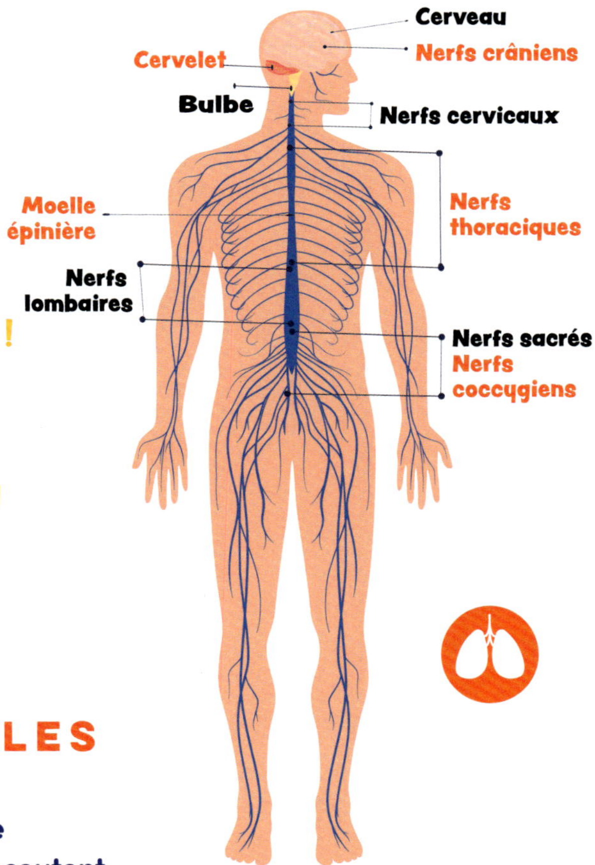

Le système nerveux est un réseau de nerfs qui connecte le cerveau et la moelle épinière à chaque partie du corps.

DEUX SYSTÈMES PARALLÈLES

On distingue deux systèmes principaux :

– le système nerveux central constitué du cerveau, de l'encéphale et de la moelle épinière. Ce sont eux qui écoutent les informations du corps et qui donnent des ordres.

– le système nerveux périphérique qui comprend tous les nerfs qui partent du système nerveux central vers le reste du corps. Les nerfs relient le cerveau aux muscles, aux organes internes (comme le foie, l'estomac...) et aux organes des sens (comme les yeux, les oreilles...).

LA COMMUNICATION

La communication entre le cerveau et le reste du corps s'établit grâce à des signaux électriques, aussi appelés influx, transmis par les nerfs.

LE SAIS-TU ?

Le nerf le plus long est le **nerf sciatique**, qui prend naissance dans la moelle épinière et s'étend de la colonne vertébrale jusqu'aux pieds.

LE CERVEAU, COMMANDANT EN CHEF

Le système nerveux envoie des messages au cerveau et en reçoit aussi. Les nerfs transmettent ces messages sous forme de signaux électriques.

ANALYSE

Comme nous l'avons vu, le cerveau est l'organe le plus important du corps humain. C'est lui qui dirige mais il ne travaille pas seul ! Il est connecté à tous les autres organes par un réseau de fils, les nerfs. Tout le temps, sans s'arrêter, il analyse les données de notre corps et de notre environnement et agit en conséquence. Enfin, il ne fait rien tout seul : il commande aux autres organes ce qu'ils doivent faire pour réagir aux évènements de la façon la plus adaptée.

LE SAIS-TU ?

Il faut un millième de seconde seulement au cerveau pour transmettre un signal d'action au gros orteil.

HI, HI, HI, ÇA CHATOUILLE !

Peut-être crains-tu les guilis ? Mais as-tu remarqué que tu ne peux pas te chatouiller toi-même ? En fait, le cerveau sait à l'avance ce que nous allons faire, il est en alerte. Le seul fait de penser qu'on va se chatouiller suffit au cerveau à ne pas réagir quand on réalise effectivement notre geste.

LES NEURONES

Les cellules nerveuses, les neurones, transmettent les signaux. Elles sont composées d'un corps cellulaire et d'un noyau, comme toutes les autres cellules.

EXPLICATION

Les cellules ont des ramifications avec de fines routes : les dendrites. Les dendrites sont conductrices des signaux qui entrent. Les cellules ont aussi une sorte de queue : l'axone, qui se termine lui-même par des ramifications. L'axone conduit le signal sortant. Chaque nerf est composé de plusieurs faisceaux d'axones. Les neurones communiquent entre eux par des synapses.

LE SAIS-TU ?

La vitesse de communication entre les neurones est très élevée. Elle peut atteindre les **350 km/h**.

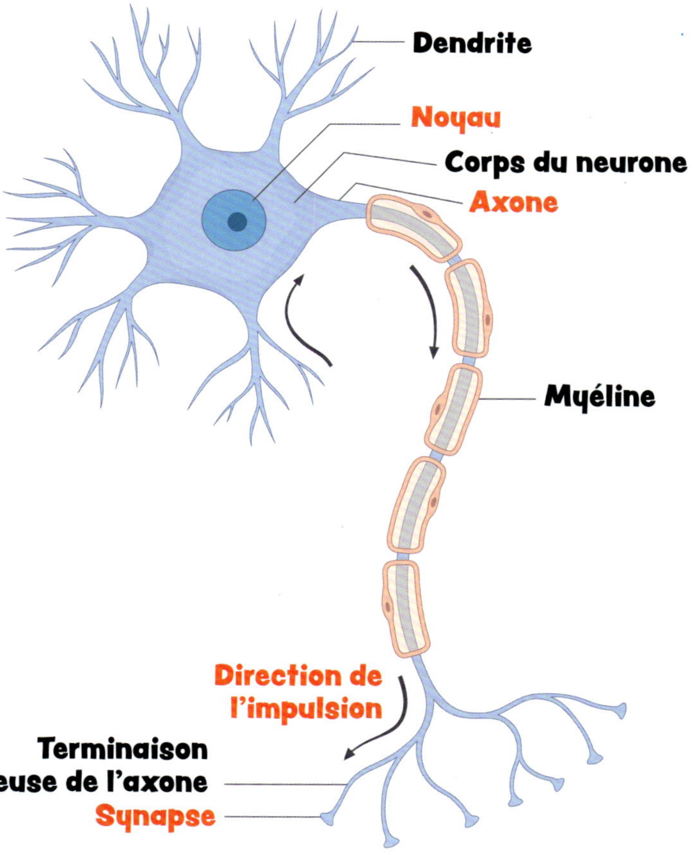

LA MOELLE ÉPINIÈRE

Elle fait le lien entre le cerveau et le corps. C'est donc elle qui transmet les messages nerveux.

QU'EST-CE QUE C'EST ?

La moelle épinière fait partie du système nerveux central. Elle est rattachée au bulbe rachidien, lui-même rattaché au cerveau. Elle passe à l'intérieur de la colonne vertébrale et distribue entre chaque vertèbre des nerfs rachidiens, appelés aussi nerfs spinaux. Ces nerfs spinaux vont par paires, l'un à gauche, l'un à droite. Ces 31 paires de nerfs spinaux permettent de transférer les informations entre le cerveau et les organes. Normal, ils sont composés de 100 000 fibres nerveuses !

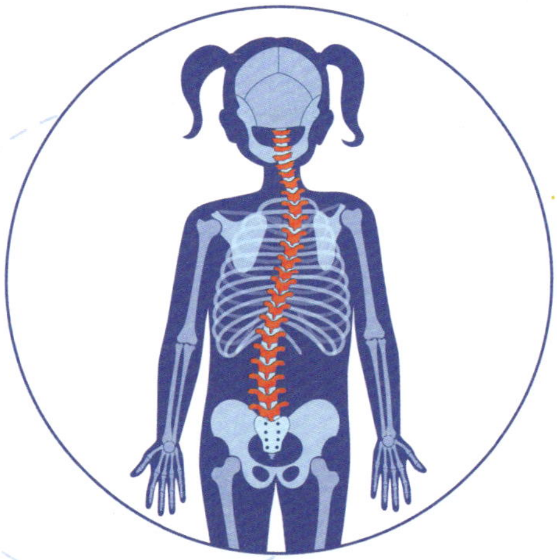

ATTENTION, DANGER

La moelle épinière est très fragile et il n'existe aucun traitement efficace pour la régénérer. Quand elle est endommagée par un accident ou une maladie, on peut devenir paralysé partiellement ou totalement.

LE SYSTÈME RESPIRATOIRE

L'air fait un **long trajet** dans notre corps pour nous permettre de **respirer**.

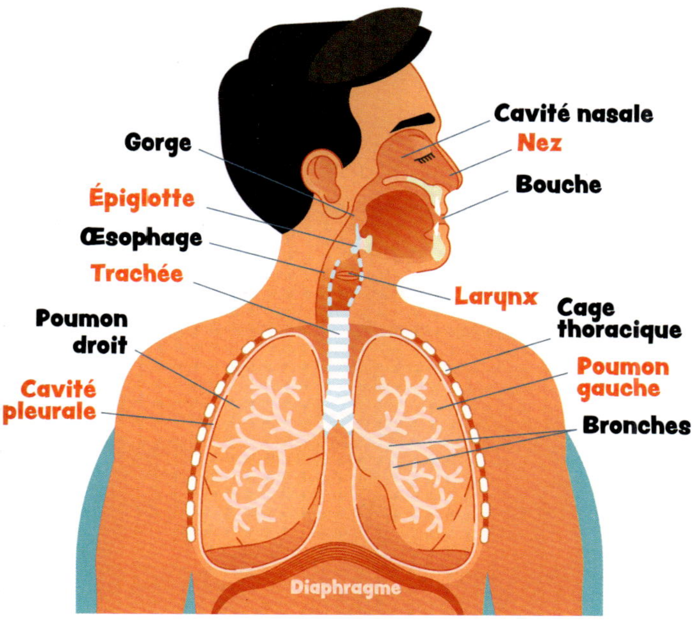

Sans même y penser, tu passes ton temps à respirer : environ **20 000 fois par jour !** Tu inspires de l'air qui entre et tu expires de l'air chaud qui sort de ton corps.

LES POUMONS

Quand tu inspires, tes poumons se remplissent d'air, ils grossissent et ta poitrine se gonfle. Quand tu expires, ta poitrine se dégonfle et tes poumons se vident. Essaie de prendre une grande inspiration. Tu vas sentir ton thorax devenir plus volumineux.

DROITE, GAUCHE

Le côté droit du cœur reçoit le sang venant du corps et le transmet aux poumons qui se chargent de l'oxygéner. Le sang rempli d'oxygène repart alors dans le côté gauche du cœur qui le transmet à tous les organes et à tous les muscles du corps.

DE L'AIR !

Pour vivre, nous respirons un gaz qui se trouve dans l'air : l'oxygène. Après tout un parcours dans notre corps, nous le recrachons sous forme de dioxyde de carbone. Quand nous dormons, nous consommons moins d'oxygène que dans la journée. Alors nous pouvons respirer plus lentement.

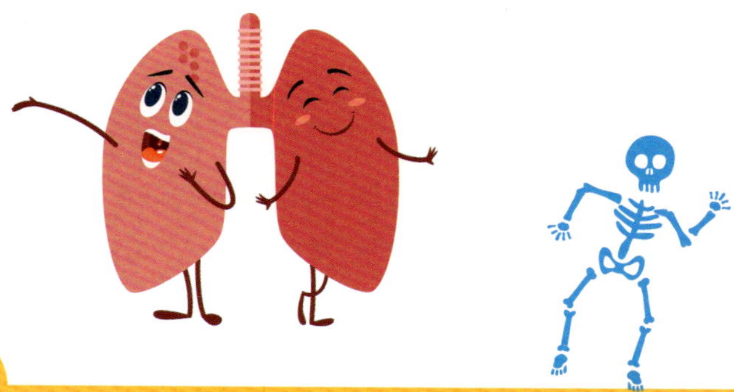

LE SANG

Le sang est composé à 55 % d'eau et à 45 % de ce qu'on appelle le plasma. Ce dernier contient 3 cellules microscopiques différentes : les globules rouges, les globules blancs et les plaquettes.

LES GLOBULES ROUGES

Appelés aussi hématies, ils sont chargés de transporter l'oxygène. Ce sont eux qui donnent la couleur rouge à notre sang grâce à une protéine qu'ils contiennent : l'hémoglobine. Dans une seule goutte de sang, nous avons environ 5 millions de globules rouges.

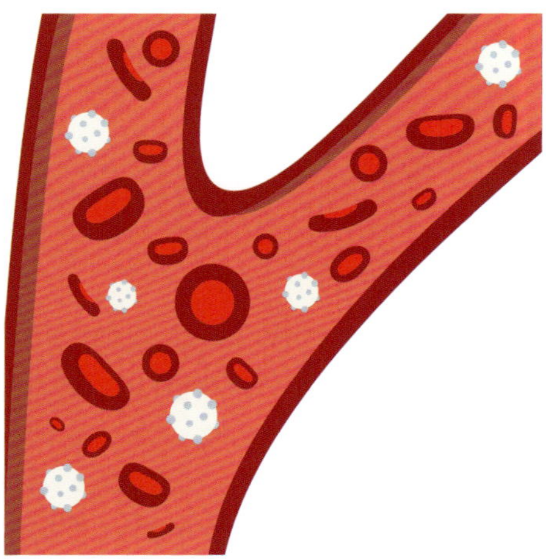

LES GLOBULES BLANCS

Appelés aussi leucocytes, ils sont chargés d'aider le corps à lutter contre les maladies. Ils font partie de notre système immunitaire et combattent les virus, les microbes et les bactéries, en produisant des anticorps, des substances chimiques qui détruisent les germes dangereux. Les globules blancs sont plus grands que les globules rouges mais beaucoup moins nombreux.

LES PLAQUETTES

Les plaquettes travaillent à la réparation des vaisseaux sanguins endommagés. C'est grâce à elles que notre corps peut cicatriser de ses blessures. Leur rôle est donc très important.

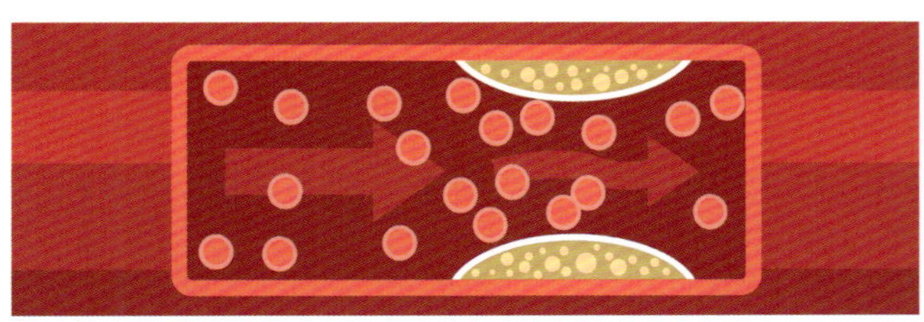

VAISSEAU, VEINE ET ARTÈRE

Le corps d'un adulte est traversé de 100 000 km de vaisseaux sanguins ! Les vaisseaux sanguins sont des sortes de tubes plus ou moins grands qui servent à faire circuler le sang dans tout le corps.

LEUR RÔLE

Les artères sont de gros vaisseaux sanguins qui transportent le sang plein d'oxygène venant du cœur vers les endroits du corps qui en ont besoin. Les veines, plus fines, sont chargées du trajet inverse : elles transmettent le sang qui n'a plus beaucoup d'oxygène du corps vers le cœur.

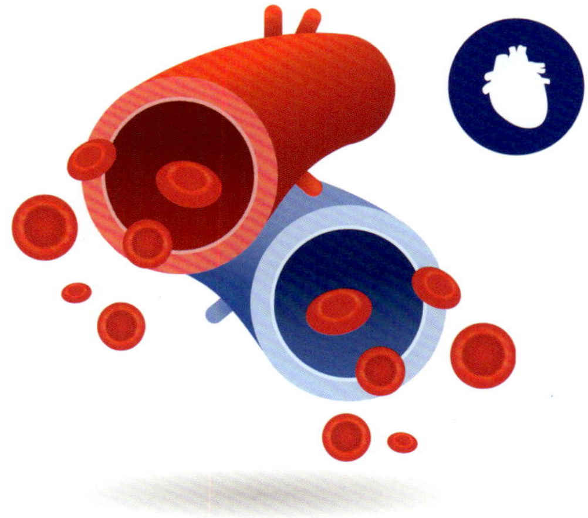

LE POULS

Tu peux prendre ton pouls en touchant les veines situées à l'intérieur de ton poignet. Tu peux mesurer la fréquence de tes battements cardiaques à cet endroit où les artères passent entre un os et la peau. Cela fonctionne aussi sur le côté du cou.

LE SANG EST-IL BLEU ?

On pourrait le penser quand on voit nos veines à travers notre peau ! Et pourtant, non, le sang est bien rouge, grâce au fer que contient l'hémoglobine. C'est à cause de notre peau qui filtre la couleur que nos veines nous apparaissent bleutées. Il est vrai qu'en perdant son oxygène, le sang change de couleur et passe du rouge vif au rouge noirâtre, mais pas de là à devenir bleu !

GROUPE SANGUIN

Même si notre sang est composé des mêmes ingrédients, il varie d'une personne à l'autre. Il existe 4 groupes sanguins : A, B, AB et O.

LE RHÉSUS

En plus de la lettre qui détermine notre groupe sanguin, le rhésus (+ ou -) entre en jeu. Ainsi, on peut être A- ou A+, B- ou B+, AB- ou AB+, O- ou O+. On obtient ainsi 8 groupes sanguins différents. La majorité de la population française est du groupe sanguin A+. Les B- et les AB- sont très, très rares.

COMMENT ÇA MARCHE ?

Ton groupe sanguin sera déterminé par celui de tes parents. Selon ton groupe sanguin, tu pourras donner ton sang à d'autres personnes ou non. Les personnes du groupe O- peuvent donner leur sang à tous les autres. On les appelle des donneurs universels. Les personnes du groupe AB+, quant à elles, peuvent recevoir du sang de tout le monde. On les appelle des receveurs universels.

LE SAIS-TU ?

On ne change jamais de groupe sanguin au cours de sa vie sauf si on a reçu une greffe de moelle osseuse qui fabrique les globules rouges. Dans ce cas uniquement, le receveur peut prendre le groupe sanguin de son donneur.

LE DON DU SANG

Le sang est si précieux qu'il est important, quand on est un adulte en bonne santé, de le donner régulièrement. Ça ne fait pas mal, ce n'est pas très long et ce n'est pas dangereux. On nous prélève du sang mais notre corps va en régénérer du nouveau très vite !

LE TRAJET DE LA NOURRITURE

La digestion commence dès lors qu'on **mastique** les aliments dans notre bouche. Voici les organes qui interviennent dans le système digestif.

Quand nous digérons la nourriture ingurgitée, **des substances nutritives transforment les aliments**.

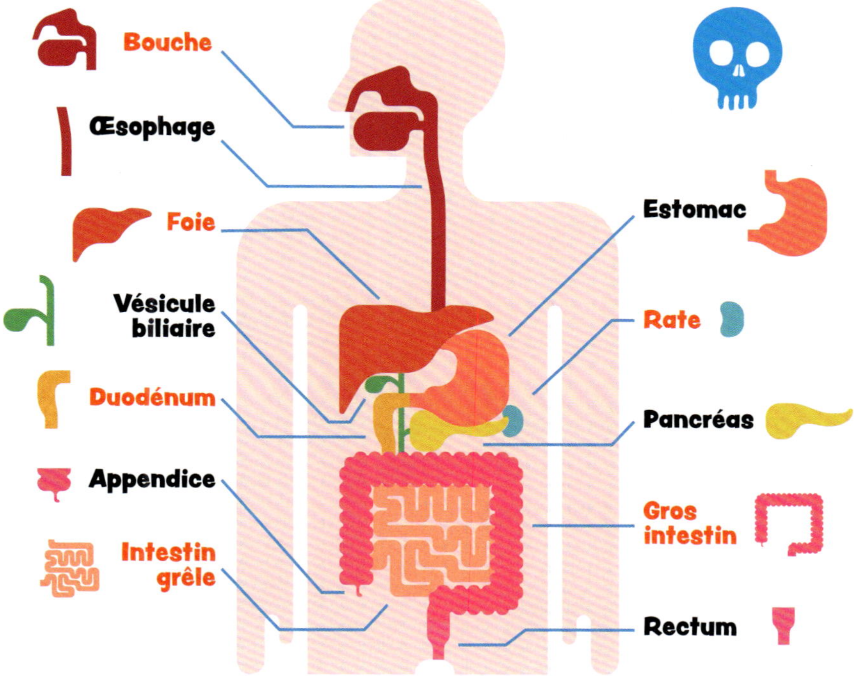

DE LA BOUCHE À L'ESTOMAC

Quand on porte un aliment à sa bouche, on le mastique suffisamment longtemps pour le réduire en petits morceaux. Tout au long de son trajet, la nourriture va être englobée de sucs spéciaux qui la décomposent : déjà dans la bouche avec la salive, puis dans l'œsophage et enfin dans l'estomac.

BON DÉBARRAS

Une fois dans l'estomac, les bons nutriments vont passer dans le sang pour alimenter notre corps. Tout ce dont notre organisme n'a pas besoin va passer dans le gros intestin, puis sortir de notre corps par le rectum.

TIC-TAC

Notre estomac reste plein environ 1 heure après un repas normal. Le nombre d'aliments commence à diminuer dans les 3 heures qui suivent le repas. 5 heures après le repas, la nourriture est presque entièrement digérée. Au bout de 6 heures, il ne reste presque plus rien. Il est temps de manger à nouveau car... nous avons faim !

L'ŒSOPHAGE

Ce long tuyau de 25 cm chez les adultes relie le pharynx à l'estomac. Eh oui, les aliments ne tombent pas directement de la bouche à l'estomac !

AVALER

Quand nous avalons une bouchée de nourriture, nous arrêtons de parler et de respirer un bref instant pour faire passer l'aliment dans l'œsophage. L'aliment descend le long de ce tube de muscles qui passe entre la trachée et la colonne vertébrale. Son chemin se poursuit derrière le cœur, dans la cage thoracique, pour atteindre le diaphragme.

LE SAIS-TU ?

Un clapet spécial situé au fond de l'œsophage se ferme pour éviter aux aliments de l'estomac de remonter. C'est le sphincter gastro-œsophagien.

LE PÉRISTALTISME

Quel nom étrange pour parler d'un mouvement musculaire ! Quand les aliments arrivent dans l'œsophage, ce dernier se contracte et se relâche de nombreuses fois en suivant un certain rythme. Ainsi, les aliments sont poussés vers le bas et passent du pharynx à l'estomac en une dizaine de secondes. Le péristaltisme fonctionne tellement bien qu'on est capable d'avaler de l'eau ou de la nourriture même lorsque nous avons la tête en bas !

PRÉSENTATION GÉNÉRALE DES DENTS

Les adultes ont plus de dents que les enfants :
32 dents contre 20 chez les enfants de 3 ans.

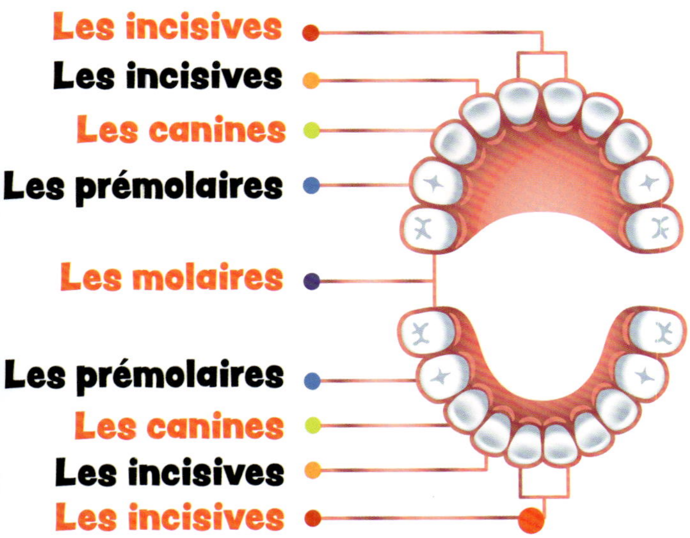

8 incisives : coupantes, elles tranchent les aliments.
4 canines : pointues, elles déchirent les aliments.
8 prémolaires : plates et larges, elles écrasent les aliments.
12 molaires : elles terminent le travail avant d'avaler !

LE SAIS-TU ?

Même les animaux perdent leurs dents. Certains, comme les serpents ou les crocodiles, ont la chance, contrairement aux êtres humains, de bénéficier de plusieurs dentitions au cours de leur vie.

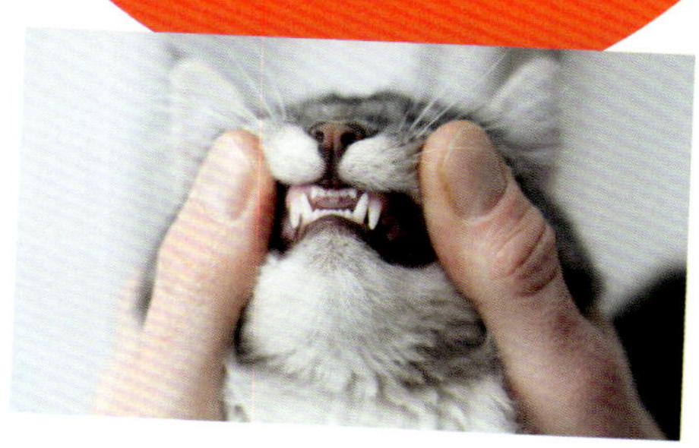

L'ÉVOLUTION

Les premières dents qui apparaissent dans la bouche de l'enfant vers le 7e mois de vie sont les dents de lait. Vers 6 ans, les dents d'adulte se mettent à pousser dans le même ordre que les dents de lait et les molaires apparaissent. Les dents de lait tombent quand on a entre 6 et 12 ans pour laisser place à des dents définitives qui conviennent mieux à notre alimentation. Et vers l'âge de 18 ans, les 4 dents de sagesse peuvent sortir mais parfois, elles n'apparaissent jamais !

ANATOMIE D'UNE DENT

Chaque dent est parcourue de petits faisceaux nerveux reliés à des vaisseaux sanguins.

DANS LE DÉTAIL

- La couronne constitue la partie visible de la dent. Les dents sont recouvertes de la substance la plus dure présente dans notre corps : l'émail. L'ivoire ou dentine, qui se trouve sous la couche d'émail, protège la pulpe dentaire qui contient les nerfs et les vaisseaux sanguins.

- Le collet sert de lien entre la couronne et la racine.

- La racine est rattachée à l'os de la mâchoire, recouvert de gencive. On ne voit pas la racine.

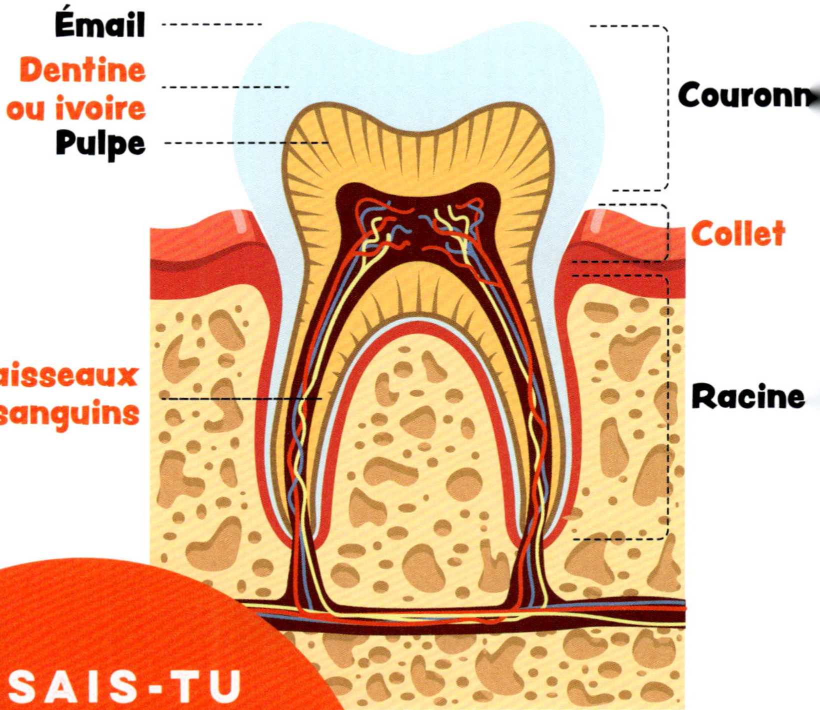

LE SAIS-TU ?

Parfois, on est très sensible aux boissons chaudes ou au contraire au froid. C'est souvent dû à un défaut de l'émail que le dentiste pourra tenter de régler.

LA PEAU

La peau est le plus étendu des organes, elle recouvre tout notre corps. C'est elle qui détermine qui nous sommes extérieurement : notre aspect et notre couleur.

PROTECTION RAPPROCHÉE

Le corps est protégé par cette enveloppe étanche recouverte de fins poils qui retiennent la chaleur et de pores qui évacuent cette même chaleur par la transpiration. La peau est une barrière presque infranchissable par les bactéries. Elle prévient tes organes des infections qui viennent de l'environnement extérieur.

RÉSISTANTE MAIS FRAGILE

Si elle résiste à la plupart des coups et agressions, il faut la protéger du soleil.

ANATOMIE DE LA PEAU

Épiderme : la couche supérieure de la peau qui contient les pores, de minuscules trous invisibles dans la peau.
Derme : la couche interne de la peau qui sécrète du sébum et de la sueur.
Elle contient les bulbes pileux.
Hypoderme : le tissu cellulaire de la peau appelé aussi tissu cellulaire sous-cutané ou graisse sous-cutanée.

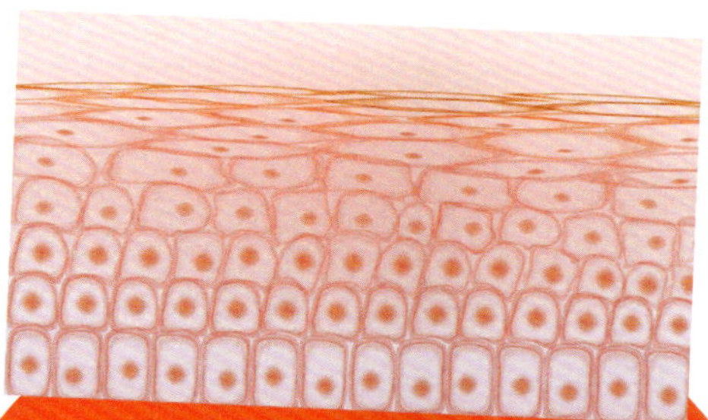

LE SAIS-TU ?

Nous perdons environ 40 kg de peaux mortes au cours de notre vie ! En effet, la peau se regénère sans cesse.

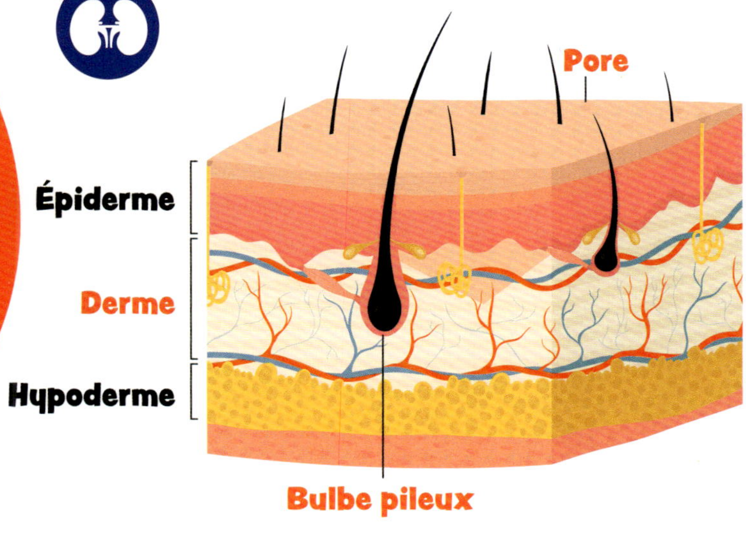

LES CHEVEUX

Les cheveux servent à protéger la tête du soleil et du froid. Nous en avons en permanence environ 100 000 sur la tête.

ANATOMIE DU CHEVEU

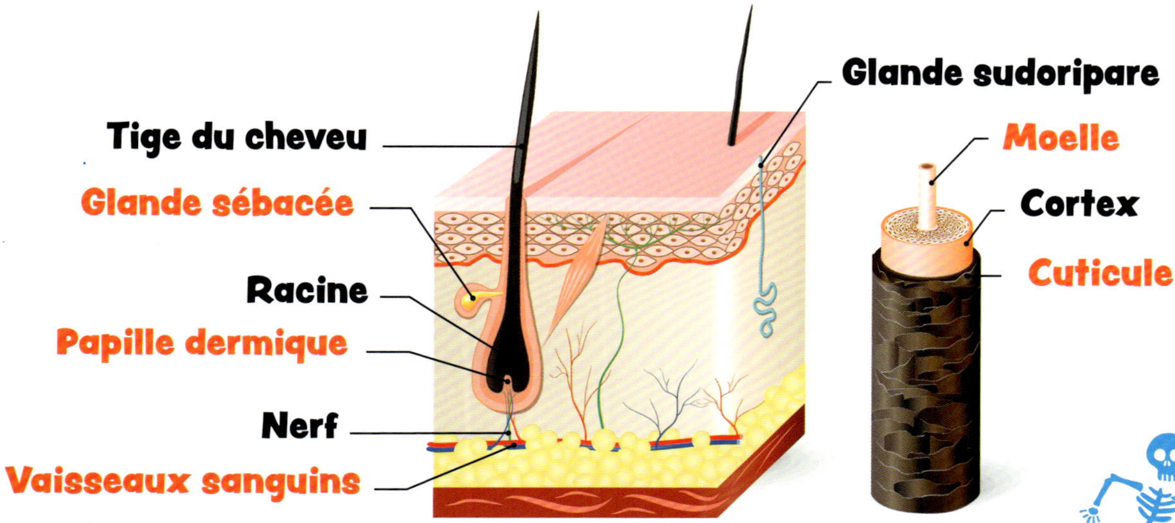

GRANDE FORCE

Les cheveux sont de la même matière que les ongles, ils sont faits en kératine. Comme le poil, chaque cheveu possède une racine qui s'alimente grâce au sang qui circule dessous. Un cheveu peut supporter une charge de 100 g. C'est le poids de 2 petits œufs durs.

LE CYCLE DE POUSSE

Les cheveux poussent sans cesse et s'allongent chaque mois d'environ 1 centimètre. Leur durée de vie est approximativement de 5 ans. Parfois, la racine s'épuise et le cheveu tombe. Chaque jour, nous perdons entre 50 et 100 cheveux. Mais pas de panique, un autre cheveu prend immédiatement le relais !

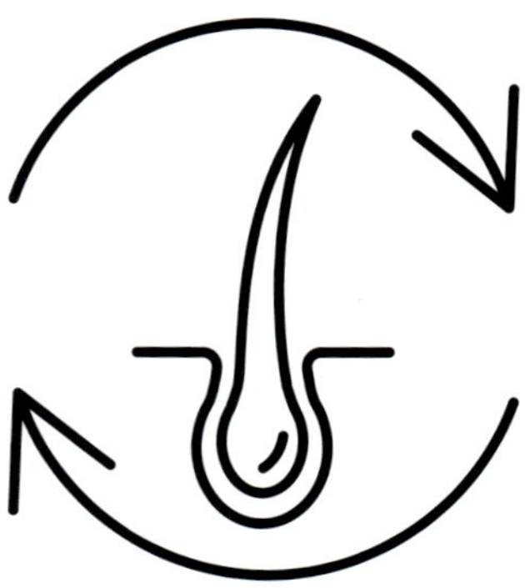

LE PIPI

Chaque jour, tu bois de l'eau. Même si elle est utile à ton corps, il faut bien qu'elle ressorte !

LE TRAJET

Toute l'eau que tu bois ainsi que celle contenue dans de nombreux aliments passe dans le sang. Le corps se nourrit de toute l'eau qui lui est utile puisque notre corps comprend 60 à 70 % d'eau, mais il doit rejeter le surplus. Cette eau inutile arrive dans les reins, qui la mélangent aux autres déchets du corps. Boire beaucoup d'eau permet de nettoyer l'intérieur du corps.

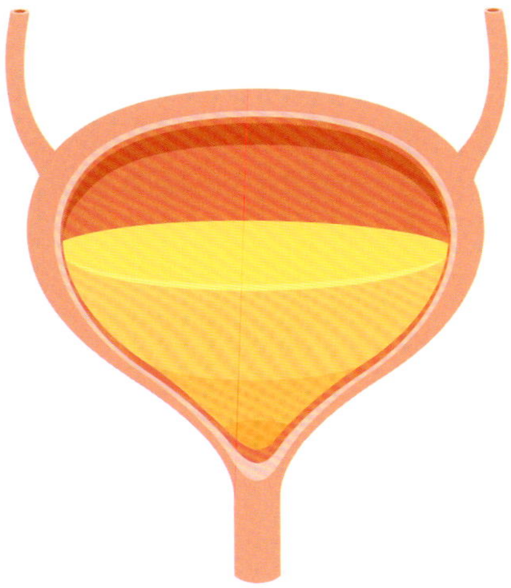

LA COULEUR

Le pipi, l'urine, est jaune car il est mélangé à d'autres déchets du corps : sel, urée, colorants ou vitamines non utiles à ton corps. Il est stocké dans une petite poche en bas du ventre : la vessie. Quand elle est pleine, un message est envoyé au cerveau et c'est là que tu as envie d'aller aux toilettes.

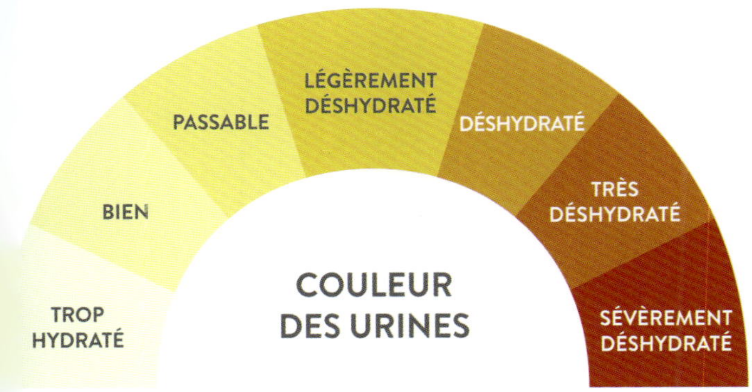

LA VESSIE

Quand la vessie est pleine, elle se vide par un canal qui s'ouvre vers l'extérieur : l'urètre. C'est en contrôlant nos deux muscles sphincters que nous pouvons nous retenir ou nous relâcher pour vider notre vessie. Et même si l'urine paraît chaude quand tu fais pipi dans la mer, par exemple, elle est à la même température que le reste de ton corps : 37 °C.

LE CACA

Le corps n'a pas besoin de tous les aliments qu'on lui administre. Les restes qui n'ont pas été digérés sont transformés dans l'intestin et quittent le corps par le rectum sous forme de caca.

LA COULEUR

Si le pipi est jaune en raison des déchets qu'il draine, le caca est, lui, marron. Cette couleur est due à la bile, une substance fabriquée par le foie, qui change de couleur le long de son trajet dans les intestins. Comme tu l'as sans doute remarqué, sa couleur varie un peu en fonction de ce qu'on mange !

LA TEXTURE

Tu l'as certainement remarqué, la texture du caca varie aussi ! Elle est classée en 7 catégories dans l'échelle de Bristol.

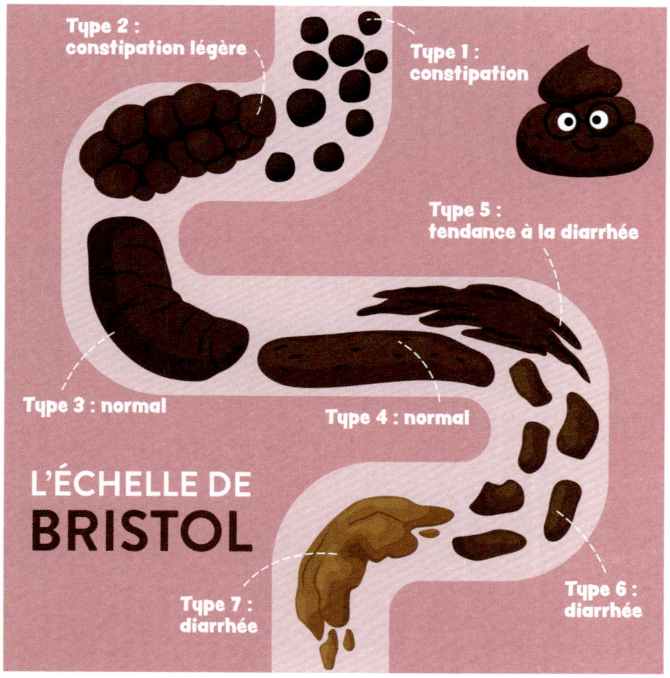

DE NOMBREUSES BACTÉRIES

Un adulte en bonne santé élimine chaque jour de 30 à 100 millions de bactéries dans ses selles ! Avant l'invention du papier toilette au XIXe siècle, on utilisait du tissu, des feuilles, des pierres ou de l'eau selon les coutumes et selon les pays.

LE SAIS-TU ?

Le médecin qui s'occupe des organes qui assurent la digestion des aliments s'appelle un gastro-entérologue. Chez le médecin par exemple, on emploie le mot « selles » ou « excréments » pour parler du caca.

AÏE, AÏE, AÏE, ÇA VA MAL !

Les microbes s'installent absolument partout ! Ils ne sont pas tous mauvais ; certains sont même essentiels à notre bonne santé.

4 TYPES DE MICROBES

Les microbes désignent tous les organismes vivants et microscopiques. Certains microbes se répandent dans l'air quand une personne éternue ou tousse. D'autres microbes vivent sur les aliments ou même dans l'eau.

Il existe différentes familles de microbes :

- les bactéries : par exemple, les otites ou les angines.
- les virus : par exemple, la grippe ou le coronavirus.
- les champignons : par exemple, une mycose du pied est due à un champignon.
- les protozoaires : par exemple, le paludisme causé par les moustiques ou la toxoplasmose, maladie transmise par les animaux.

RÉSISTANCE NATURELLE

La plupart du temps, notre corps est capable de chasser les microbes de lui-même. Mais parfois, il est plus fragile, plus fatigué et a plus de mal à se défendre.

VIRUS OU BACTÉRIES ?

Aujourd'hui encore, l'acte le plus facile pour se protéger des microbes est de bien se laver les mains !

LES VIRUS

Les virus sont de microscopiques petits êtres vivants qui se mettent à vivre seulement quand ils entrent dans une cellule. Alors, ils se multiplient. Mais s'ils sont seuls, ils ne montrent aucun signe de vie.

LES BACTÉRIES

De nombreuses bactéries vivent dans notre corps, par exemple dans notre intestin. Mais celles-là, pas besoin de les chasser ! Les bactéries dangereuses sont celles qui viennent de l'extérieur et que notre corps ne connaît pas. Pour chasser les bactéries qui se sont installées, on utilise des antibiotiques. C'est pour cette raison qu'il ne faut pas abuser de ces médicaments. Si on en prend trop souvent, les bactéries apprennent à se battre contre les antibiotiques et deviennent résistantes. Et attention, les antibiotiques sont efficaces mais pas contre les virus, contre lesquels ils ne peuvent rien !

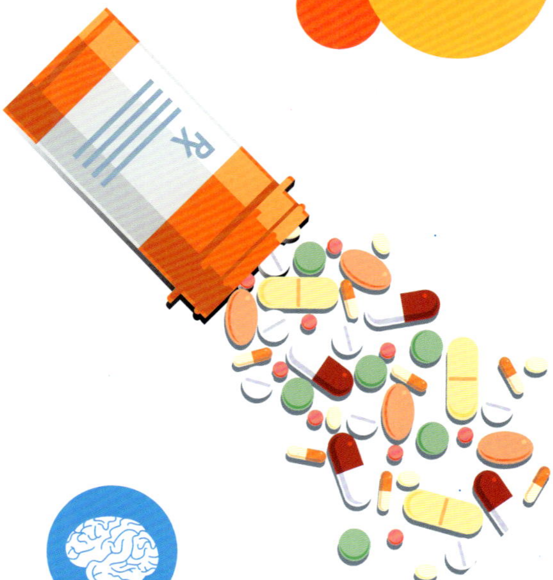

LES VACCINS

Quand on reçoit un vaccin, on est encore en bonne santé. Mais si on tombe malade, on pourra résister plus facilement à des maladies graves ou contagieuses. En France métropolitaine, 11 vaccins sont obligatoires pour les bébés et les enfants.

COMMENT ÇA MARCHE ?

Le médecin va injecter un microbe d'une maladie à très petite dose. On ne tombe pas malade mais on peut avoir un peu de fièvre. En effet, le corps a reçu une dose de microbes et se bat contre eux. Il se défend et fabrique des anticorps. Ainsi, le jour où la maladie arrive pour de bon, le corps la reconnaît et sait comment faire pour la combattre.

LES RAPPELS

Un seul vaccin est rarement suffisant. Avec le temps qui passe, le nombre d'anticorps présents dans le corps diminue. On procède alors régulièrement à des rappels de vaccins.

LES MALADIES CONTAGIEUSES

Les maladies contagieuses sont des maladies qui se transmettent de personne à personne par l'intermédiaire des mains ou de la salive.

LE SAIS-TU ?

Même les animaux se font vacciner !

LES PAYS D'EUROPE

EUROPE

L'Europe comprend une cinquantaine de pays et territoires. L'Union européenne (qui, elle, ne comprend que 27 membres) a été créée en tant que telle en 1992, même si elle existait sous une autre forme depuis la fin de la Seconde Guerre mondiale. Elle a été créée pour garantir la paix et favoriser les échanges entre les pays membres.

LE DRAPEAU DE L'UNION EUROPÉENNE

Il comprend 12 étoiles dorées qui ne représentent pas le nombre d'États membres mais qui sont le symbole de l'harmonie entre les pays.

UNE GRANDE DIVERSITÉ

L'Europe est le plus petit des continents avec d'immenses territoires, comme la Russie, ou des pays minuscules, comme Malte. La population européenne représente 10 % de la population mondiale.

LES LIMITES

L'Europe s'arrête au sud, au nord et à l'ouest par la mer. Les limites sont plus délicates à l'est, puisque c'est à cet endroit que commence l'Asie. On part du principe que les montagnes de l'Oural et du Caucase servent de barrière entre les deux continents. Il est alors normal de retrouver la Russie et la Turquie à la fois en Europe et en Asie !

DE HAUTS SOMMETS

Si les Alpes représentent la chaîne de montagnes la plus vaste, c'est le mont et volcan Elbrouz, dans le Caucase, qui est le sommet de l'Europe avec 5 642 m, suivi du mont Blanc et ses 4 808 m.

ALBANIE

L'Albanie est le pays des aigles. L'animal est d'ailleurs représenté sur le drapeau.

CAPITALE : TIRANA
LANGUE PARLÉE : ALBANAIS
SUPERFICIE : 28 748 KM^2
POPULATION : 2,812 MILLIONS

LE GELESHE

Il s'agit du chapeau blanc porté par les Albanais. Il fait partie du costume traditionnel. Sa hauteur et sa forme ne s pas les mêmes selon les régions.

MÈRE TERESA

Née dans l'actuelle Macédoine du Nord, mère Teresa était une religieuse qui a passé sa vie à parcourir le monde pour aider les plus pauvres. Elle a reçu le prix Nobel de la paix en 1979 et, après sa mort à Calcutta en Inde, elle a été reconnue comme sainte par le pape.

BIÉLORUSSIE

La Biélorussie est un pays bien vert puisque plus d'un tiers de sa surface est recouverte de forêts !

CAPITALE : MINSK
LANGUE PARLÉE : BIÉLORUSSE ET RUSSE
SUPERFICIE : 207 600 KM^2
POPULATION : 9,34 MILLIONS

UN PEU DE FOLKLORE

Les costumes traditionnels biélorusses sont constitués d'une jupe en soie et d'une blouse blanche. Souvent, un petit gilet sans manches et une couronne de fleurs viennent parfaire l'uniforme. La couleur rouge du costume est représentée sur le drapeau.

GROSSE VACHE

Le parc national de Białowieża abrite le plus grand nombre de bisons d'Europe. Cet animal est le symbole le plus connu de la Biélorussie.

ANDORRE

Andorre est un petit pays niché dans les Pyrénées entre la France et l'Espagne.

CAPITALE : ANDORRE-LA-VIEILLE
LANGUE PARLÉE : CATALAN
SUPERFICIE : 468 KM²
POPULATION : 79 034

TOUS EN PISTE !

Andorre est le lieu rêvé pour skier dans les Pyrénées. Le plus grand domaine skiable des Pyrénées s'y trouve : Grandvalira.

ON VIT VIEUX !

Si l'espérance de vie dépasse les 84 ans au Japon ou à Hong Kong, c'est bien en Andorre qu'on peut espérer vivre le plus vieux ! Le record mondial est détenu par cette toute petite principauté : 89 ans !

LA CAPITALE

Andorre-la-Vieille est la plus haute capitale d'Europe avec ses 1 409 m d'altitude. C'est un vrai paradis du shopping ! Petites boutiques du centre ou avenue Meritxell, la plus grande avenue commerciale des Pyrénées, attirent des milliers de visiteurs.

LE SAIS-TU ?

Le président Emmanuel Macron est coprince d'Andorre, comme tous les autres présidents français avant lui. Cela date d'Henri IV qui était à la fois roi de France et coprince d'Andorre. Cet accord est toujours valable aujourd'hui !

ALLEMAGNE

Avec plus de 83 millions d'habitants, l'Allemagne est le pays le plus peuplé d'Europe.

CAPITALE : BERLIN
LANGUE PARLÉE : ALLEMAND
SUPERFICIE : 357 588 KM²
POPULATION : 83,13 MILLIONS

ANNE FRANK

Anne Frank naît en 1929 à Francfort, en Allemagne. Cette petite fille juive a 10 ans lorsque la Seconde Guerre mondiale éclate. Les nazis au pouvoir considèrent les juifs comme une race inférieure. En 1942, elle vit cloîtrée avec ses proches et quatre autres personnes aux Pays-Bas pour ne pas se faire repérer et pour survivre. Pendant deux ans, elle écrit son quotidien dans un journal. Un jour, la cachette est découverte et tous sont envoyés au camp de concentration d'Auschwitz. Seul le père d'Anne survit. Il trouve le journal de sa fille et décide de le faire publier en 1947. Ce journal a été traduit en plus de 70 langues.

OKTOBERFEST

La fête de la Bière attire chaque année à Munich des millions de visiteurs qui s'assoient sous de gigantesques tentes. Au programme, dégustation de plats traditionnels allemands et, bien sûr, des énormes chopes de bière qui trônent sur les tables. Les participants portent souvent le costume bavarois au son des chansons et des musiques traditionnelles. Cette grande fête populaire est l'une des plus importantes du monde.

LE MUR DE BERLIN

Pendant 25 ans, un long mur a coupé la capitale en deux : Berlin-Ouest d'une part, Berlin-Est d'autre part. Dans la nuit du 9 au 10 novembre 1989, ce « mur de la honte » s'effondre. L'année suivante, les deux pays se réunifient.

AUTRICHE

Quand on pense à ce pays, on s'imagine avec un bon chocolat viennois ou, dans la région du Tyrol, au sommet d'une montagne enneigée !

CAPITALE : VIENNE
LANGUE PARLÉE : ALLEMAND
SUPERFICIE : 83 871 KM²
POPULATION : 8,956 MILLIONS

MOZART

Wolfgang Amadeus Mozart, né en 1756, commence à composer de la musique à l'âge de 6 ans. Impressionnant ! Il apprend aussi le clavecin et d'autres instruments. Doté de l'oreille absolue, il est capable de retenir les mélodies et d'associer les bons sons aux bonnes notes. Il voyage à travers toute l'Europe pour donner des concerts. À 11 ans, il crée ses premiers opéras. En tout, il composera 893 œuvres ; parmi elles, *Les Noces de Figaro* ou *La Flûte enchantée*.

À TABLE !

En Autriche, les knödels sont des sortes de boulettes de pommes de terre, de mie de pain ou de semoule, parfois farcies avec des herbes ou de la viande. On en trouve même des versions sucrées. Mais en dessert, on peut aussi craquer pour le strudel, un délicieux gâteau en pâte feuilletée, souvent garni de pommes et aromatisé de cannelle. Un régal pour les papilles !

GLAGLA

La plus grande grotte de glace au monde se situe à Salzbourg. La grotte de glace Werfen s'étend sur une longueur de plus de 42 km. Les palais de glace brillent de mille feux au détour de couloirs tortueux. Même l'été, il y fait 0 °C !

BELGIQUE

La Belgique est née en 1830, à l'époque où les Wallons, qui parlent français, étaient les plus influents. Mais, au XXe siècle, les Flamands, qui parlent néerlandais, sont devenus plus forts. Voilà pourquoi on y parle les deux langues !

CAPITALE : BRUXELLES
LANGUES PARLÉES : NÉERLANDAIS ET FRANÇAIS
SUPERFICIE : 30 688 KM^2
POPULATION : 11,59 MILLIONS

LES FRITES ET LES GAUFRES

Quel beau programme ! Les baraques à frites fleurissent dans toutes les villes de Belgique. Français et Belges se battent encore pour savoir qui a inventé la frite...

Quant à la gaufre en dessert (celle de Liège, la gaufre au sucre), elle est bel et bien née à Liège, au bord de la Meuse !

ET LES CHOUX ?

Le chou de Bruxelles serait un dérivé du chou de Milan. Au XVIIe siècle, les maraîchers ont l'idée de créer une nouvelle variété de chou qui se cultive à la verticale, ce qui prend moins de place et optimise le rendement.

LE *MANNEKEN-PIS*

Cette statue emblématique à Bruxelles représente un petit garçon qui fait pipi. En fait, la fontaine est toute petite (50 centimètres). Lors des fêtes comme Noël ou Pâques, la coutume est d'habiller le petit garçon. *Menneke Pis* signifie en néerlandais « l'enfant qui pisse ».

TINTIN

Eh oui, Tintin est belge… Comme beaucoup d'autres, d'ailleurs : Spirou, Gaston Lagaffe, les Schtroumpfs, etc. Hergé, le créateur de Tintin et Milou, reprend les initiales du dessinateur belge Georges Rémi, qui publie ses premières planches en 1924.

LA VILLE DE SPA

Située dans l'Est de la Belgique, cette ville est connue pour ses eaux thermales et ses sources aux nombreuses vertus. Son nom a donné l'origine au mot « spa », qu'on utilise pour parler d'un établissement de soins et de remise en forme.

BOSNIE-HERZÉGOVINE

Voilà un pays qui a dû faire face à la guerre tout au long de son histoire...

CAPITALE : SARAJEVO
LANGUES PARLÉES : BOSNIAQUE, SERBE ET CROATE
SUPERFICIE : 51 209 KM²
POPULATION : 3,271 MILLIONS

L'EX-YOUGOSLAVIE

La Yougoslavie est un État européen qui a existé de 1918 à 1992. La Bosnie-Herzégovine fait partie des sept États qui ont remplacé la Yougoslavie, avec la Croatie, la Slovénie, la Serbie, la Macédoine du Nord, le Monténégro et le Kosovo.

LES STEĆCI

Ces tombes médiévales énormes sont recouvertes de motifs décoratifs et d'inscriptions gravées en alphabet cyrillique de Bosnie. On en compterait 60 000 dans tout le pays. Elles sont inscrites au patrimoine mondial de l'UNESCO.

BULGARIE

Ce pays situé dans les Balkans, entre la Roumanie et la Grèce, est l'un des plus vieux pays d'Europe.

CAPITALE : SOFIA
LANGUE PARLÉE : BULGARE
SUPERFICIE : 110 994 KM²
POPULATION : 6,878 MILLIONS

BONNE ANNÉE !

Dans certains endroits du pays, l'année commence par l'étonnante tradition des *Kukeri*. Les hommes enfilent des masques et des costumes poilus pour chasser les forces du mal en dehors des villages.

LE POUVOIR DES FLEURS

La Bulgarie est connue pour ses fleurs extraordinaires. 80 % de l'huile de rose viendrait de ce pays. C'est aussi un grand producteur de lavande. Quant au coquelicot, on dit qu'il vient de la Bulgarie ou de la Turquie, mais on en trouvait déjà dans les tombeaux égyptiens et les Grecs mangeaient ses feuilles en salade. Qui dit vrai ?

CHYPRE

Au nord, les Chypriotes parlent le turc ; au sud, ils parlent le grec !

CAPITALE : NICOSIE
LANGUES PARLÉES : GREC ET TURC
SUPERFICIE : 9 251 KM²
POPULATION : 1,244 MILLION

LE HALLOUMI

Ce fromage originaire de Chypre est un mélange de lait de brebis et de chèvre, aromatisé au thym et parfois à la menthe. Même si le fromage peut se consommer cru, sa texture est particulière car elle ne fond pas quand le halloumi est grillé. Son origine est contrôlée : seuls les fromages fabriqués à Chypre peuvent s'appeler ainsi.

PLAGES ET COCOTIERS

Chypre est l'île la plus chaude de la Méditerranée. Ses côtes sont surtout constituées de plages de galets... pas facile de trouver du sable pour s'allonger ! Les falaises présentes sur l'île sont un plaisir pour les yeux.

CROATIE

Avec ses eaux transparentes et ses nombreuses îles, la Croatie est devenue un lieu idéal pour partir en vacances !

CAPITALE : ZAGREB
LANGUE PARLÉE : CROATE
SUPERFICIE : 56 594 KM^2
POPULATION : 3,899 MILLIONS

LES DALMATIENS

Même si plusieurs pays se disputent son origine, le chien tacheté de noir et de blanc viendrait de Croatie, et plus précisément, de la région de Dalmatie.

NIKOLA TESLA

Cet inventeur a fait de multiples découvertes d ans le domaine de la mécanique et de l'électricité. Il a notamment inventé le courant alternatif, qui a donné notre électricité moderne.

JEU DE PLAGE

Le picigin est un jeu traditionnel inventé en 1908 dont le but est simple : les joueurs tapent une balle pour la maintenir le plus longtemps possible en l'air avant qu'elle ne tombe dans la mer. Il est formellement interdit de l'attraper à pleine main ! Le picigin est joué la plupart du temps sur les plages de la ville de Split, mais aussi, parfois, dans les autres villes de la côte croate.

ESPAGNE

En Espagne, les taureaux sont partout ! Dans les rues, pour les fêtes comme celle de Pampelune et son lâcher de taureaux… Mieux vaut courir vite !

CAPITALE : MADRID
LANGUE PARLÉE : ESPAGNOL
SUPERFICIE : 505 990 KM^2
POPULATION : 47,42 MILLIONS

LE FLAMENCO

À la fois danse et musique, le flamenco se pratique surtout dans le Sud de l'Espagne et date du XVIIIe siècle. Au son de la guitare et des chants, les danseurs font de larges mouvements de bras, claquent des doigts et tapent du pied. Cette danse passionnée permet de transmettre des émotions et des sentiments (souvent amoureux).

PABLO PICASSO

Le peintre le plus célèbre du XXe siècle est né en 1881, à Malaga. Il passe la plus grande partie de sa vie en France où il crée avec Georges Braque un courant de peinture appelé le cubisme. Il donne naissance à plus de 50 000 œuvres ! De ses tableaux les plus célèbres, on peut citer *Les Demoiselles d'Avignon* et *Guernica*.

LA SAGRADA FAMÍLIA

Imaginé par Antoni Gaudí, c'est le monument le plus visité d'Espagne. Il s'agit d'une cathédrale, classée au patrimoine mondial de l'UNESCO, située à Barcelone, dont la construction a débuté en 1882. Fait incroyable : elle n'est toujours pas terminée et ça fait presque 150 ans que ça dure !

LA TOMATINA

Ce rassemblement a lieu tous les ans depuis 1945, au mois d'août, à Buñol, en Espagne. Des milliers de participants s'affrontent dans une énorme bataille de tomates fraîches. Mais attention, il faut respecter les règles, comme écraser les tomates avant de les lancer ! Pas de panique, les tomates sont trop mûres pour être mangées, il n'y a donc pas vraiment (trop) de gaspillage.

DANEMARK

Voilà un pays du Nord où il fait bon vivre, contrairement aux 444 îles qu'il regroupe et dont 76 sont inhabitées !

CAPITALE : COPENHAGUE
LANGUE PARLÉE : DANOIS
SUPERFICIE : 42 951 KM²
POPULATION : 5,857 MILLIONS

LE HYGGE

Ce mot d'origine danoise ou norvégienne sert à désigner tout ce qui nous apaise, tout ce qui se fait dans une ambiance chaleureuse et amicale. Les Danois en ont besoin pour surmonter l'hiver où le soleil ne pointe pas beaucoup le bout de son nez. Les habitants se réchauffent alors avec un feu de cheminée, des plaids, des bougies, un bon chocolat...

CONTES TOUT DOUX

Hans Christian Andersen est un auteur danois à qui on doit de célèbres contes comme *La Petite Fille aux allumettes*, *La Reine des neiges* ou encore *La Petite Sirène*. Dans ce dernier conte, la petite sirène est une douce créature amoureuse d'un prince. Leur amour est impossible puisqu'elle n'est pas une femme ! Une sorcière lui propose alors de transformer sa queue en jambes en l'échange de sa voix. Mais ses jambes la font atrocement souffrir...

ESTONIE

Ce pays est l'un des trois pays baltes avec la Lettonie et la Lituanie. Six mois de l'année, il est sous la neige !

CAPITALE : TALLINN
LANGUE PARLÉE : ESTONIEN
SUPERFICIE : 45 228 KM^2
POPULATION : 1,331 MILLION

LE PLEIN DE VACANCES

Les écoliers estoniens bénéficient des plus longues vacances d'été d'Europe : 4 mois ! C'est bien plus que nous et nos 2 mois saisonniers !

BOUM !

L'Estonie est le pays du monde qui possède le plus de marques du passage de météorites. L'un des sites les plus connus est celui de Kaali, situé sur l'île de Saaremaa. Le diamètre du cratère est de 110 m !

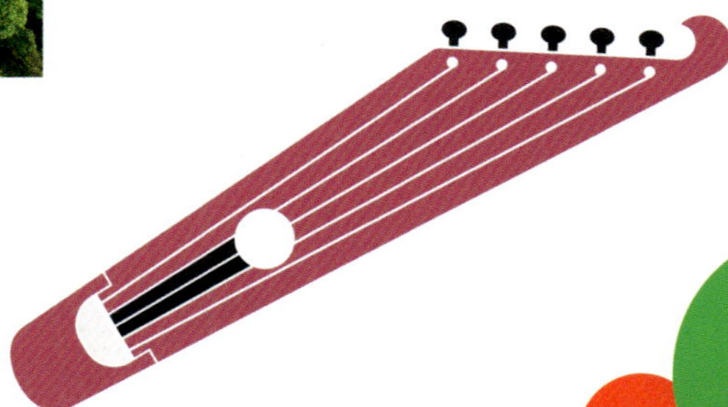

EN CHANTANT...

Le kannel est un instrument à cordes pincées traditionnellement utilisé en Estonie. Il ressemble à la cithare et se joue depuis le XVIe siècle.

FINLANDE

Bienvenue en Finlande, élu en 2022 le pays le plus heureux du monde !

CAPITALE : HELSINKI
LANGUE PARLÉE : FINNOIS
SUPERFICIE : 338 440 KM^2
POPULATION : 5,541 MILLIONS

INDÉPENDANCE

La Finlande obtient son indépendance le 6 décembre 1917, après avoir été sous la coupe des tsars de Russie de 1809 à 1917.

IL FAIT CHAUD !

Le sauna, ou bain finnois, est une cabane toute recouverte de bois dans laquelle les Finlandais (mais pas qu'eux !) aiment se prélasser, généralement tout nus, dans une atmosphère chaude et sèche (de 70 à 100 °C). Après y avoir passé plusieurs minutes, il est de coutume de prendre une douche froide, de sauter dans un lac ou de se rouler dans la neige !

UNE NATURE LUXURIANTE

Les trois quarts des terres sont recouvertes de sapins ! Il est donc facile de trouver une forêt ou de se baigner dans l'un des mille lacs du pays !

LE PAYS DU PÈRE NOËL

La Laponie, là où le père Noël vit, est située dans le Nord, à cheval entre la Finlande, la Suède et la Norvège. Le peuple qui habite la Laponie s'appelle les Samis et de nombreux mammifères y sont présents : ours bruns, gloutons ou rennes. On pense que 40 000 rennes vivent sur le territoire.

FRANCE

Royaume de la haute couture, palace de la gastronomie et haut lieu de la culture, la France est l'un des pays le plus visité au monde. Rien que ça !

CAPITALE : PARIS
LANGUE PARLÉE : FRANÇAIS
SUPERFICIE : 551 695 KM²
POPULATION : 67,75 MILLIONS

LA TOUR EIFFEL

La tour Eiffel est le monument le plus célèbre de Paris, visité chaque année par plus de 7 millions de personnes. Construite sous la direction de Gustave Eiffel, elle est à l'époque la plus haute tour du monde. Elle a été présentée lors de l'Exposition universelle de 1889, qui célébrait le centenaire de la Révolution française.

LA MARSEILLAISE

Notre hymne national est un chant de guerre, rédigé en 1792 à Strasbourg. Rien à voir avec Marseille, donc ! C'est un jeune militaire qui a rendu la chanson célèbre en la fredonnant devant des soldats marseillais. Les Parisiens l'ont donc rebaptisée *La Marseillaise*.

LE LOUVRE

Chaque année, 9 millions de visiteurs se pressent au musée du Louvre pour admirer les œuvres. Parmi elles, *La Joconde* de Léonard de Vinci ou *La Vénus de Milo*.
La pyramide du Louvre, qui trône au milieu de la cour Napoléon et constituée de 673 losanges de verre et de métal, a été inaugurée en 1989.

COCORICO

Le coq gaulois, le symbole de la France, est en fait une erreur des Romains. En latin, il y a eu confusion entre les mots *Gallus*, qui veut dire « Gaulois », et *gallus*, qui veut dire « coq » !

LA DUNE DU PILAT

Située en face du bassin d'Arcachon, la dune du Pilat est la plus haute dune d'Europe. Constituée de sable apporté par le vent, elle mesure 110 m de haut.

GRÈCE

La Grèce comprend plus de 6 000 îles regroupées en archipels. Le plus connu se nomme les Cyclades, des îles dans la mer Égée.

CAPITALE : ATHÈNES
LANGUE PARLÉE : GREC
SUPERFICIE : 131 957 KM²
POPULATION : 10,66 MILLIONS

JEUX OLYMPIQUES

Les Jeux olympiques ont été inventés au VIIIe siècle avant J.-C. À cette époque, ils ont lieu tous les quatre ans, à Olympie, en l'honneur de Zeus. Tous les Grecs peuvent y participer, sauf les femmes. Au programme : course à pied, lancer de disque et de javelot, saut en longueur, course de chars et de chevaux. À l'époque de la Grèce antique, les gagnants recevaient une couronne d'olivier sauvage dans le temple de Zeus. Aujourd'hui, on récompense les vainqueurs des Jeux avec des médailles.

LE SIRTAKI

Cette danse populaire se pratique en groupe, en cercle ou en ligne. Elle a été spécialement créée en 1964 pour le film *Zorba le Grec* qui l'a rendue célèbre.

MYTHOLOGIE

Les Grecs, comme les Égyptiens, étaient polythéistes : ils croyaient en plusieurs dieux. Poséidon règne sur les mers et Hadès sur les enfers. Mais le plus important est Zeus, le dieu du Ciel et le roi des dieux. Ils vivent tous sur l'Olympe, la plus haute montagne de Grèce.

LE PARTHÉNON

Le Parthénon est un temple de marbre, érigé au Ve siècle avant J.-C. en l'honneur d'Athéna, la déesse de la Guerre et de la Sagesse. Fait de colonnes doriques et de frises, il est le symbole de l'architecture grecque. Il se trouve au centre d'Athènes, sur le sommet d'une colline, l'Acropole.

KOSOVO

Situé entre le Monténégro et la Macédoine, le Kosovo a été malmené par la guerre l'opposant à la Yougoslavie entre 1998 et 1999.

CAPITALE : PRISTINA
LANGUES PARLÉES : ALBANAIS ET SERBE
SUPERFICIE : 10 887 KM^2
POPULATION : 1,873 MILLION

PAUVRETÉ

Le Kosovo est le pays le plus pauvre des Balkans d'Occident. Près d'une personne sur trois vit sous le seuil de pauvreté. De plus, de nombreux enfants sont obligés de travailler. On est loin d'un pays développé même s'il est situé en Europe !

LA TRADITION DU MARIAGE

Dans certaines régions, comme dans le village de Donje Ljubinje, lors de la cérémonie du mariage traditionnel, le visage de la fiancée est peint pour que son union ne subisse pas de malchance.

DUA LIPA

Cette star pop à la voix si particulière est originaire du Kosovo. Ses deux parents, albanais d'origine, ont quitté le pays en 1992. Elle vit aujourd'hui à Londres, en Angleterre.

HONGRIE

Les quartiers historiques de la capitale sont classés au patrimoine mondial de l'humanité. Budapest est même surnommée « la perle du Danube », du nom du fleuve qui la traverse.

CAPITALE : BUDAPEST
LANGUE PARLÉE : HONGROIS
SUPERFICIE : 93 025 KM^2
POPULATION : 9,71 MILLIONS

LA CAPITALE

Budapest est, depuis 1873, une capitale qui réunit trois anciennes villes : Obuda, Buda et Pest. Elle est réputée pour ses bains et riche de plus de 80 sources thermales. La Hongrie en compterait plus de 1 000.

LE GOULASH

Ce ragoût est un plat de viande préparé avec des pommes de terre, des légumes et du paprika, le piment rouge national !

DRÔLE DE COCHON

Le mangalitza est une race de porc laineux, créée à partir de plusieurs races de cochons. Il était élevé au XIXe siècle pour sa viande très grasse, idéale pour la charcuterie.

IRLANDE

La République d'Irlande, qui est en fait l'Irlande du Sud, représente 85 % de l'île.

CAPITALE : DUBLIN
LANGUES PARLÉES : ANGLAIS ET IRLANDAIS
SUPERFICIE : 70 273 KM²
POPULATION : 5,033 MILLIONS

LA PLUS HAUTE SCULPTURE DU MONDE ?

Il paraît ! Et elle se trouve à Dublin, la capitale. Le Spire est une aiguille de 120 m de hauteur qui pointe vers le ciel. Sa construction a été terminée en 2003.

HUE, DADA !

Le connemara fait partie des grandes races de poneys. Avec son 1,44 mètre au garrot, il est originaire de l'Ouest de l'Irlande. Il est habitué à sauter des murets de pierre, ce qui en fait un bon concurrent dans les concours de saut d'obstacles.

LA SAINT-PATRICK

C'est la fête la plus importante de l'Irlande, qui a lieu le 17 mars. Cette fête religieuse commémore la date de la mort de saint Patrick en 461, considéré comme le saint patron du pays. À cette occasion, tous les habitants portent un trèfle, l'emblème de l'Irlande, sont habillés en vert, la couleur nationale et portent un chapeau de Leprechaun, un lutin.

C'EST PAS LA FRITE !

Entre 1845 et 1848, les champs de pommes de terre d'Irlande sont ravagés par le mildiou, un champignon qui attaque et tue les plantations. La pomme de terre est alors l'aliment de base des Irlandais qui subissent une terrible famine. Cet épisode fait plus d'un million de morts et de nombreux Irlandais décident de fuir pour se réfugier aux États-Unis.

ISLANDE

L'Islande se situe au nord-ouest des îles Féroé, au-dessus de la Grande-Bretagne et de l'Irlande, très, très au nord… dans l'océan Arctique, brrr !

CAPITALE : REYKJAVIK
LANGUE PARLÉE : ISLANDAIS
SUPERFICIE : 103 000 KM^2
POPULATION : 372 295

LES PHÉNOMÈNES NATURELS

10 % de l'île est constituée de glaciers découpés en de magnifiques fjords : ce sont des vallées d'eau glaciaire très profondes entre les montagnes. Le centre de l'Islande est constitué de montagnes, où l'on trouve des volcans en éruption (plus d'une centaine est encore en activité). On peut aussi admirer des geysers, d'énormes jets d'eau chaude provenant de la rencontre entre l'eau et le volcan. Et encore plus spectaculaire dans ce pays, un phénomène presque magique : les aurores boréales, d'impressionnants voiles de lumière qui apparaissent dans le ciel.

QUI SONT LES HABITANTS ?

Les personnes habitant l'Islande, les Islandais, parlent une langue qui ressemble un peu à celle du Danemark, de la Suède ou de la Norvège. Le pays compte 372 000 habitants, soit l'équivalent d'une ville comme Nice ou Nantes, alors que l'Islande est un pays !

LE CLIMAT

Il ne fait jamais bien chaud en Islande ! La température dépasse rarement les 13 °C, même en été ! Mais contrairement à ce qu'on pourrait croire, il ne fait pas non plus très froid le reste de l'hiver (de – 2 à 4 °C de novembre à mars). En revanche, comme l'île est située tout près du cercle arctique, les journées sont très courtes en hiver et les nuits très courtes en été !

LES ANIMAUX

L'Islande regorge d'animaux plus mignons les uns que les autres ! Entre les célèbres chevaux islandais, environ 50 000 sur l'île (soit 1 cheval pour 6 habitants !), les grands oiseaux marins (qui vivent pour beaucoup sur la falaise de Látrabjarg), les petits pingouins, les phoques et les baleines, la toute petite Islande est bien peuplée !

ITALIE

L'empire romain fut jadis le plus puissant d'Europe. Un pays chargé d'histoire, devenu une république en 1946.

CAPITALE : ROME
LANGUE PARLÉE : ITALIEN
SUPERFICIE : 301 230 KM^2
POPULATION : 59,07 MILLIONS

LAISSE LES GONDOLES À VENISE

Que serait Venise sans le Grand Canal et ses célèbres gondoles ? Les longs bateaux noirs dirigés par un batelier debout sont le symbole de la ville que l'on surnomme « la cité flottante ».

LA BOTTE

On aime bien donner des surnoms aux pays ! L'Italie est souvent appelée « la botte » en raison de sa forme particulière. À ce territoire, il faut ajouter deux îles : la Sardaigne et la Sicile.

LA TOUR DE PISE

Quelle drôle de tour toute penchée, on dirait qu'elle va tomber ! Haute de plus de 50 m, la tour a commencé à se courber au cours de sa construction car le terrain s'est affaissé. Si elle n'était pas penchée, on n'en parlerait pas autant !

LE COLISÉE

Cet amphithéâtre, qui peut accueillir 50 000 spectateurs venus assister aux combats de gladiateurs, est l'une des plus grandes constructions de l'Antiquité romaine. Haut de plus de 48 m et long de 148 m, il est en partie détruit, mais reste le monument le plus visité de Rome.

LÉONARD DE VINCI

Né en 1452 à Vinci, près de Florence, Léonard de Vinci est un artiste de la Renaissance qui s'intéresse à toutes sortes de sujets : il est peintre, sculpteur, architecte, scientifique, chimiste, etc. Il invente des machines extraordinaires comme les engrenages, les ponts transportables ou encore les machines à voler. Ses œuvres les plus admirées sont *La Joconde* ou son illustration de *L'Homme de Vitruve*, aux proportions parfaites.

LETTONIE

Longtemps sous la domination russe, la Lettonie n'acquiert son indépendance qu'en 1991 et elle entre dans l'Union européenne en 2004.

CAPITALE : RIGA
LANGUE PARLÉE : LETTON
SUPERFICIE : 64 589 KM^2
POPULATION : 1,884 MILLION

DES MILITAIRES CHRÉTIENS À LA CONQUÊTE DE LA LETTONIE

Au XIIIe siècle, les guerriers lettons du Moyen Âge se battent contre les chevaliers teutoniques (un ordre religieux et militaire) venus d'Europe du Nord pour les convertir à la foi chrétienne. Pour se donner du courage, ils se réunissent sous des draps teintés de jus de mûre !

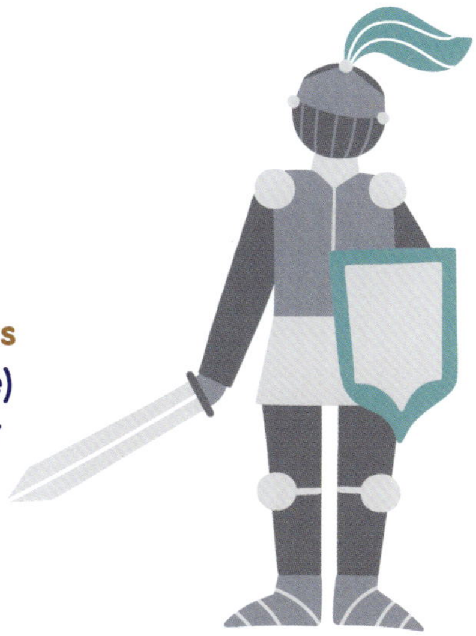

UN JOLI BÂTIMENT

À Riga, la capitale, se dresse la maison des Têtes Noires, une maison du Moyen Âge qui servait à l'époque de lieu de rassemblement des commerçants et des voyageurs. Cet endroit est depuis 2012 la résidence officielle du président de la République de Lettonie.

LIECHTENSTEIN

CAPITALE : VADUZ
LANGUE PARLÉE : ALLEMAND
SUPERFICIE : 158 KM²
POPLUATION : 38 254

Voici le quatrième plus petit pays européen. C'est un État très riche, situé entre la Suisse et l'Autriche.

PRINCIPAUTÉ

Ce pays constitue une principauté, c'est-à-dire qu'il est dirigé par un prince. La création du pays remonte au XVIIIe siècle, lorsqu'un prince autrichien achète deux domaines dans les Alpes. Il les réunit et nomme le territoire de son propre nom : Liechtenstein.

MACÉDOINE DU NORD

CAPITALE : SKOPJE
LANGUES PARLÉES :
MACÉDONIEN ET ALBANAIS
SUPERFICIE : 25 713 KM²
POPULATION : 2,065 MILLIONS

Ce pays n'a pas d'accès à la mer mais possède une cinquantaine de lacs, dont l'un des plus profonds d'Europe : le lac Ohrid (288 m de profondeur pour 30 km de longueur).

ALEXANDRE LE GRAND

C'est son territoire ! Né en 356 avant J.-C., Alexandre le Grand renforce l'armée de son royaume pour conquérir de nombreux territoires et étendre son empire qui finalement s'effondrera à sa mort.

C'EST LA GUERRE !

Le drapeau de la Macédoine comportait une étoile, le « soleil de Vergina » que les Grecs n'appréciaient pas, car ils considéraient que ce symbole faisait partie de leur patrimoine historique. Les Macédoniens ont donc changé leur drapeau en 1955 pour ce soleil aux 8 rayons d'or.

LITUANIE

C'est le plus grand des trois pays baltes devant l'Estonie et la Lettonie.

CAPITALE : VILNIUS
LANGUE PARLÉE : LITUANIEN
SUPERFICIE : 65 300 KM²
POPULATION : 2,801 MILLIONS

L'ISTHME DE COURLANDE

Cette bande de sable située entre la Russie et la Lituanie s'étire sur 98 km de long. Beaucoup de pins présents dans cette région ne poussent pas droits, mais tordus. On surnomme cet endroit « la forêt qui danse ». Personne ne sait vraiment pourquoi, mais on pense que c'est le vent ou le sol sablonneux qui donnerait aux arbres cette forme si particulière.

UN PETIT CÔTÉ QUI FAIT PEUR !

La colline des Croix, située au nord de la Lituanie, est un endroit où de nombreuses croix ont été apportées. Les premières, déposées au XIVe siècle, étaient un hommage aux gens morts à la guerre. Le lieu est devenu par la suite un signe de liberté et un symbole de résistance contre le peuple russe.

LUXEMBOURG

Petit mais costaud ! Le Luxembourg est peut-être riquiqui, mais c'est le pays européen où les habitants sont les plus riches !

CAPITALE : LUXEMBOURG
LANGUES PARLÉES : LUXEMBOURGEOIS, FRANÇAIS ET ALLEMAND
SUPERFICIE : 2 586 KM^2
POPULATION : 640 064

DEUX RÉGIONS

Le Luxembourg se divise en deux régions bien distinctes : l'Oesling et le Gutland. Le territoire du grand-duché du Luxembourg se divise en 102 communes. Le Luxembourg est le seul grand-duché au monde, cela signifie qu'il est dirigé par un grand-duc.

LE BRETZEL

Le 4e dimanche de Carême, c'est le *Bretzelsonndeg*, une fête durant laquelle un amoureux offre un bretzel à sa bien-aimée. Si la femme n'est pas amoureuse, elle lui rend un panier vide. Si les sentiments sont réciproques, elle lui offre un œuf à Pâques ! La tradition, dont l'origine reste obscure, est encore bien ancrée au Luxembourg.

MALTE

Si les gens vont à Malte, c'est généralement pour profiter du soleil et de la chaleur de cette île méditerranéenne ! Bienvenue dans le plus petit État de l'Union européenne !

CAPITALE : LA VALETTE
LANGUES PARLÉES : MALTAIS ET ANGLAIS
SUPERFICIE : 316 KM^2
POPULATION : 518 536

LA CROIX DE MALTE

En 1530, les chevaliers de l'ordre de Saint-Jean arrivent à Malte. En effet, c'est Charles Quint qui a cédé l'archipel aux hospitaliers de Saint-Jean de Jérusalem. Les moines catholiques s'occupent alors des mourants et des malades. Ils portent un symbole chrétien, la croix de Malte, appelée aussi croix de Saint-Jean.

GOZO ET COMINO

Ce sont les deux plus petites îles de Malte. L'île de Comino n'est habitée que par 3 personnes !

MOLDAVIE

Longtemps sous la domination russe, la Moldavie acquiert son indépendance en 1995.

CAPITALE : CHIȘINĂU
LANGUE PARLÉE : ROUMAIN
SUPERFICIE : 33 846 KM²
POPULATION : 2,615 MILLIONS

LA LÉGENDE DU PAYS

Le prince Dragos, le premier dirigeant de Moldavie, était parti à la chasse à l'auroch. Malheureusement, sa fidèle compagne, sa chienne Molda, se noya dans la rivière. Le prince baptisa alors le cours d'eau Moldova, en souvenir de sa fidèle amie. Le pays prit ensuite ce nom et l'auroch devint l'emblème du pays. On voit d'ailleurs sa tête sur le drapeau.

LE PAYS DU VIN

Le vin fait partie des fiertés du pays. C'est dans ce pays qu'on trouve la plus grande cave à vin du monde, avec plus de 2 millions de bouteilles. Pour la voir, il faut se rendre à la cave Milești Mici.

MONACO

Situé sur la Méditerranée entre Nice et la frontière italienne, Monaco est surnommé le Rocher. Le pays est si petit qu'il ne comporte qu'une seule ville du même nom.

CAPITALE : MONACO
LANGUE PARLÉE : FRANÇAIS
SUPERFICIE : 2,02 KM²
POPULATION : 39 520

LA FAMILLE GRIMALDI

Elle règne sur ce minuscule bout de rocher depuis le XIIIe siècle. Le drapeau reprend les couleurs de la famille, le rouge et le blanc. Fille du prince Rainier III, la princesse Stéphanie de Monaco s'est rendue célèbre dans les années 1980 pour son tube *Comme un ouragan*. C'est son frère, le prince Albert II, qui règne sur le pays depuis la mort de leur père en 2005.

LE GRAND PRIX

Chaque année, on peut voir défiler des Formule 1… en plein milieu de la ville ! Le circuit du quartier de Monte-Carlo est impressionnant et attire de nombreux touristes.

MONTÉNÉGRO

Le Monténégro n'existe que depuis 2006, date à laquelle il a été séparé de la Serbie.

CAPITALE : PODGORICA
LANGUE PARLÉE : MONTÉNÉGRIN
SUPERFICIE : 13 812 KM²
POPULATION : 619 211

MERVEILLE NATURELLE

Dans le parc national de Durmitor se cache le canyon de la Tara dont la

profondeur est de 1 300 m à certains endroits. C'est le canyon le plus profond d'Europe.

UN JOLI NOM

Ce pays porte ce nom car il était autrefois recouvert d'une forêt sombre, la seule forêt

tropicale européenne. Monténégro veut dire « montagne noire ».

ÇA TOURNE !

Il ne faut pas avoir mal au cœur en voiture car les routes y sont très sinueuses ! Bienvenue sur la route Serpentine, qui relie la ville de Kotor à Cetinje au travers de multiples virages !

SLOVÉNIE

La Slovénie est l'un des pays les plus boisés d'Europe, avec 57 % de sa surface recouverte de forêts. On respire !

CAPITALE : LJUBLJANA
LANGUE PARLÉE : SLOVÈNE
SUPERFICIE : 20 273 KM²
POPULATION : 2,108 MILLIONS

LE LIPIZZAN

Grand, puissant et élégant, le cheval lipizzan est originaire de Lipica, en Slovénie. Ces puissants chevaux au large cou et au regard tranquille sont les plus connus des chevaux blancs.

NORVÈGE

La Norvège est un pays scandinave et l'un des pays européens les moins densément peuplés.

CAPITALE : OSLO
LANGUE PARLÉE : NORVÉGIEN
SUPERFICIE : 385 207 KM^2
POPULATION : 5,408 MILLIONS

FUN FOOT

Le *bubble-foot* est un jeu de ballon où on joue avec le haut du corps entouré d'une grande bulle d'air en plastique. Originaire de Norvège, le jeu a été inventé en 2006 par deux humoristes pour une émission de télévision !

LE ICE FESTIVAL

Voici un festival de musique pas comme les autres qui a lieu chaque année dans la ville de Geilo. Tous les instruments, ainsi que la scène sur laquelle jouent les musiciens, sont sculptés en glace et en neige ! Il vaut mieux avoir des moufles pour jouer !

LES FJORDS

La Norvège est le pays qui compte le plus de fjords, des vallées très étroites aux eaux très profondes, creusées par d'anciens glaciers qui se sont retirés. Généralement, les eaux des fjords sont constituées d'un mélange d'eau de mer et d'eau douce provenant des rivières.

LES FJORDS (BIS !)

La Norvège est le pays des fjords, d'où le nom de ce cheval tout mignon. En hiver, il neige beaucoup, mais le fjord est habitué et résiste bien aux températures très basses. Son poil d'hiver est très dense et adapté à l'humidité parce qu'il est imperméable ! Sa couette, appelée toupet, descend vers les yeux entre les oreilles, au-dessus de la tête et lui sert de bonnet.

PAYS-BAS

Autrefois appelés les Provinces-Unies, les Pays-Bas sont surnommés « la capitale du vélo ». Il y en a partout !

CAPITALE : AMSTERDAM
LANGUE PARLÉE : NÉERLANDAIS
SUPERFICIE : 41 543 KM^2
POPULATION : 17,53 MILLIONS

PEINTRE DE RENOM

Vincent Van Gogh est l'un des plus grands peintres du XIXe siècle. Parmi ses toiles, on peut citer *Les Tournesols* ou *La Nuit étoilée*, ainsi que tous ses autoportraits célèbres. Il est parfois atteint de coups de folie, dont une fois où il se coupe l'oreille gauche avec un rasoir. Il n'est devenu célèbre qu'après sa mort, en 1890.

SOUS L'EAU

Savais-tu que le quart du pays se situe sous le niveau de la mer ?

LES MOULINS À VENT

Le principe de nos éoliennes actuelles est très ancien : il y a quelques centaines d'années, les moulins des Pays-Bas servaient déjà à pomper l'eau. Le moulin est aujourd'hui le symbole du pays. Même si la plupart des 10 000 moulins répartis dans le pays ne sont plus utilisés aujourd'hui, ils font partie du joli paysage !

LES TULIPES

Les champs de tulipes s'étendent à perte de vue aux Pays-Bas. L'engouement remonte au XVIe siècle, quand les Hollandais tombent en admiration devant ces fleurs. Le peuple décide alors de les importer de Turquie, d'où la tulipe est originaire. Elle devient alors un symbole de luxe. Le climat et les sols néerlandais étant propices à la culture, la tulipe s'est propagée dans tout le pays.

PORTUGAL

Situé à l'ouest de l'Espagne, le Portugal est durant plusieurs siècles le royaume des explorateurs.

CAPITALE : LISBONNE
LANGUE PARLÉE : PORTUGAIS
SUPERFICIE : 92 212 KM²
POPULATION : 10,33 MILLIONS

LA TOUR DE BELÉM

Elle a été construite au XVIe siècle par le roi Manuel Ier de Portugal sur les bords du Tage pour garder l'entrée du port. Beaucoup d'explorateurs portugais sont partis de Belém pour leurs voyages.

MAGELLAN

Entre 1519 et 1522, Magellan et son équipage partent pour le premier tour du monde en bateau, dont le navigateur ne reviendra pas vivant. En 1521, entre la Patagonie et la Terre de Feu, les marins découvrent un passage par la mer entre Atlantique et Pacifique et lui donnent le nom de « détroit de Magellan ». L'explorateur découvre aussi un océan très calme et le baptise « Pacifique ».

LE FADO

Ce genre de chant populaire portugais s'accompagne d'instruments de musique à cordes pincées. Les chants sont langoureux et plaintifs puisqu'ils expriment souvent des émotions de perte, de douleur ou de chagrin amoureux.

LE TRAITÉ DE TORDESILLAS

À l'époque des grandes découvertes, le traité de Tordesillas est signé. En 1494, il prévoit le partage des terres coloniales : une frontière nord/sud imaginaire est tracée en dessous des îles du Cap-Vert. Dorénavant, ce qui est à l'ouest appartient à l'Espagne, ce qui est à l'est au Portugal.

LES PASTÉIS DE NATA

Ces petits flans typiquement portugais sont un délice dégusté originairement à Belém, une banlieue qui a depuis été rattachée à Lisbonne. On en trouve maintenant partout dans le monde.

POLOGNE

Longtemps contrôlée par l'Union soviétique, la Pologne est aujourd'hui un pays indépendant, situé au centre de l'Europe.

CAPITALE : VARSOVIE
LANGUE PARLÉE : POLONAIS
SUPERFICIE : 322 575 KM^2
POPULATION : 37,75 MILLIONS

LÀ OÙ TOUT A COMMENCÉ…

Le 1er septembre 1939, Hitler attaque la Pologne et déclenche la Seconde Guerre mondiale. Ce conflit sera le plus meurtrier de l'histoire.

NICOLAS COPERNIC

Au XVIe siècle, l'astronome polonais chamboule le monde scientifique en affirmant que le Soleil est au centre de notre Système solaire, et que la Terre tourne sur elle-même et autour du Soleil. La Terre n'est donc pas au centre de l'Univers !

MARIE CURIE

Née à Varsovie en 1867, Marie Curie, née Skłodowska, s'intéresse aux rayons X, et à d'autres rayonnements émis par l'uranium. Avec son mari Pierre Curie, ils étudient d'autres éléments chimiques radioactifs : le polonium, baptisé ainsi en hommage à la Pologne, puis le radium. Marie Curie est la première et seule femme à avoir obtenu deux prix Nobel : celui de physique avec son mari, pour leurs travaux sur la radioactivité en 1903, et celui de chimie en 1911.

RÉPUBLIQUE TCHÈQUE

La scission en 1993 de la Tchécoslovaquie a donné naissance à deux pays : la Slovaquie et la République tchèque.

CAPITALE : PRAGUE
LANGUE PARLÉE : TCHÈQUE
SUPERFICIE : 78 870 KM²
POPULATION : 10,51 MILLIONS

« LA VILLE AUX CENT CLOCHERS »

Voilà le surnom de la capitale qui compte de nombreux bâtiments anciens. L'un d'eux, le château de Prague, qui date du IXe siècle, est le monument le plus visité de République tchèque. En effet, c'est le château le plus grand et le plus ancien du monde avec ses 570 m de longueur pour 130 m de largeur.

LA POLKA

Cette danse traditionnelle, originaire de Bohême (une région de République tchèque), est née au début du XIXe siècle. C'est une danse de couple très vite introduite dans les salles de bal de Prague avant de s'exporter à Vienne, en Autriche et à Paris.

ROYAUME-UNI

Le nom complet du Royaume-Uni est le Royaume-Uni de Grande-Bretagne et d'Irlande du Nord.

CAPITALE : LONDRES
LANGUE PARLÉE : ANGLAIS
SUPERFICIE : 243 610 KM²
POPULATION : 67,33 MILLIONS

LA CHAUSSÉE DES GÉANTS EN IRLANDE DU NORD

Ce site naturel impressionnant comporte 40 000 colonnes de roches volcaniques aux formes géométriques, qui forment comme un sol mal carrelé. En fait, c'est l'œuvre d'une éruption volcanique qui a eu lieu il y a 60 millions d'années.

LA GARDE ROYALE

Des gardes surveillent le palais de Buckingham. Ils sont en tunique rouge traditionnelle et leur chapeau, qui leur tombe sur les yeux, est fait en poil d'ours ! La relève de la Garde royale a lieu devant le palais de Buckingham tous les jours, ou tous les deux jours, selon la saison.

GRANDE-BRETAGNE, ANGLETERRE OU ROYAUME-UNI ?

Le Royaume-Uni est composé de l'Angleterre, de l'Écosse et du pays de Galles, qui constituent la Grande-Bretagne, à laquelle il faut ajouter l'Irlande du Nord. De 1801 à 1920, l'Irlande du Sud en fait également partie, mais elle prend son indépendance en 1922.

BIG BEN

Une grande cloche est installée dans la tour de l'Horloge, dans le palais de Westminster, à Londres. C'est Big Ben ! On l'appelle aussi la tour de la reine Élisabeth.

LE KILT ÉCOSSAIS

Le kilt est une jupe portefeuille en tissu de laine écossais. C'est l'habit traditionnel porté par les hommes et les garçons lors d'événements comme le *Hogmanay*, qui a lieu tous les 31 décembre pour fêter le Nouvel An. Il se porte sans slip en dessous, chuuuut !

ROUMANIE

Ce n'est qu'en 1989 que ce pays acquiert son indépendance vis-à-vis de la Russie.

CAPITALE : BUCAREST
LANGUE PARLÉE : ROUMAIN
SUPERFICIE : 238 397 KM²
POPULATION : 19,12 MILLIONS

UNIQUE AU MONDE

La cascade Bigăr, située dans le Sud-Ouest de la Roumanie, ne mesure que 8 m mais elle a une particularité : l'eau s'écoule en de minuscules filets très fins sur un rocher recouvert de mousse.

ATTENTION !

Bucarest ne doit pas être confondue avec Budapest, la capitale de la Hongrie !

L'ARTISANAT LOCAL

La céramique traditionnelle de Horezu est toujours fabriquée à la main avec de la glaise (de la terre grasse) pétrie et malaxée, que les potiers vont façonner en une céramique colorée. Ce sont les femmes qui sont chargées de les décorer et de tracer les motifs traditionnels.

DRACULA

Le château du vampire inventé par l'auteur Bram Stroker en 1897 se trouve dans une région roumaine : la Transylvanie. L'écrivain a fait naître le personnage de Dracula en s'inspirant d'un personnage historique bien réel le prince Vlad Tepes.

SAINT-MARIN

Enclavé dans le territoire italien, Saint-Marin a longtemps été convoité par d'autres pays.

CAPITALE : SAINT-MARIN
LANGUE PARLÉE : ITALIEN
SUPERFICIE : 61,2 KM²
POPULATION : 34 010

TOUT LÀ-HAUT

La montagne locale, le mont Titano, s'élève à 739 m. Sur chacun de ces 3 sommets s'élève une tour : la tour de Guaita, la tour de Montale et la tour de Cesta, construites dans la roche.

VIEUX PAYS

Saint-Marin serait le plus vieux pays du monde puisque ses frontières n'ont pas changé depuis l'an 301. Le pays est aussi considéré comme la plus ancienne et la plus petite république du monde.

SLOVAQUIE

La Slovaquie, à ne pas confondre avec la Slovénie, a un côté nature avec ses neuf parcs nationaux et ses 383 réserves naturelles, même si plus de la moitié de la population vit en ville.

CAPITALE : BRATISLAVA
LANGUE PARLÉE : SLOVAQUE
SUPERFICIE : 49 035 KM²
POPULATION : 5,447 MILLIONS

LES GROTTES

La Slovaquie est le pays des grottes, cavernes et autres gouffres puisqu'on en compte près de 4 000, dont 5 sont inscrites au patrimoine mondial de l'Unesco.

DES ÉGLISES PAS COMME LES AUTRES...

Au nord-est du pays, on peut apercevoir de nombreuses églises construites en bois ! Elles font partie de l'histoire du pays et sont bien conservées.

SUÈDE

C'est le cinquième plus grand pays d'Europe. Une grande partie du territoire est occupée par des montagnes et des forêts.

CAPITALE : STOCKHOLM
LANGUE PARLÉE : SUÉDOIS
SUPERFICIE : 528 447 KM²
POPULATION : 10,42 MILLIONS

ALFRED NOBEL

Né en 1833 à Stockholm, Alfred Nobel, industriel et fabricant d'armes, a inventé la dynamite, un explosif très puissant. On lui doit aussi l'invention du prix Nobel en 1895. Ce dernier est remis chaque année à cinq personnes, qui se sont illustrées dans cinq domaines différents : la paix, la littérature, la chimie, la physique et la médecine.

LA MAGIE DE LA NATURE

En hiver, des particules venues de l'espace changent de couleur quand elles s'approchent de l'atmosphère terrestre. On voit alors apparaître un voile ondulant lumineux, généralement vert, dans le ciel. Ces très beaux phénomènes lumineux s'appellent des aurores polaires. Elles portent ce nom car elles ne se produisent qu'aux pôles. On parle d'aurore boréale dans l'hémisphère Nord et d'aurore australe dans l'hémisphère Sud.

100 % ÉCOLO

Née en Suède en 2003, Greta Thunberg n'est encore qu'une jeune fille quand elle dénonce pour la première fois publiquement l'inaction des gouvernements face au réchauffement climatique. Connue maintenant dans le monde entier, Greta Thunberg est même intervenue lors de la COP24, la conférence organisée par l'Organisation des Nations Unies (ONU), en décembre 2018, pour parler des changements du climat.

SERBIE

Enclavée dans la péninsule des Balkans, la Serbie devient une république indépendante en 2006.

CAPITALE : BELGRADE
LANGUE PARLÉE : SERBE
SUPERFICIE : 88 499 KM²
POPULATION : 6,834 MILLIONS

LA FRAMBOISE

Voilà un fruit qui fait l'or rouge des Serbes ! Ce petit fruit qu'on trouve sur nos étals provient à 95 % de ce pays, qui en est le principal exportateur.

STAR DU TENNIS

Né à Belgrade, Novak Djokovic crée la surprise en 2010, année où la Serbie gagne la coupe Davis à la surprise générale. Depuis, le tennisman se place dans le top 10 des meilleurs joueurs de l'histoire. Proche de la retraite, il a fait savoir qu'il continuerait seulement s'il parvient à se maintenir au meilleur niveau !

SUISSE

La Suisse est ce qu'on appelle un pays neutre : elle ne s'implique pas dans les conflits entre d'autres pays.

CAPITALE : BERNE
LANGUES PARLÉES : FRANÇAIS, ITALIEN, ALLEMAND ET ROMANCHE
SUPERFICIE : 41 285 KM²
POPULATION : 8,703 MILLIONS

LA LENTEUR ET LA DOUCEUR DE VIVRE

La majorité des Suisses n'est pas du genre à stresser ! Il n'est pas rare de voir une voiture à l'arrêt car deux piétons discutent sur le trottoir. Le véhicule s'immobilise pour les laisser passer… au cas où !

L'EDELWEISS

Symbole de la Suisse, cette jolie fleur des montagnes est aussi appelée pied-de-lion ou étoile des glaciers. On la trouve dans les plateaux rocheux, les plaines de rocaille et dans les hauts massifs de montagnes. C'est une plante vivace (c'est-à-dire qu'elle vit plus de deux ans), qui mesure de 3 à 20 cm de hauteur. Ses fleurs sont blanches et fleurissent de juillet à septembre.

LE BOBSLEIGH

Créé dans la station alpine suisse de Saint-Moritz, le bobsleigh est issu de deux mots anglais *bob* et *sleigh*. *Sleigh* est un traîneau ou une luge, et *bob* signifie osciller. Ce sport d'hiver consiste à descendre rapidement une piste artificielle de glace étroite à bord d'un engin rapide. C'est en Suisse que ce sport a été créé au XIXe siècle.

UKRAINE

L'Ukraine est le plus grand pays d'Europe orientale en superficie (603 700 km²).

CAPITALE : KIEV
LANGUE PARLÉE : UKRAINIEN
SUPERFICIE : 603 700 KM²
POPULATION : 43,79 MILLIONS

TCHERNOBYL

Le 26 avril 1986, le plus grand incident nucléaire de l'histoire a eu lieu. Un problème dans le réacteur n° 4 de la centrale de Tchernobyl cause la libération de nombreux éléments radioactifs dans l'atmosphère. Plus de 4 000 personnes sont mortes et de nombreuses autres sont tombées malades dans plusieurs pays européens environnants. La centrale est aujourd'hui recouverte d'une protection qu'on appelle sarcophage.

RICHE EN MATIÈRES PREMIÈRES

L'Ukraine est bien dotée en plantations ! Elle produit du blé, du tournesol, du colza, des noix, etc. Ces immenses champs dorés font de l'Ukraine « le grenier à blé de l'Europe » ! Elle exploite aussi des richesses minières comme le charbon ou le fer.

ŒUF DE PÂQUES !

Le *pysanky* est une très vieille tradition ukrainienne, qui consiste à colorer et dessiner sur des œufs ! L'œuf est un véritable symbole dans le pays. Par exemple, les paysans bénissent leurs récoltes en enterrant des œufs dans la terre. Les Ukrainiens placent aussi des *pysanky* dans leurs maisons pour protéger leur foyer et leur famille.

LE BORSCHT

Ce potage traditionnel dans plusieurs pays d'Europe de l'Est est une spécialité ukrainienne. Des betteraves qui lui donnent sa belle couleur rouge, des pommes de terre, de la tomate, servies avec une crème aigre et voilà un plat revigorant !

VATICAN

Voici le plus petit pays du monde ! Il est situé dans Rome, en Italie. C'est aussi l'État le moins peuplé.

CAPITALE : CITÉ DU VATICAN
LANGUES PARLÉES : ITALIEN ET LATIN
SUPERFICIE : 0,44 KM²
POPULATION : 825

LE PAPE

Il est le chef de l'Église catholique dans le monde entier mais aussi le chef d'État du Vatican.

LA CHAPELLE SIXTINE

Michel-Ange, peintre et sculpteur italien de la Renaissance, a peint le plafond de la chapelle Sixtine, l'un des palais du Vatican entre 1504 et 1508.

UNE MINI-ARMÉE

Le Vatican, à la hauteur de son pays, a la plus petite armée du monde ! La Garde suisse a pour seule et unique mission de défendre le pape. En 1506, le pape a demandé la protection des Suisses, réputés pour leur courage. Depuis cette date, leur uniforme n'a pas vraiment évolué !

LA MYTHOLOGIE GRECQUE

D'OÙ VIENT LA MYTHOLOGIE GRECQUE ?

La mythologie grecque est sans doute née des premières religions qui se sont développées en Crète. La Crète est une longue île de la mer Égée où la première civilisation grecque apparaît vers 3 000 avant J.-C.

Les peuples d'alors étaient animistes : ils croyaient que les éléments naturels avaient un esprit et que certains objets avaient des pouvoirs magiques. Imagine comme la foudre ou la course du Soleil dans le ciel devaient les surprendre ! Comme ils n'avaient pas d'explication scientifique, ils ont créé des explications magiques et légendaires.

Les Grecs eux-mêmes ont cherché des explications à la naissance de leur mythologie. Au ve siècle avant J.-C., le philosophe Prodicos de Céos explique que les dieux sont la transformation de phénomènes naturels en personnages. Évhémère, un auteur qui a vécu vers 300 avant J.-C., raconte dans son *Écriture sacrée* que les mythes étaient des déformations d'histoires réelles et que les dieux étaient des héros qu'on avait transformés en légendes avec le temps.

Quant à l'historien grec Hérodote, il pense que la mythologie grecque vient en partie des Égyptiens. En réalité, c'est plutôt l'inverse !

OURANOS LE CRUEL

Ouranos a entouré Gaïa de tous les côtés. De leur union sont nés les douze Titans (Thémis, Phébé, Céos, Cronos, Crios, Mnémosyne, Océan, Téthys, Japet, Hypérion, Théia et Rhéa), les trois Cyclopes et les trois Hécatonchires : ces monstres gigantesques étaient dotés de 50 têtes et 100 mains ! Ouranos les a enfermés dans les profondeurs de la Terre.

Ouranos était cruel au point d'avoir enfermé ses enfants dans le ventre de Gaïa. Celle-ci encouragea ses enfants à se révolter contre leur père. Mais tous avaient peur de s'attaquer à lui. Tous, sauf Cronos, qui utilisa une faucille en silex taillée par sa mère pour blesser son père. D'après certains, Ouranos serait mort. Selon d'autres sources, il aurait quitté la Terre.

C'EST AFFREUX, DITES !

Quoi qu'il en soit, il jura qu'un jour Cronos et les Titans seraient punis. De son sang sont alors nés les Géants, les nymphes et les Érinyes. Ces créatures effrayantes poursuivaient les meurtriers de leur père. Du sang d'Ouranos est aussi née Aphrodite.

Un Cyclope

Un Géant

LE RÈGNE DE CRONOS

Cronos a donc régné à la place de son père : il a emprisonné les Cyclopes et les Hécatonchires dans une région appelée le Tartare. Puis il s'est marié à sa sœur Rhéa – ne sois pas étonné, les mariages entre frères et sœurs sont fréquents dans la mythologie !

TOP CRONOS

Cronos a régné longtemps. Pendant son règne, les Titans ont eu de nombreux descendants. Mais ce règne n'a pas été paisible. Selon une prophétie de Gaïa et d'Ouranos, Cronos serait renversé par un de ses enfants.

Aussi Cronos s'est-il débarrassé de ses cinq premiers enfants en les dévorant dès qu'ils sortaient du ventre de Rhéa. Celle-ci était si en colère de la cruauté de Cronos qu'elle a accouché en secret de son sixième enfant. Elle l'a confié à des nymphes, qui l'ont élevé. Puis elle a pris une pierre, l'a emmaillotée et l'a remise à Cronos. Celui-ci l'a avalée tout rond.

Il a été bien piégé. Son fils allait grandir et devenir un beau jeune homme. Son nom était Zeus !

ZEUS, DIEU DES DIEUX DE L'OLYMPE

Zeus grandit en Crète et devient un beau jeune homme. Devenu adulte, il consulte Métis, une Océanide, pour savoir comment vaincre Cronos. La mère d'Athéna lui conseilla de concocter une potion qui ferait vomir à Cronos les cinq enfants qu'il avait avalés.

LA PASSION DE LA POTION

Rhéa convainc Cronos de prendre Zeus comme échanson, ce qui permet au jeune dieu de faire boire la potion à son père. Le plan fonctionne ! Les cinq dieux sont libérés et font naturellement de Zeus leur chef.

LE SAIS-TU ?

On appelle « atlas » un livre qui contient des cartes du monde, en référence au dieu Atlas.

C'EST PAS TROP TÔT DANS LE TARTARE

Cependant, les Titans conservent le pouvoir. Atlas est leur chef. Zeus décide de ne pas les affronter directement mais d'agir par ruse. Cette guerre est appelée « Titanomachie ». Il descend dans le Tartare, une prison située dans les Enfers, et libère les Cyclopes et les trois Hécatonchires. Les Cyclopes forgent les éclairs de Zeus et le grand trident de Poséidon, également fils de Cronos et de Rhéa. Les Hécatonchires, quant à eux, tendent une embuscade aux Titans, leur lançant des centaines de rochers au point que ces derniers croient que les montagnes s'écroulent sur eux. Ils finissent par abandonner la bataille et sont renvoyés dans le Tartare. Seul Atlas peut rester sur Terre, mais il est condamné à porter le poids du monde sur ses épaules.

ZEUS MENACÉ PAR TYPHON ET PAR LES GÉANTS

Malgré la victoire, Zeus n'était toujours pas en sécurité. Gaïa, la femme d'Ouranos et mère de Cronos, a très mal pris que les Titans, ses enfants, soient ainsi emprisonnés dans le Tartare. Elle met au monde le fruit de sa vengeance, le monstre Typhon !

TYPHON LA FORME

Typhon est si effrayant que tous les dieux s'enfuient. Zeus est le seul à montrer suffisamment de courage pour l'affronter. Grâce à la foudre qu'il fait naître de ses mains, il parvient à tuer Typhon. Selon la légende, Zeus enterre le corps du monstre sous le volcan Etna en Sicile.

NOM DE ZEUS !

Zeus va-t-il pouvoir se reposer et dominer le monde depuis le mont Olympe ? Non, ce serait trop simple. L'Olympe subit une ultime attaque : les Géants se mettent à arracher des montagnes du sol et les entassent pour atteindre le mont Olympe afin de l'envahir. Mais entre-temps, le pouvoir des dieux s'est renforcé et ils repoussent cette attaque, avec l'aide d'Héraclès. Les Géants sont tués et la paix revient enfin dans le royaume des dieux.

PROMÉTHÉE, BIENFAITEUR DES HOMMES

Dans la bataille opposant les Titans aux dieux de l'Olympe, certains Titans ont choisi le camp des dieux. C'est le cas de Prométhée et de son frère Épiméthée, qui ont ainsi juré fidélité à Zeus. Prométhée n'a eu aucune difficulté à se rallier à Zeus : il avait le don de prophétie et connaissait donc d'avance le résultat de la bataille !

UN TRAVAIL TITANESQUE

Zeus a récompensé les deux Titans en les chargeant d'une tâche particulière : Épiméthée créerait les animaux et Prométhée créerait les hommes. Épiméthée donne à chaque animal une protection pour assurer sa survie. Si bien qu'il n'en reste aucune disponible pour l'homme. Prométhée demande alors à Zeus s'il peut donner le feu aux hommes.

Le dieu des dieux refuse. Prométhée décide alors de voler le feu dans les forges d'Héphaïstos et de le donner aux hommes.

IL ÉTAIT UN FOIE

Furieux, Zeus aurait attaché Prométhée à un pilier et aurait envoyé un aigle lui dévorer chaque jour le foie. Héraclès passa quelques années après dans la région et tua l'aigle d'une de ses flèches, libérant Prométhée.

APOLLON, DIEU DE LA BEAUTÉ

Apollon est le fils de la Titanide Léto et de Zeus. Il naît sur l'île de Délos, comme sa sœur Artémis. Léto a en effet dû fuir à cause de la colère d'Héra, l'épouse de Zeus.

YES, WE CANNE

Apollon est aussi le demi-frère d'Hermès duquel il est très proche. C'est en effet Hermès qui lui donne la lyre – une petite harpe – qui ne le quitte jamais. En échange, Apollon donne à son demi-frère sa canne en or. Elle devient le caducée, un bâton entouré de deux serpents, symbole du commerce.

DELPHES M'ÉTALE

C'est Apollon qui guide la flèche de Pâris dans le talon d'Achille. Mais c'est aussi lui qui tue Python, le serpent géant de l'île de Delphes. C'est justement à Delphes en Phocide qu'il s'installe ensuite. Il délivre ses oracles par l'intermédiaire de la prêtresse de Delphes, la Pythie.

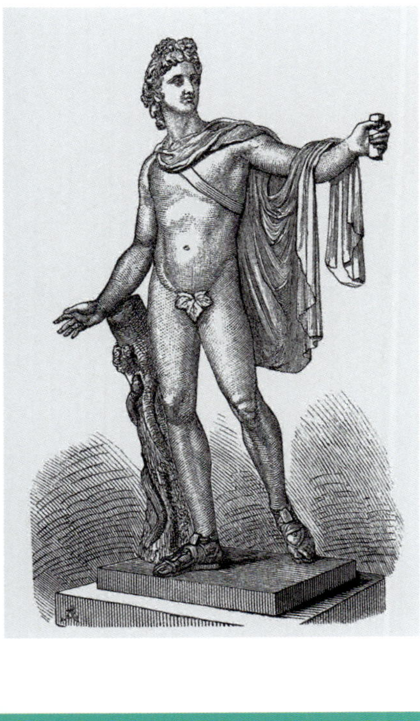

APOLLON, C'EST PAS UNE FLÈCHE EN AMOUR

Si Apollon est associé à la beauté et au Soleil, sa personnalité est complexe. Il est malheureux en amour et peut à l'occasion se montrer violent. Il est armé d'un arc et tire parfois sur ceux qui l'offensent.

ARTÉMIS, DÉESSE DE LA NATURE

Artémis serait la sœur jumelle d'Apollon, même si, dans certains récits, on la décrit comme la fille de Déméter, déesse de l'Agriculture. Elle apparaît en tout cas comme le pendant d'Apollon. Il est par exemple associé au Soleil alors qu'elle est associée à la Lune.

ANIMAL, ON EST MAL

Déesse de la Nature et de la Chasse, Artémis vit dans les forêts et les montagnes, entourée de nymphes et d'animaux. Elle est d'ailleurs représentée accompagnée d'une biche ou d'un cerf. C'est une déesse libre, sauvage et indépendante qui vit loin de l'Olympe et peut aussi bien chasser les animaux que les hommes qui lui manquent de respect !

UNE HISTOIRE ACCOUCHÉE DEHORS

Artémis est aussi liée à la fécondité et on fait appel à elle pour soulager les femmes enceintes des douleurs de l'accouchement. On raconte même qu'elle a aidé sa mère à accoucher d'Apollon alors qu'elle sortait à peine de son ventre ! Elle est par ailleurs la déesse des femmes qui meurent lors de l'accouchement.

C'est pour ces raisons qu'Artémis est une déesse liée à l'éducation des enfants, et notamment des adolescents.

ATHÉNA, DÉESSE DE LA SAGESSE

Athéna est née dans des circonstances très particulières. Un jour, Zeus s'est réveillé avec un mal de crâne si puissant qu'il a fini par demander son aide à Héphaïstos, le dieu du Feu et des Forges...

QUELLE CRÂNEUSE !

Pour tout remède, Héphaïstos prend une hache et fend le crâne de Zeus. La déesse de la Guerre Athéna en sort, parée d'une lance, d'une armure et d'un casque brillants.

ET UN, ET DEUX, ET TROIS HÉROS

Athéna met sa ruse et son intelligence au service des héros : elle aide ainsi Jason à bâtir les navires qui lui permettent de se lancer à la recherche de la Toison d'or ; elle aide Héraclès à réussir ses Douze Travaux ; enfin, elle assiste Persée dans son combat contre Méduse, une créature qui peut transformer en pierre tout homme qui la regarde.

UNE TACTIQUE POUR L'ATTIQUE

Athéna est la déesse protectrice de l'Attique. Elle y développe la politique et l'agriculture grâce à sa sagesse et offre aux habitants un olivier, de paix. La ville principale de cette région porte son nom, c'est Athènes !

HADÈS, DIEU DES ENFERS

Hadès est le fils de Cronos. Comme tous ses frères et sœurs à l'exception de Zeus, il a été dévoré par son père à la naissance. Heureusement, il a été libéré grâce à la potion vomitive de Zeus.

POUR HADÈS, C'EST DEAD

Les fils de Cronos se partagent alors l'Univers : à Zeus les royaumes du ciel et de la terre, à Poséidon celui de la mer. Hadès hérite des mondes souterrains où vivent les âmes des morts. Contre son gré, il devient le maître des Enfers !

Hadès se déplace dès lors en char tiré par deux chevaux, est armé d'un bident, une fourche à deux dents, et porte la kunée, un casque magique qui le rend invisible.

UNE FILLE D'ENFER

Hadès a beau être le maître des Enfers, il n'est pas insensible au charme féminin. Ainsi, un jour, il tombe amoureux de Perséphone, une jeune fille qu'il aperçoit en train de cueillir des narcisses au bord du chemin. Hadès n'écoute que son cœur et enlève Perséphone.

Mais il y a un hic. Déméter est la mère de Perséphone et court se plaindre à Zeus. La déesse de l'Agriculture menace : plus de récoltes si Hadès ne libère pas sa fille. Rhéa trouve un compromis : Perséphone passera désormais six mois par an aux Enfers et six mois sur Terre !

HÉRA, REINE DES DIEUX

Héra est la femme et la sœur de Zeus. Elle a donc aussi été dévorée par Cronos avant d'être libérée. D'un caractère impétueux, elle participe aux combats contre les Titans. Une fois qu'ils sont vaincus et que la paix est revenue, elle épouse son petit frère Zeus. Tout pourrait aller pour le mieux dans le meilleur des mondes divins…

HÉRA RAGE

Mais Zeus est infidèle. Il a beaucoup d'amoureuses. Héra, qui est très rancunière, passe son temps à essayer de se venger de ses concurrentes. Maïa, une des maîtresses de Zeus, doit ainsi aller se réfugier dans une grotte pour donner naissance à Hermès tant elle craint la colère d'Héra !

HÉRA, UNE VRAIE PEAU DE VACHE !

Quand Zeus tombe amoureux de la prêtresse Io, il décide de la transformer en une belle vache blanche pour la cacher aux yeux de sa femme ! Mais Héra est une déesse et elle n'est pas naïve. Elle retrouve l'animal et demande au Géant Argos de l'attacher à un arbre pour la retenir prisonnière. Zeus demande alors à Hermès d'endormir Argos au son de sa flûte et de le tuer. Hermès s'exécute. Mais la vengeance d'Héra poursuit Io au point qu'elle doit s'enfuir en Égypte.

PERSÉPHONE, DÉESSE AUX DEUX VISAGES

Tu connais la légende de Perséphone : enlevée par Hadès, elle séjourne six mois par an dans les Enfers et six mois avec sa mère Déméter.

DÉMÉTER, DAME À TERRE

La déesse de l'Agriculture souffre grandement de l'absence de sa fille. Quand Perséphone retourne en Enfer, Déméter quitte le royaume des dieux. Les feuilles se mettent à tomber et la terre ne donne plus de récoltes. En revanche, quand Perséphone revient sur Terre, Déméter est rayonnante et la terre redevient riche et généreuse.

Perséphone devient rapidement la déesse du Printemps puisque son retour annonce la belle saison. C'est d'ailleurs avec ce mythe que les Grecs expliquaient le cycle des saisons.

PERSÉPHONE PERD SES NERFS

Perséphone peut aussi se montrer plus sombre et parfois impitoyable quand elle est aux côtés d'Hadès. Tenant une torche pour éclairer les ténèbres, elle porte un épi de blé en signe de renouveau et règne sur les Enfers.

Un jour, Aphrodite lui demande d'accueillir et de cacher son amant Adonis pour le protéger. Perséphone accepte mais tombe à son tour sous le charme du beau jeune homme et finit par le garder à ses côtés !

POSÉIDON, DIEU DES MERS ET OCÉANS

Quand la paix revient après la Titanomachie, les dieux se répartissent l'Univers. Poséidon devient le maître des mers et des océans.

IL MONTRE LES DENTS !

Poséidon règne donc, armé du trident que lui ont forgé les Cyclopes. Il a des pouvoirs extraordinaires : il peut déclencher des tempêtes, des ouragans, des tremblements de terre dévastateurs mais aussi faire jaillir l'eau et la vie.

Comme tu l'auras compris, Poséidon est un dieu colérique. Quand Ulysse éborgne le Cyclope Polyphème, fils de Poséidon, le dieu des Mers maudit Ulysse et menace de l'engloutir dans une violente tempête. Ino, déesse de l'Écume, intervient pour sauver Ulysse.

POSÉIDON LE POSSÉDÉ

Poséidon se dispute souvent avec la déesse Athéna. Ils convoitent tous les deux la région d'Athènes. Zeus, afin de les départager, propose aux deux dieux d'offrir la chose la plus utile aux habitants de la région.

Poséidon offre un bassin olympique et un immense cheval de guerre. Athéna leur offre un olivier, symbole d'abondance et de paix. Elle est déclarée vainqueur. Poséidon est fou de rage et menace l'Attique d'un raz-de-marée mortel. Heureusement, Zeus intervient pour calmer son frère.

HERMÈS, LE DIEU DES VOYAGEURS

Comme tu le sais, Hermès est né des amours de Zeus et de Maïa, la fille d'Atlas. Pour échapper à la colère d'Héra, l'épouse de Zeus, Maïa cache Hermès.

IL EST CARRÉ, HERMÈS !

Hermès est un enfant remarquable : il sait marcher et parler dès sa naissance ! Il est aussi très malicieux. Quand il croise Apollon qui garde son troupeau de vaches, il lui en dérobe la moitié sans que le dieu de la Beauté ne s'en aperçoive.

C'est pour cela que Zeus fait d'Hermès le patron des commerçants et des voleurs et lui donne le caducée, un bâton entouré de deux serpents, symbole de sa fonction. C'est aussi le dieu de la Chance, le gardien des routes et carrefours, et l'inventeur des poids et des mesures.

AVEC HERMÈS, L'AFFAIRE EST DANS LE SAC

C'est aussi le messager des dieux. Zeus lui offre d'ailleurs des sandales ailées et brodées d'or, les talaria, pour lui permettre d'être rapide comme le vent. Il lui donne aussi un petit chapeau de voyageur à large bord, la pétase.

Hermès peut non seulement voyager dans le monde des vivants mais aussi dans le monde des morts. C'est d'ailleurs lui qui conduit les âmes aux Enfers.

ACHILLE, PRESQUE INVINCIBLE

Achille n'est pas un dieu mais un demi-dieu. Il est en effet le fils de la déesse Thétis et de Pélée, le roi des Myrmidons. Alors qu'il est encore bébé, sa mère le trempe dans le Styx, le fleuve des Enfers. Ainsi, il devient quasiment invincible. Quasiment, car sa mère le tient par le talon, qu'elle ne trempe donc pas dans l'eau de ce fleuve magique.

ACHILLE PART ENTIER

Le centaure Chiron éduque Achille. Au moment où la guerre de Troie éclate, Chiron fait une prophétie : les Grecs ne pourront gagner sans Achille, mais Achille ne survivra pas à la guerre. Thétis décide alors de le cacher sur l'île de Skyros et de le déguiser en femme. Mais Ulysse retrouve Achille et le convainc de le suivre.

ICI, C'EST PÂRIS

Arrivé sur place, Achille se brouille avec Agamemnon, le chef des Grecs. Achille refuse de combattre mais prête néanmoins son armure à son petit frère Patrocle. Hector, le Troyen, tue Patrocle en croyant tuer Achille. Ce dernier se venge en tuant Hector en duel. Pâris, le frère d'Hector, tire une flèche sur Achille pour se venger à son tour. Elle se plante dans le talon d'Achille, qui meurt sur le coup.

LE SAIS-TU ?

L'expression « talon d'Achille » est employée en français pour désigner le point faible d'une personne.

ICARE, UN AMBITIEUX PUNI

Minos est le roi de Crète. Sa femme se nomme Pasiphaé. Malheureusement pour Pasiphaé, elle a été victime d'un sortilège et est tombée amoureuse d'un taureau. De leur amour est né un monstre qu'on appelle le Minotaure.

Humilié, Minos demande au plus illustre architecte de Crète, Dédale, de créer un labyrinthe pour y enfermer le Minotaure. Chose horrible, le Minotaure se nourrit de jeunes gens. Minos ordonne à Athènes de lui livrer tous les neuf ans 14 jeunes de la ville.

Thésée, un Athénien, parvient à tuer le Minotaure.

LE SAIS-TU ?

Le nom de Dédale est passé dans le langage courant. Il désigne un labyrinthe dont il est presque impossible de sortir.

DÉDALE DÉTALE

Pour punir Dédale, Minos l'enferme avec son fils Icare dans le labyrinthe. Les deux hommes tentent de s'échapper mais échouent. Jusqu'au jour où Dédale a l'idée de fabriquer des ailes avec des plumes d'oiseau pour s'enfuir ! Mais attention, il prévient Icare : s'il se laisse griser et vole trop près du Soleil, la cire qui lie les plumes fondra et il tombera.

Hélas, Icare ne respecte pas sa promesse et se tue en tombant dans la mer.

BELLÉROPHON, VAINQUEUR DE LA CHIMÈRE

L'enfance de Bellérophon n'est pas très heureuse. Fils du roi de Corinthe, Glaucos, il tue par accident son frère Délindès d'un lancer de disque malheureux. On le bannit alors.

QUAND TYRINTHE S'IRRITE

Par chance, le roi de Tirynthe, Proétos, offre son hospitalité à Bellérophon. Mais Sthénébée, la reine, tombe amoureuse de lui ! Il refuse ses avances. Par vengeance, Sthénébée prétend qu'il a abusé d'elle.

Proétos pourrait tuer Bellérophon, mais il préfère l'envoyer chez son beau-père Iobatès, le roi de Lycie, et lui confie une enveloppe scellée qu'il ne doit pas ouvrir avant d'être arrivé à destination.

IOBATÈS NE L'A PAS ABATTU

Ce que Bellérophon ne sait pas, c'est que la lettre contient son ordre d'exécution ! Iobatès prend connaissance du message quand il accueille le héros. Il est gêné. Il n'a guère envie de tuer un inconnu. Il l'envoie donc se battre contre la Chimère, un horrible monstre à trois têtes qui terrorise les habitants de son royaume.

Invincible au sol, la Chimère est moins à l'aise dans les combats aériens. Athéna intervient : elle offre une bride en or à Bellérophon qui peut ainsi attraper et dompter Pégase, un cheval ailé. C'est ainsi qu'il tue la Chimère et devient un héros.

JASON ET LA TOISON D'OR

Jason est le fils d'Æson, roi d'Iolcos. Alors qu'il est encore un jeune garçon, Pélias renverse Æson. Dès lors, Jason doit se cacher pour survivre. Il est confié au centaure Chiron. Cette créature, mi-homme mi-cheval, le protège et l'éduque.

QUI DIT CRISE À IOLCOS DIT CHRYSOMALLOS

Devenu adulte, Jason retourne à Iolcos et demande à Pélias de lui rendre le trône de son père. Pélias accepte, à condition que Jason lui apporte la Toison d'or. La Toison d'or est la peau du mythique bélier Chrysomallos. C'est le roi de Colchide, Æetès, qui la détient. Pire, il la fait garder par un dragon !

Qu'à cela ne tienne, Jason part en expédition avec 87 hommes, les Argonautes. Arrivé à Colchide, Jason rencontre le roi qui lui propose à son tour trois épreuves pour obtenir la Toison d'or : dresser des taureaux dont les naseaux crachent des flammes, leur faire labourer un champ afin de semer des dents de dragon et affronter les guerriers qui naîtront de cette plantation... Rien que ça !

MÉDÉE L'AIDE

Heureusement, Jason peut compter sur l'aide de Médée, la fille du roi, qui est tombée amoureuse du héros. Non seulement elle l'aide par sa magie à réussir les trois épreuves, mais en plus, elle endort le dragon.

ORPHÉE, LE TRAGIQUE

Orphée est un héros à l'histoire tragique. Fils du roi Œagre et de la muse Calliope, c'est un musicien hors pair qu'on reconnaît à sa lyre et un chanteur à la voix de miel.

UNE DENT CONTRE EURYDICE

Devenu adulte, Orphée se marie avec Eurydice. Mais Aristée, le fils d'Apollon, ne cesse de faire des avances à la jeune femme. Si bien que le jour des noces, Eurydice part en courant dans l'herbe haute et se fait mordre par un serpent.

Inconsolable après la mort de sa jeune épouse, Orphée descend aux Enfers pour demander à Hadès de rendre la vie à Eurydice. Hadès accepte à une condition : quand Orphée repartira des Enfers accompagné d'Eurydice, il ne devra jamais se retourner vers elle avant d'être sorti.

LE REGARD QUI TUE

Orphée accepte et part des Enfers, suivi par Eurydice. Soudain, il n'entend plus son pas et se retourne. En une seconde, Eurydice est à nouveau aspirée vers les Enfers. Orphée ne reverra jamais Eurydice.

Désespéré, il décide d'aller vivre seul, dans la nature, entouré par les animaux que son chant attire.

PERSÉE, ASSASSIN MALGRÉ LUI

Acrisios, le roi d'Argos, consulte la Pythie à Delphes pour savoir s'il aura un garçon. Mais la Pythie est formelle : il aura une fille qui lui donnera un petit-fils, et ce petit-fils sera son assassin.

Comme prévu, la reine donne naissance quelques mois plus tard à une fille du nom de Danaé. Quand Danaé devient une jeune fille, la prophétie de la Pythie revient à l'esprit d'Acrisios. Il décide alors d'enfermer sa fille pour éviter qu'elle n'ait un enfant.

LE PIRE C'EST PERSÉE

Peine perdue, Zeus a repéré la belle Danaé et se transforme en pluie d'or pour entrer dans sa prison. Un garçon naît de leur union, c'est Persée.

Acrisios est pris de panique et enferme la mère et l'enfant dans un coffre qu'il jette à la mer. En vain. Dictys, un habitant de Sérifos, repêche la caisse. Persée est élevé loin de son grand-père.

CHANGE DE DISQUE !

Devenu adulte, Persée tue la Méduse et sauve Andromède des griffes d'un monstre marin. Il revient alors à Argos, provoquant la fuite d'Acrisios à Larissa. Mais rien ne peut empêcher le destin de s'accomplir. Persée participe à des jeux à Larissa : il pratique le lancer de disque mais manque la cible et le projectile atteint Acrisios dans les tribunes, qui s'effondre, tué sur le coup.

THÉSÉE ET LE MINOTAURE

Égée ne parvenait pas à avoir de fils. Il a recours à une magicienne : Éthra, une jeune femme, s'éprend alors de lui. Les amants s'unissent. Puis Éthra trouve refuge sur l'île de Sphaéra où naît Thésée. Elle l'élève sans lui révéler sa royale ascendance.

ÇA ROULE !

Un jour, Éthra conduit Thésée à un rocher. Comme il est assez fort pour le faire rouler, il découvre, cachées, une épée et des sandales d'or qui lui révèlent son origine royale. Il se rend donc à Athènes où son père l'accueille avec méfiance tandis que Médée, sa femme, tente de se débarrasser de lui.

T'AS PAS SANDALES ?

Elle essaie même de l'empoisonner. Mais Égée reconnaît les sandales d'or de son fils *in extremis* et renverse le vin pour le sauver. Thésée devient roi d'Athènes.

Cependant, la ville d'Athènes doit donner en sacrifice au Minotaure sept filles et sept garçons. Thésée refuse de sacrifier les jeunes de sa ville et décide d'aller tuer le Minotaure. Ariane, la fille de Minos, tombe amoureuse du jeune homme et lui donne une bobine de fil pour se retrouver dans le labyrinthe. Thésée parvient à tuer le Minotaure et à sortir vivant du labyrinthe grâce au fil d'Ariane.

ŒDIPE, UN MYTHE CÉLÈBRE

Laïos et Jocaste, souverains de Thèbes, sont prévenus d'un fait terrible par la Pythie : s'ils ont un fils, ce dernier tuera son père et épousera sa mère.

UN GARÇON POLYBE

À la naissance de leur fils, Œdipe, ils l'abandonnent. Un voyageur le trouve et le conduit à la cour de Polybe, roi de Corinthe. Le roi, attendri, l'élève comme son propre fils.

Œdipe finit par apprendre la malédiction qui le touche et décide de rester loin de sa famille. Il part sur les routes sans but. Il finit par tuer un homme qu'il pense être le chef d'une bande de voleurs. En réalité, c'est Laïos, son vrai père.

HOMME SWEET HOMME

Il arrive à Thèbes et apprend que le Sphinx assiège la ville. Ce dernier lui pose une énigme : si Œdipe la résout, il partira. Le Sphinx demande : « Qu'est-ce qui marche à quatre pattes le matin, à deux le midi et à trois le soir ? »

Œdipe répond : « C'est l'homme à quatre pattes, puis debout, puis avec une canne. » Les habitants en font le roi de Thèbes pour le remercier et lui donnent la main de la reine qui est veuve.

Œdipe épouse donc sa mère après avoir tué son père, comme l'avait prédit l'oracle. En l'apprenant, il se crève les yeux et Jocaste se suicide.

HÉRACLÈS, UN HÉROS PLEIN DE COLÈRE ET DE FUREUR

Héraclès est le fils des amours entre le dieu Zeus et la mortelle Alcmène. Comme toujours, l'infidélité de Zeus provoqua la colère d'Héra. Elle plaça deux serpents mortels dans le berceau d'Héraclès. Il les tua en les écrasant dans ses mains de bébé !

LYRE ET DÉLIRE

Amphitryon, le mari d'Alcmène, dont Zeus avait pris les traits pour s'unir avec elle par ruse, comprit que l'enfant était exceptionnel. Il l'éduqua comme un futur héros tandis qu'Alcmène lui fit donner des cours par le célèbre législateur Rhadamante. Héraclès apprit aussi la musique avec Linos mais le tua à coups de lyre dans un accès de fureur à cause d'une remarque de son professeur !

PAS PAR MÉGARDE…

Devenu adulte, il épousa Mégara, la fille de Créon, qu'Héraclès avait sauvé de son ennemi Erginos d'Orchomène. Mais Héra était résolue à se venger : elle provoqua un accès de folie chez Héraclès qui tua Mégara et leurs huit enfants.

Héraclès se rendit à Delphes. L'Oracle lui conseilla de purifier son âme en se mettant au service d'Eurysthée, roi de Mycènes. Ce dernier lui donna une liste de 12 travaux impossibles à effectuer…

LE LION DE NÉMÉE

Un lion tourmentait les habitants de Némée, près de Mycènes. Il faut dire qu'il ne s'agissait pas d'un lion ordinaire mais d'un descendant de Typhon.

IL NÉMÉE PAS LE LION

Héraclès essaie tout d'abord de le blesser avec son arc et des flèches, mais la peau du lion était trop épaisse et trop résistante pour que les flèches s'y plantent.

Héraclès pense donc que la seule façon de vaincre un tel animal est de l'affronter au corps-à-corps. Il engage le combat contre le lion, passe son bras autour du cou de l'animal et le serre jusqu'à l'étrangler.

DANS LA PEAU D'UN HÉROS

Une fois sa mission accomplie, Héraclès songe à rapporter une preuve. Il essaie de découper la peau du lion. Peine perdue, aucune arme ne fait la moindre entaille. Athéna apparaît alors sous les traits de Mégère, une vieille dame, et lui conseille de trancher la peau avec les griffes de l'animal. Héraclès réussit ainsi sa première mission.

LE SAIS-TU ?

Ce mythe peut te paraître étrange. Ce récit de lion en Grèce ne paraît en effet pas très crédible. Et pourtant, l'Europe méditerranéenne abritait bien des petits lions à l'époque antique !

L'HYDRE DE LERNE

Héraclès doit maintenant tuer l'hydre de Lerne. Cette créature des marais a neuf têtes : huit mortelles et une immortelle. Héraclès a un neveu, du nom de Iolaos. Il l'emmène avec lui au lac de Lerne. Puis il lui ordonne de l'attendre dehors, près de son char, tandis qu'il entre dans la tanière du monstre. Il tire ensuite plusieurs flèches enflammées pour faire sortir la bête de son repaire.

DES TÊTES VONT TOMBER

L'hydre sort comme prévu. Héraclès lui coupe une de ses têtes. Mais à sa grande surprise, elle repousse aussitôt ! Héraclès affronte un adversaire redoutable au souffle empoisonné. Aussi décide-t-il d'appeler Iolaos à l'aide. Il demande à son jeune neveu de mettre le feu à la forêt voisine pour chauffer la lame de son épée à blanc. Ainsi, Héraclès peut trancher les têtes de l'hydre, mais aussi lui brûler le cou de sorte qu'aucune nouvelle tête ne puisse repousser.

UN COU MORTEL

Après avoir coupé les huit têtes mortelles, Héraclès frappe la dernière tête à coups de masse pour assommer le monstre. Il l'enterre sur le chemin de Lerne à Éléonte et la recouvre d'une très grosse pierre.

LA BICHE DE CÉRYNIE, LE SANGLIER D'ÉRYMANTHE

Artémis, alors enfant, aperçut cinq biches, plus grandes que des taureaux, qui broutaient sur les bords du fleuve Anauros. Le Soleil brillait sur leurs cornes. Artémis en capture quatre et les attela à un char. La cinquième s'enfuit en traversant le fleuve Céladon jusqu'au mont Cérynie, d'où son nom.

AIRAIN NE SEMBLE L'ATTEINDRE

Le troisième des Travaux d'Héraclès est de capturer cette biche sans la blesser. Or, elle est aussi rapide à la course qu'une flèche, possède des sabots d'airain et des cornes d'or. Héraclès doit ruser et faire preuve de patience.

Héraclès poursuit la biche en Istrie et jusque chez les Hyperboréens. Il l'attrape au bout d'un an et va se présenter devant Artémis, furieux qu'Héraclès ait attrapé sa biche. Ce dernier lui explique la situation et lui promet de ramener l'animal vivant après l'avoir présenté à Eurysthée, le roi auquel Héraclès devait rendre des comptes. Artémis accepte.

SANGLIER, TU M'EN AS TROPHÉE

Héraclès doit ensuite capturer vivant un autre animal, le sanglier d'Érymanthe, aux défenses de métal. Il l'entraîne dans la neige pour l'immobiliser avant de l'attacher et de le ramener en trophée.

LES ÉCURIES D'AUGIAS

Augias, roi d'Élis en Élide, était réputé pour être l'un des hommes les plus riches de Grèce, notamment grâce à son bétail. Il possédait un cheptel impressionnant : 300 taureaux noirs à pattes blanches, 200 taureaux reproducteurs rouges, ainsi que 12 taureaux blanc argenté destinés à son père Hélios.

MÉNAGE XXL

Le fumier n'a pas été nettoyé depuis 30 ans dans les écuries d'Augias et il a en outre débordé sur les terres cultivables. Son odeur pestilentielle se répand dans tout le Péloponnèse. Eurysthée s'amuse à l'idée de voir Héraclès se salir dans ces travaux. Sur les conseils de Ménédèmos l'Éléen, Héraclès crée une brèche dans le mur des écuries. Il dévie ensuite le cours de deux fleuves, l'Alphée et la Pénée. Les eaux arrivent et nettoient toute la vallée. Les écuries et les vallées sont à nouveau propres sans qu'Héraclès ne se soit sali. Comme demandé par Héra, le travail est fait en moins d'une journée.

IL N'A CURE DES ÉCURIES

Ce travail n'est cependant pas validé par Eurysthée. En effet, Hercule n'a pas nettoyé les écuries lui-même.

LES OISEAUX DU LAC STYMPHALE, LE TAUREAU DE CRÈTE, LES CAVALES DE DIOMÈDE

VOIX DE CRÉCELLE

Des oiseaux dressés par Arès vivaient près du lac Stymphale en Arcadie. Leur bec, leurs pattes et leurs ailes étaient en bronze et ils dévoraient de la chair fraîche. Parfois, ils s'envolaient par bandes et tuaient des hommes et des animaux. En outre, leur fiente empoisonnée détruisait les récoltes.

Ils étaient réfugiés dans des marécages impraticables. Athènes aide alors Hercule en lui donnant une crécelle forgée par Héphaïstos. Il la secoue, les oiseaux s'envolent et il peut ainsi les abattre.

LES CHEVAUX, UNE PASSION DÉVORANTE

Héraclès ramène ensuite pour Eurysthée un taureau de Crète, qui appartenait à Minos. Il se lance rapidement dans un nouveau travail : capturer les cavales de Diomède. Ces juments du roi de Thrace avaient aussi la particularité de manger de la chair humaine. Pendant qu'il se battait avec Diomède et ses hommes, Héraclès avait confié les chevaux à la surveillance d'Abdère. Mais hélas, il fut dévoré.

Héraclès assomme Diomède et le jette à ses propres bêtes. Une fois qu'elles sont rassasiées, Héraclès n'a aucune difficulté à les ramener à Eurysthée. Celui-ci voulait les sacrifier à Zeus. Zeus refusa et envoya ses propres créatures dévorer ces chevaux monstrueux.

LA CEINTURE D'HIPPOLYTE, LES BŒUFS DE GÉRYON

ATTACHEZ VOS CEINTURES !

Eurysthée demande maintenant à Héraclès de lui rapporter la ceinture de cuir magique de la reine des Amazones, Hippolyte, pour sa fille Admète.

Héraclès s'entoure de guerriers comme Thésée et se fait accompagner d'Iolaos.

Quand il rencontre Hippolyte, il lui dit honnêtement la raison de sa venue. Impressionnée par sa franchise et son allure physique, la reine des Amazones est prête à donner sa ceinture au héros. Mais Héra apparaît sous la forme d'une Amazone et sème la discorde en prétendant qu'Héraclès est en réalité venu pour tuer la reine. La bataille s'engage. Thésée s'empare de force de la ceinture qu'il donne à Héraclès.

LIBYEN LA CONSIGNE

Héraclès, pour le dixième de ses travaux, doit ramener les bœufs de Géryon, un Géant à trois bustes, trois têtes et six bras considéré comme l'homme le plus fort du monde. Héraclès doit d'abord traverser le désert libyen. Furieux, il tire une flèche sur Hélios, le Soleil. Pour soulager Héraclès, celui-ci lui permet de voyager dans sa coupe d'or, ce qui permet au héros d'arriver rapidement en Espagne. Là-bas, il tue Géryon d'une flèche qui transperce ses trois corps et s'empare de son troupeau.

LES POMMES D'OR DES HESPÉRIDES, LE CHIEN CERBÈRE

Hercule n'a plus que deux travaux à effectuer. Eurysthée pense cependant avoir trouvé une mission irréalisable.

LES POMMES D'OR, UN GROS PÉPIN POUR HÉRACLÈS

Héraclès doit voler les pommes d'or du jardin des Hespérides, des fruits sacrés offerts par Gaïa à Héra lors de son mariage avec Zeus. Il se dirige donc vers le mont Atlas sur les conseils du vieillard Nérée. Sur place, le Géant Atlas lui propose d'aller chercher les fruits lui-même à condition qu'Héraclès prenne sa place pour soutenir la voûte céleste. Atlas revient rapidement, son panier chargé de fruits. Mais il ne veut pas reprendre sa place ! Héraclès doit faire mine de s'en aller pour l'y obliger !

UNE VIE DE CHIEN

Héraclès doit enfin capturer vivant Cerbère, le chien à trois têtes qui garde les Enfers. Héraclès déjoue tous les pièges menant au monde souterrain et rencontre Hadès. Celui-ci accepte qu'Héraclès parte avec l'animal, à condition de le combattre à mains nues. Le héros l'affronte et l'attache. Quand Héraclès retourne à Mycènes et qu'Eurysthée voit le monstre, il met fin aux travaux d'Héraclès, à condition que la bête retourne dans son antre !

L'ÉGYPTE ANTIQUE

LE PAYS DU NIL

L'Égypte antique s'étire sur plus de **2 000 km** le long du Nil, d'Assouan, au sud, à la mer Méditerranée, au nord. Sans le Nil, l'Égypte ne se serait d'ailleurs jamais développée. Ce fleuve est la seule source d'eau d'une vallée entourée de déserts, l'Égypte est comme une longue **oasis** ! Depuis sa source au Burundi, le Nil serpente sur 6 852 km.

DES AFFLUENTS INFLUENTS

Deux affluents augmentent sa taille et sa puissance : l'Atbara et le Nil bleu, qui triple son débit à partir de Khartoum. C'est d'ailleurs la brusque montée des eaux de cet affluent qui déclenche la crue du Nil.

NIL UN, NIL AUTRE

Cependant, le climat des premiers temps de l'Égypte n'est pas le climat actuel. La Terre a connu une période de réchauffement climatique entre 12000 et 8000 avant J.-C. Au paléolithique, le Sahara a été l'équivalent de la savane africaine. On y trouvait vraisemblablement des girafes, des éléphants, des rhinocéros, des lions... autour de marécages et de grands lacs.

LE DIEU NIL

À chaque crue, le Nil recouvre les terres de la vallée. En se retirant, au moment de la décrue, il laisse du limon (une matière noire) qui rend les terres fertiles. C'est donc grâce à la crue du Nil que les Égyptiens peuvent cultiver leurs terres et se nourrir.

ET PUITS C'EST TOUT

C'est pourquoi le Nil n'est pas qu'un fleuve aux yeux des Égyptiens : c'est un dieu. Les prêtres surveillent l'évolution de la crue à l'aide de nilomètres, des puits enterrés permettant de mesurer le niveau de l'eau. En septembre, au plus fort de la crue, le fleuve recouvre les terres sur 50 cm à 2,5 m.

HÂPY NIL AU MENU

Hâpy est le personnage divin qui représente le Nil. Il est parfois représenté par des jumeaux portant des tiges de papyrus pour symboliser la Basse-Égypte et un nénuphar pour symboliser la Haute-Égypte.
Quand ses inondations détruisent les champs, les Égyptiens pensent qu'il s'agit d'une vengeance du dieu. Malgré tout, ils le considèrent comme leur bienfaiteur.
C'est aussi par leurs canaux et leur ingéniosité que les premiers Égyptiens régulent et distribuent l'eau dont ils disposent.

LE SAIS-TU ?

Les Égyptiens appellent « Kemet » la vallée des terres noires et « Desheret » (la rouge), les terres du désert.

L'ÉGYPTE, UNE OASIS DANS LE DÉSERT

COUPEZ-MOI TOUT ÇA À RAS

C'est à partir de 8000 avant J.-C. que le Sahara devient progressivement un désert. Ce changement climatique est lent. Vers 4500 avant J.-C., le plateau de Gizeh, où l'on trouve les pyramides, est encore tapissé d'herbe. Puis l'eau disparaît progressivement. Les animaux se font plus rares. Vers 2500 avant J.-C., le climat devient aussi aride que celui que nous connaissons.

LES ÉGYPTIENS PAS PRIVÉS DE DÉSERT

La vallée du Nil est donc une oasis et un refuge pour les populations du désert. L'eau manque cruellement hors de la vallée. Tout autour, c'est le grand désert de Lybie, s'étendant sur 600 km du nord au sud et 250 à 400 km de large. À l'est, c'est le désert arabique qui sépare la vallée de la mer Rouge.

C'EST LE MONDE À L'ENVERS !

Les Égyptiens ne s'orientent pas avec les points cardinaux. Ils s'orientent selon le Nil ! De fait, pour eux, le nord était le sud et l'est était l'ouest ! Comme le fleuve ne coule pas droit et fait des boucles, il arrive que les points cardinaux ne montrent pas la même direction partout !

QUI L'EUT CRUE ?

La crue du Nil est très irrégulière. On dit que le fleuve suit des cycles de 7 années : 7 années de vaches grasses suivies de 7 années de vaches maigres.

Aussi les Égyptiens ne se contentent-ils pas d'attendre la crue : dès 3000 avant J.-C., ils créent des digues pour protéger les villages et des bassins artificiels. Des canaux permettent ensuite la distribution de l'eau.

ÇA VOUS FAIT MARAIS ?

Pour utiliser au mieux l'eau du Nil, les Égyptiens créent un barrage sur un bras mort du fleuve, le Bahr Youssouf. Ils peuvent ainsi irriguer une vaste zone désertique en forme de cuvette. Ils parviennent aussi à assécher en partie certaines zones marécageuses, comme le delta, pour en faire des terres cultivables.

COMMENT LES ANCIENS EXPLIQUAIENT LA CRUE DU NIL

Ne connaissant pas les sources du Nil, les hommes de l'Antiquité ont du mal à expliquer sa crue. Les Égyptiens pensent que l'océan originel, le Noun, alimente la crue grâce aux vents d'été. C'est le savant Démocrite qui s'approche le plus de la réalité : pour lui, la crue est causée par des nuages créés par la fonte des neiges en Europe qui inondent l'Éthiopie de pluies abondantes.

L'ÉCRITURE À LA BASE DE LA NOUVELLE CIVILISATION

L'écriture est une invention décisive dans le développement de la civilisation égyptienne. À l'origine, elle ne compte qu'une cinquantaine de signes, qu'on appelle des hiéroglyphes : hommes, femmes, parties du corps, poissons, cobras, scorpions, mammifères variés, plantes, eau, lacs, montagnes, etc.

SACRÉE ÉCRITURE !

On lit les hiéroglyphes de droite à gauche. Au milieu du IIIe millénaire, les Égyptiens conjuguent les verbes, puis composent de véritables phrases.

LES PAPYRUS

Le Nil est décidément généreux avec les Égyptiens. Dans les marécages qui l'entourent pousse le papyrus. C'est un roseau dont on peut extraire la pulpe pour fabriquer une pâte à papier. Le cœur des tiges est d'abord coupé en lamelles. Puis, on dispose les lamelles en deux couches croisées. On les martèle ensuite pour obtenir des feuilles. La feuille est alors lissée et traitée à base de colle de sève pour lier les éléments et mieux retenir l'encre.

Chaque morceau ne pouvait dépasser 50 centimètres, mais on collait souvent des feuilles entre elles pour obtenir des rouleaux, comme le papyrus Harris, qui mesure 40 m !

MESURER LE TEMPS ET ÉCRIRE SON HISTOIRE

Pour des raisons religieuses et pour l'agriculture, les Égyptiens s'intéressent particulièrement au décompte du temps. Les prêtres sont les premiers à établir des calendriers. Comme ils trouvent les cycles de la Lune trop courts, ils lui préfèrent rapidement le Soleil.

C'EST UNE RÉVOLUTION !

Une année est égale à un tour de la Terre autour du Soleil.

Selon le calendrier égyptien :
1 an = 12 mois
1 mois = 3 semaines
1 semaine = 10 jours

12 x 3 x 10 = 360...
Il manque 5 jours !
En égypte antique, les 5 derniers jours de l'année servent de transition d'une année à l'autre !

UNE ANNÉE ENTIÈRE EN TIERS

L'année égyptienne commence par la crue du Nil et l'apparition, le même jour, de l'étoile Sirius avant le lever du Soleil. L'année se divise dès lors en 3 grandes saisons :

- akhet : saison de l'inondation ;
- péret : saison de la germination ;
- chémou : la saison des récoltes.

En revanche, le décompte des années est particulier : on recommence le décompte des années à chaque pharaon en précisant, par exemple, qu'on est en l'an 12 de Ramsès.

La Terre fait le tour du Soleil en 365 jours ¼... Les Égyptiens ne tiennent pas compte de ces 6 heures par an. Résultat, au bout de 1 000 ans, leur année est décalée de 250 jours. Au lieu de se retrouver en hiver, la crue du Nil est en été !

DE KEMET À L'UNIFICATION DE L'ÉGYPTE

L'Égypte des premiers temps n'est pas unifiée. Elle ne constitue pas un pays unique mais rassemble des régions différentes, dirigées par plusieurs souverains.

FAUCON MAIS VRAI ROI

On ne sait que peu de choses des rois des premiers temps, aussi appelés les « Suivants d'Horus ». On a retrouvé quelques noms, comme Faucon et Scorpion II, mais ils ne constituent pas vraiment une famille royale. On sait seulement qu'ils ont vécu entre 3300 et 3000 avant J.-C. et que Faucon aurait été le premier à s'attaquer à la Basse-Égypte.

QUEL ZÉRO, CELUI-LÀ !

Embarrassés d'en savoir si peu, les historiens ont finalement donné le nom de « dynastie 0 » à ces princes oubliés. L'un d'entre eux, pourtant, a réussi à rompre ce relatif anonymat : Narmer, le dernier roi de cette dynastie.
Vraisemblablement originaire de This, il parvient à réunifier l'Égypte et fonde la première dynastie, dite « dynastie thinite ». Il est ainsi le premier à revêtir la coiffe de la double couronne, symbole d'une unité royale pour les trois millénaires à venir.

UN ÊTRE SURNATUREL : LE MYTHE DE LA NAISSANCE DU PHARAON

Le pharaon est la figure centrale du pouvoir dans l'Égypte antique. Il règne sans partage sur le pays du Nil au cours des trois millénaires s'étendant de 3150 avant J.-C. à 30 avant J.-C. Mais un pharaon n'est pas un roi ordinaire : c'est l'équivalent d'un dieu pour les Égyptiens.

Enfant de ses parents naturels, il est aussi l'enfant de Rê, le dieu soleil et d'Amon, le dieu de Thèbes. On peut notamment retrouver cet aspect divin sur les hiéroglyphes représentant le pharaon : à côté de lui est placé le *ka*, cette force intérieure représentant l'âme divine. Selon la légende, c'est même Khnoum, le dieu à tête de bélier, qui sculpte dans la glaise le corps du futur pharaon. Il n'est vraiment pas n'importe qui !

Le dieu Thot en personne rédige le nom complet du pharaon à l'aide de sa compagne Séchat. Il contient 5 noms :

- Le nom de Horus ;
- Le nom des deux maîtresses : Nekhbet pour la Haute-Égypte et Ouadjet pour la Basse-Égypte ;
- Le nom de Horus d'or, qui symbolise le caractère divin du pharaon ;
- Le nom de naissance, formé généralement à partir du nom de Rê, inscrit dans un premier cartouche ;
- Le nom de couronnement, intégré dans un deuxième cartouche.

UN ÊTRE SURNATUREL : UN CÉRÉMONIAL

La naissance d'un pharaon est mise en scène grâce à un cérémonial réglé par les prêtres.

Amon annonce au début de la cérémonie, à travers la voix d'un prêtre déguisé en lui, qu'il entend se donner un héritier. Thot prévient alors la future mère du pharaon et le prêtre, puis revêt l'apparence de l'époux royal.

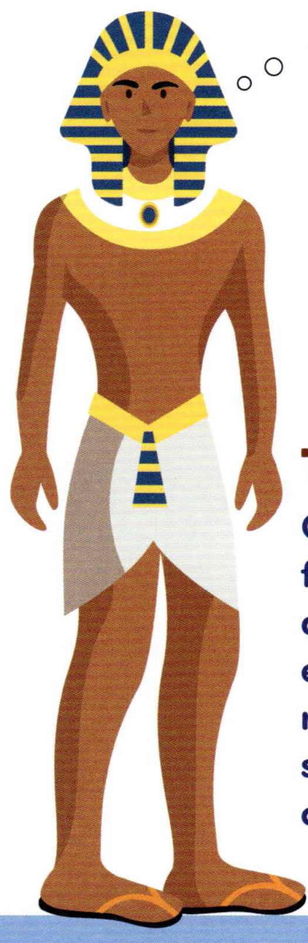

LE PHARAON EST BONNE PÂTE

Puis Khnoum sculpte le corps de l'enfant. Enfin, les sept Hathor, déesses à tête de vache, se penchent sur le berceau de l'enfant et des nourrices divines allaitent l'élu. Pourquoi un tel mythe et une telle mise en scène ? Pour éviter les querelles ou les contestations, car qui oserait se mettre en travers de la route d'un pharaon sculpté par les dieux ?!

TU RÊVES COMPLÈTEMENT !

Quand un pharaon n'a pas d'enfant, c'est un membre de sa famille qui lui succède. Comment le désigne-t-on ? Les candidats au trône doivent faire un rêve justifiant leur volonté de régner et le faire valider par le prêtre qui a, de ce fait, une grande responsabilité. Thoutmôsis IV, par exemple, aurait conclu dans son sommeil le marché suivant avec les dieux : désensabler la célèbre statue du Sphinx en échange du pouvoir.

DES ATTRIBUTS ROYAUX

Pour être reconnu et respecté, le pharaon dispose d'une tenue particulière qui le distingue des autres humains : ce sont ses attributs royaux.

AMON COMMANDEMENT !

La couronne est le premier de ces attributs, et elle revêt une importance toute particulière. Lors de la cérémonie de couronnement, les prêtres isolent le pharaon dans le temple, le purifient et le coiffent, conformément à la volonté d'Amon, d'une première couronne rouge de Haute-Égypte, puis d'une couronne blanche de Basse-Égypte. Les deux réunies symbolisent l'unité territoriale de l'Égypte. On appelle cette double couronne le « *pschent* ».

OH LA BARBE !

D'autres attributs complètent la parure royale. Le pharaon tient ainsi le bâton recourbé du berger (*héka*) et le fouet (*nékhakha*), deux symboles d'autorité remontant aux princes de la dynastie 0. Le cobra et le faucon protecteurs ornent son *némès*, sa coiffe en tissu. Le pharaon porte aussi des bijoux en or, un pagne (*chendjit*) à queue de taureau et une barbe postiche, parfois remplacée par la barbe divine d'Osiris. Ce sont des symboles de virilité et de force.

L'ORGANISATION SOCIALE

La société en Égypte antique ressemble à une pyramide. À la pointe, le pharaon, seul. En bas, une large base constituée de paysans et de commerçants. Entre les deux, on trouve beaucoup de personnes au service du pharaon.

UNE SOCIÉTÉ… PYRAMIDALE

Juste sous le pharaon, c'est son entourage. On y retrouve la reine, les princes et les princesses, mais aussi les épouses secondaires du harem royal. En dessous, on a les dignitaires à la tête des grandes administrations : ce sont les deux vizirs, sortes de Premiers ministres, les directeurs des trésors et des greniers, les grands prêtres, les chefs des grandes cités. Encore un peu plus bas, on a les hommes et les femmes au service du pharaon : courtisans, écuyers, échansons, etc. On trouve ensuite les officiers supérieurs et les prêtres de haut rang, les chefs des petites cités et les chefs des corporations d'artisans. Plus bas, les scribes, les prêtres et les sous-officiers. Plus bas encore, les contremaîtres, les artisans et les domestiques, les prêtres du bas de l'échelle et les simples soldats. Il ne faut pas oublier les esclaves qui constituent une main-d'œuvre gratuite pour cultiver les terres.

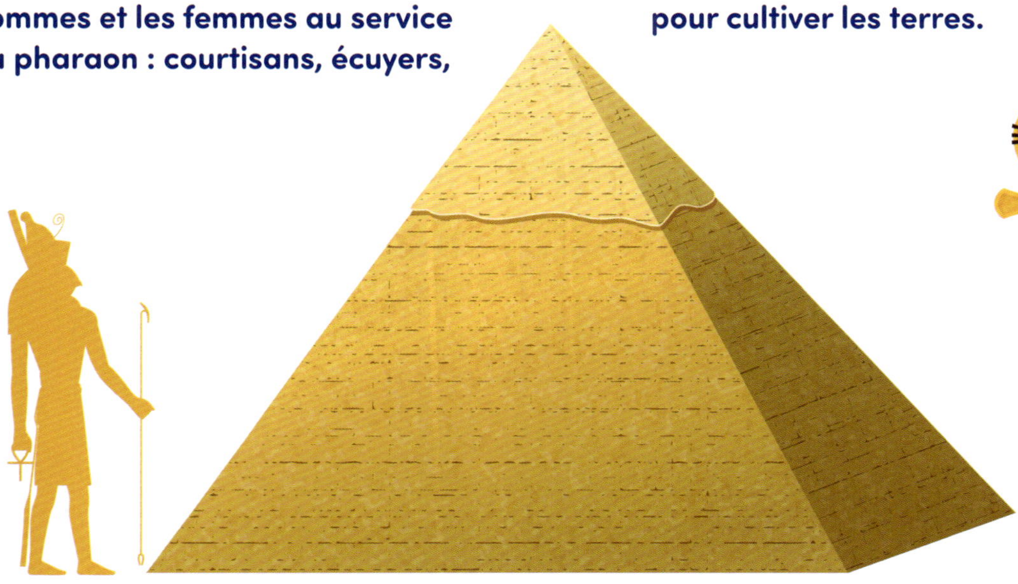

LAISSER UNE TRACE POUR L'ÉTERNITÉ

Le pharaon est considéré comme un être divin et surnaturel mais il reste en réalité un homme. Il meurt et disparaît, comme le reste de l'humanité. Laisser une empreinte est encore la façon la plus sûre pour lui d'accéder à une forme d'éternité sur Terre.

DES STATUES POUR MONTRER SON STATUT

La plupart des pharaons font ainsi construire des dizaines de statues d'eux-mêmes. Thoutmôsis III en fait sculpter près de 150 ! On trouve des statues à taille réelle, d'autres de 3 m, 5 m, 10 m, et même de 20 m, à l'image des quatre statues de Ramsès II à Abou Simbel ou du Sphinx. Par ce biais, le pharaon tient à montrer qu'il est un intermédiaire entre les hommes et les dieux.

PEU DE VIN MAIS DU DIVIN

Les représentations des pharaons sont variées : assis sur leur trône, debout, munis de leur sceptre ou un verre de vin à la main. Quand ils sont représentés dans les temples, ils sont face aux dieux.
Les pyramides restent le témoignage le plus grandiose du passage d'un pharaon sur terre, mais peu ont eu le temps d'en faire bâtir à leur gloire.

TRENTE DYNASTIES DE PHARAONS

On répartit traditionnellement les rois d'Égypte en trente dynasties. Leurs membres ne sont pas toujours de la même famille mais ils viennent généralement de la même ville. Ces dynasties ont été regroupées en grandes périodes par les historiens.

LE TEMPS DES INVASIONS

Après la conquête par Alexandre le Grand en 332 avant J.-C., le temps des pharaons est terminé et l'Égypte passe entre plusieurs mains avant de devenir romaine en 30 avant J.-C. À partir de 395, l'Égypte devient byzantine, puis elle est envahie en 639 par les arabo-musulmans.

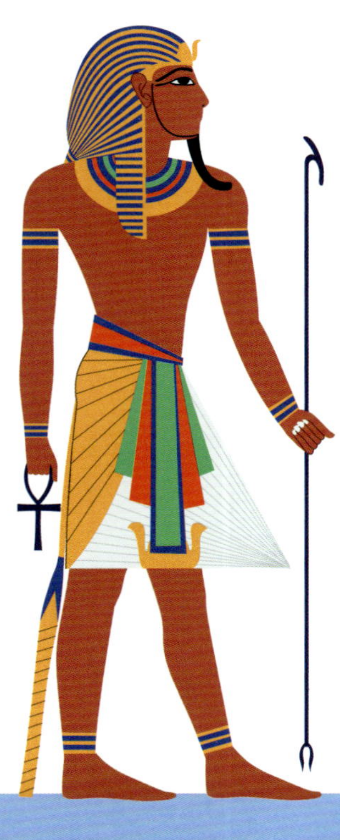

- **–3100**
- Époque thinite — Ire-IIe dynastie
- **–2675**
- Ancien Empire — IIIe-VIe dynastie
- **–2200**
- Ire Période intermédiaire — VIIe-XIe dynastie
- **–2046**
- Moyen Empire — XIe-XIIe dynastie
- **–1710**
- IIe Période intermédiaire — XIIIe-XVIIe dynastie
- **–1543**
- Nouvel Empire — XVIIIe-XXe dynastie
- **–1070**
- IIIe Période intermédiaire — XXIe-XXIVe dynastie
- **–664**
- Basse Époque — XXVe-XXXe dynastie
- **–332**

LE PHARAON GOUVERNE DEPUIS UN PALAIS MODESTE

On imagine souvent que le pharaon vit dans un palais grandiose, mais pas du tout ! En réalité, on a du mal à trouver des palais pharaoniques qui fassent grande impression de l'extérieur.

POUR VIVRE HEUREUX, VIVONS CACHÉS

Chaque pharaon faisait construire dans la capitale son propre palais, qui n'était en activité qu'au cours de sa vie. Cela ne justifiait donc pas des réalisations spectaculaires et coûteuses.

DES PALAIS PAS LAIDS

Si l'extérieur ne paie pas de mine, le luxe et le confort règnent néanmoins dans le palais. La porte monumentale s'ouvre sur une cour menant à un portique. On pénétre ensuite dans un vestibule qui laisse place à la salle du trône et ses colonnes monumentales.

Il ne nous reste malheureusement que peu de traces de ces intérieurs ou de la chambre du pharaon. On a seulement retrouvé des représentations et de très beaux meubles sculptés dans des tombes intactes, comme celle de Touthankamon ou celle de Hétep-Hérès, la mère de Khéops.

LES COMPLOTS CONTRE LES PHARAONS

Le Nil était un long fleuve tranquille, à l'inverse de la vie des pharaons ! Il n'était pas rare qu'ils soient assassinés par leur garde rapprochée, comme Séti Ier.

TRAÎTRESSE À LONGUE TRESSE

D'autres ont dû faire face à des complots, à l'image de Ramsès III, trahi par Tiyi, une de ses grandes épouses royales. Inquiète pour ses vieux jours, elle avait imaginé placer son fils, Pentaour, sur le trône en lieu et place de son pharaon de père, alors même qu'il n'était pas premier dans l'ordre de succession.

TIYI ÉCHAPPERA PAS !

Incapable d'attendre la mort de son mari, elle organise une conspiration pour s'en débarrasser. Soutenue par des dignitaires, elle manque malheureusement de discrétion et se fait remarquer : les arrestations se multiplient et donnent lieu à des condamnations à mort, dont celle de Pentaour. Mais entre-temps... Ramsès III meurt ! Tout ça pour rien !

LE SAIS-TU ?

Jusqu'en 2013, on a cru que ce complot avait été un échec, mais une autopsie numérique a révélé que Ramsès III avait été assassiné ! Une nouvelle question apparaît alors : qui l'a tué ?

SÉSOSTRIS III, LE MÉCONNU

Sésostris III règne 19 ans, de 1872 à 1853 avant J.-C. En peu de temps, il prend des décisions d'une grande importance : il renforce notamment le pouvoir des pharaons en supprimant le système de nomarques, ces gouverneurs de provinces qui contestent parfois sa souveraineté. Sésostris reprend les choses en main : il nomme désormais les gouverneurs de provinces lui-même.

Homme d'action, il mène aussi des expéditions militaires en Palestine, en Crête, en Syrie. Il en profite pour renforcer considérablement la frontière de Basse-Nubie en construisant un vaste réseau de forteresses de 200 km de long.

UN MARÉCAGE TRÈS UTILE

Enfin, pour accroître ses revenus et ceux de l'Égypte, il fait mettre en valeur le Fayoum, cette vaste zone marécageuse du centre du pays. C'est là notamment qu'il fait bâtir sa pyramide, sur le site de Dahchour au sud de Saqqarah.

LE SAIS-TU ?

Longtemps méconnu, pour ne pas dire oublié, Sésostris III a été réhabilité par les fouilles du début des années 2000.

THOUTMÔSIS III, LE « NAPOLÉON ÉGYPTIEN »

Si Thoutmôsis III n'est pas aussi célèbre que Ramsès II, il est très réputé en Égypte et parmi ses successeurs. Les Ptolémées lui rendent encore hommage des siècles après sa mort, et pour cause : l'Égypte lui doit sa prospérité. Après un règne de 53 ans, il rejoint l'éternité et est inhumé dans la vallée des Rois.

DE NOMBREUSES CONQUÊTES...

Conquérant, Thoutmôsis III est aujourd'hui surnommé le « Napoléon égyptien ». En 20 ans, il lance 17 campagnes au Proche-Orient et conquiert petit à petit la côte du Liban, le Sud de la Syrie et la Palestine. Le Nouvel Empire est à son apogée.

...ET DE NOMBREUX TEMPLES

Thoutmôsis III est aussi un roi bâtisseur. En remerciement aux dieux, il fait construire de nombreux temples en pierre dans tout le pays. Il poursuit aussi les travaux de rénovation du temple d'Amon-Rê à Karnak.

AKHÉNATHON, PHARAON DU DIEU UNIQUE

Quand Aménophis IV succède à son père en 1351 avant J.-C., il est déjà marié à la superbe Néfertiti. Le jeune roi a été élevé, comme tout Égyptien, dans le culte de Rê, le dieu-soleil, mais il va plus loin encore ! Dès le début de son règne, il fait d'un dieu solaire peu important, Aton, le dieu principal. Il fait ensuite bâtir quatre temples en son honneur !

ATON SERVICE !

Quelques mois plus tard, il tourne le dos au dieu Amon en changeant son nom d'Aménophis (« Amon est satisfait ») en Akhénaton, « celui qui sert Aton ». Il décide même de fonder une nouvelle capitale 350 km au nord de Thèbes, Akhetaton. En l'an 9 de son règne, il franchit une étape décisive : Aton devient le seul dieu de la religion égyptienne. Les Égyptiens ne sont plus polythéistes mais monothéistes, c'est-à-dire qu'ils avaient plusieurs dieux et n'en ont plus qu'un seul ! Enfin, pas pour longtemps...

RETOUR À LA CASE DÉPART

Dès l'arrivée au pouvoir de Toutankhamon, son successeur, le polythéisme est restauré et les temples d'Aton détruits. Quant à Akhénaton, il est quasiment considéré comme un criminel.

RAMSÈS II, PHARAON DE TOUS LES RECORDS

On peut considérer Ramsès II comme le pharaon des pharaons, le pharaon de tous les records : il dirige l'Égypte pendant 66 ans au cours d'un des plus longs règnes de l'histoire, vit près de 90 ans et bâtit le plus grand nombre de monuments depuis les pyramides !

RAMSÈS VOIT LES CHOSES EN GRAND

Pour les Égyptiens, il apparaît comme le pharaon de la paix et de la prospérité. Si Pi-Ramsès, la capitale qu'il a fait bâtir, a aujourd'hui disparu, il reste tout de même de nombreux vestiges de ses constructions : les 134 colonnes du temple de Karnak ou encore les deux temples d'Abou Simbel, dont l'entrée est barrée par quatre statues géantes du pharaon.

UNE FAMILLE NOMBREUSE

Ramsès stabilise aussi les frontières avec l'Orient et reçoit en gage de paix une épouse, la princesse Maâthornéferourê. Il aurait eu une douzaine de femme dont sont nés 49 garçons et 53 filles ! Pas facile pou les repas de famille...

LE SAIS-TU ?

Ramsès II a été accueilli en 1976 en France pour être sauvé des champignons qui attaquaient sa momie.

MERNEITH, LA PREMIÈRE REINE PHARAON

Merneith est une reine du début du IIIe millénaire avant J.-C. Même si on ne sait que peu de choses sur ses origines, il semblerait qu'elle soit originaire du delta du Nil.

UNE MÈRE DÉVOUÉE

C'était une femme de grand pouvoir, qui aurait accédé au trône à la suite du décès de son mari, Horus Djet. Comme son fils Horus Den était trop jeune, Merneith aurait alors exercé la régence, qui se serait ensuite transformée en véritable règne.

OÙ EST MERNEITH ?

Rien n'est certain néanmoins. On sait seulement qu'elle fait bâtir deux monuments funéraires, l'un pour son corps, l'autre pour son culte, ce qui est le privilège des pharaons. Par ailleurs, d'après un document retrouvé à Abydos, elle apparaît dans la liste des rois ayant régné, où ne figure aucune régente. Mais son nom n'est pas inscrit dans une autre liste trouvée au même endroit... Peut-être est-ce le signe d'un conflit de succession ou une contestation de son pouvoir.

HATCHEPSOUT, PREMIÈRE FEMME DE POUVOIR

Hatchepsout a été une reine pharaon à part entière. Fille de roi, femme de roi, elle connaissait les rouages du pouvoir. Elle a logiquement été la mieux placée pour assurer la régence du jeune Thoutmôsis III à la mort de son mari.

UNE MAIN DE FER

Elle tient le pays d'une main ferme : elle organise une expédition commerciale au pays de Pount et quand la Nubie se révolte, elle n'hésite pas à envoyer ses troupes. Dès l'année 3 de sa régence, elle est représentée avec la double couronne. Elle apparaît aussi sous les traits d'un homme, vêtue de la tenue complète des pharaons, qui comprend la barbe traditionnelle, le pagne en *chendjit* et le *némès.*

UN RÈGNE PLUS LONG QUE PRÉVU

Elle aurait ainsi régné 22 ans, tout en préparant son neveu. Un mystère demeure : comment se fait-il que devenu adulte, Thoutmôsis III ait fait détruire presque toutes les statues de sa tante ? L'histoire retient malgré tout qu'elle a été, selon les mots d'un célèbre archéologue, la « première grande femme dont l'histoire ait gardé le nom ».

TIYI, ÉGALE DU PHARAON

L'histoire de Tiyi est originale, non pas car elle a fomenté un coup d'État, car ce n'est pas elle. C'est une autre Tiyi, à la destinée bien plus joyeuse !

UN RÔLE IMPORTANT

Née vers 1399 avant J.-C., Tiyi est issue d'une famille aristocratique. Au cours de son règne, son mari Amenhotep III fait d'elle sa conseillère. Il l'associe même publiquement à l'exercice du pouvoir : Tiyi est ainsi la première reine à voir son nom inscrit sur les actes officiels ! Symboliquement, sa statue royale est aussi grande que celle de son mari et elle est associée au jubilé. Plus moderne, on ne peut pas !

UN MODÈLE ROYAL

Quand Amenhotep tombe malade, Tiyi s'occupe de la politique et de la diplomatie du pays. Et à sa mort, elle exerce la régence pour son fils, le célèbre Akhénaton. Ses parents lui ont donné un si bon exemple qu'il fera, lui aussi, de sa femme, Néfertiti, son égale !

CLÉOPÂTRE, UNE REINE MYTHIQUE

Comment imaginer destin plus romanesque que celui de cette jeune femme, lointaine descendante d'Alexandre le Grand, arrivée sur le trône d'Égypte à 17 ans après avoir épousé son frère Ptolémée XIII ?

UNE ALLIANCE MORTELLE

À cette époque, la guerre civile fait rage à Rome et César cherche à faire alliance avec Cléopâtre. La légende veut que la jeune femme, de 30 ans sa cadette, se soit fait enrouler dans un tapis pour être amenée dans sa chambre ! Évidemment, César tombe sous le charme. Mais à Rome, les habitants n'aiment pas la princesse orientale. Les sénateurs la craignent même. César est assassiné peu après. Le consul Marc-Antoine et Octave, fils de César, veulent lui succéder. Rome bascule à nouveau dans la guerre civile.

COMME ROMÉO ET JULIETTE...

Marc-Antoine s'implante en Égypte pour mener la guerre contre Octave. Marc-Antoine rencontre alors Cléopâtre et ils tombent tous les deux amoureux l'un de l'autre. Hélas, il est battu à Actium en 31 avant J.-C. ! Il croit que Cléopâtre a été assassinée et se tue. Folle de douleur, elle se suicide à son tour en plongeant sa main dans un panier de pommes plein de vipères.

LA NAISSANCE D'OSIRIS

Dans les mythes anciens, Nout, la déesse du Ciel, est très amoureuse de Geb, le dieu de la Terre, qu'elle épouse. Le dieu du Soleil, Rê, entre alors dans une colère noire car il n'approuve pas leur union. Aussi lance-t-il une malédiction : Nout ne pourrait pas accoucher pendant les 360 jours de l'année. Plutarque, un auteur grec, raconte que le dieu du Temps, Thot, qui appréciait Nout, joue avec la Lune et remporte 5 jours, ce qui donne à Nout le temps d'accoucher.

UN ENFANT PAS COMME LES AUTRES

Grâce à lui, Nout et Geb ont quatre enfants : Osiris, Isis, Seth et Nephtys. Selon la légende, un certain Palmylès est allé chercher de l'eau dans un temple et il aurait entendu une voix lui demander d'annoncer la naissance d'Osiris « le grand roi, le bienfaiteur de l'Univers ».
Dès sa naissance, Osiris a donc un statut particulier.
On raconte qu'il était plus grand que les hommes (4,5 m !), que ses membres étaient d'or, que sa coiffure était de lapis-lazuli (une pierre précieuse) et que sa couronne était turquoise.
Quand Osiris arrive à l'âge adulte, Geb lui transmet le pouvoir.

LA NAISSANCE D'UNE CIVILISATION

Si Osiris est enfin roi, il a besoin d'une reine à ses côtés… et qui de mieux qu'Isis, sa propre sœur ? Tous deux font de leur mieux pour développer la civilisation : Osiris enseigne aux hommes l'agriculture et l'élevage, tandis qu'Isis découvre l'usage de l'orge et du froment et apprend aux Égyptiens la fabrication du pain, le tissage et la justice.

UN GRAND POUVOIR IMPLIQUE DE GRANDES RESPONSABILITÉS

La plus grande responsabilité du pharaon, c'est la Maât, un ordre naturel parfait qu'il doit maintenir coûte que coûte. Pour cela, Osiris s'entoure de conseillers qui l'aident à gouverner avec bienveillance et justice : il choisit le dieu Thot comme vizir et deux généraux, Hou (le Verbe) pour la Haute-Égypte, et Sia (l'Intellect) pour la Basse-Égypte. Il crée ainsi un ordre solide dans toute l'Égypte.

SETH INQUIÉTANT, TOUT ÇA

Mais Seth, le frère d'Osiris, dieu de la Destruction, de la Violence et du Désordre, n'aime pas ce monde parfait. Il est mortellement jaloux de son frère et est prêt à tout pour se venger de lui…

OSIRIS ASSASSINÉ

Les textes des légendes expliquent mal pourquoi Seth déteste autant son frère. Est-ce parce qu'Osiris dirige harmonieusement l'Égypte ? Ou parce que sa femme, Nephtys, le tromperait avec son frère ? Quelle que soit la raison, Seth a préparé un piège…

DU REPAS AU TRÉPAS, IL N'Y A QU'UN PAS

Un soir, il invite son frère à un banquet, au cours duquel il présente un superbe sarcophage à tous ses convives. Et ce n'est pas tout ! Il promet de l'offrir à celui qui pourra se tenir confortablement couché dedans. Mais quand Osiris s'allonge, Seth en profite pour fermer le sarcophage et le jeter dans le fleuve !

SETH A TRANCHÉ LA QUESTION

Dans une version plus récente du mythe, Seth va jusqu'à déchiqueter le corps de son frère en 12 morceaux, un par région d'Égypte ! Abydos prétend posséder la tête du défunt, et l'île de Philæ affirme être en possession de sa jambe gauche, d'où viendraient les eaux du Nil.

LA QUÊTE D'ISIS

Seth règne désormais sur l'Égypte. Isis, dévastée, refuse de prendre part à cette imposture et part en quête du corps de son mari avec Nephtys. On représente souvent les deux femmes sous la forme de faucons ou de milans, lors de cet épisode. Dans d'autres versions du mythe, c'est le dieu Anubis qui recherche du corps du défunt roi et qui en aurait récupéré la tête.

OUF, C'EST PAS TROP THOT !

Après de longues recherches, Isis et Nephtys retrouvent enfin le corps d'Osiris et le momifient avec l'aide d'autres divinités, dont notamment Thot, dieu guérisseur, et Anubis, dieu de l'Embaumement et des Rites funéraires. D'ailleurs, c'est grâce à ce mythe que les Égyptiens embaument leurs morts !

JEU, SETH ET MATCH

Osiris devient ainsi la première momie. Quand Seth apprend la nouvelle, il tente de s'en emparer, mais Isis fait construire plusieurs fausses tombes pour leurrer Seth et protéger son mari.

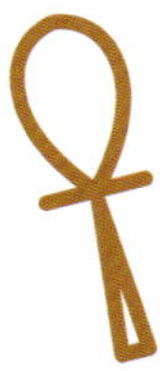

DES PAPILLONS DANS LE VENTRE

Aussi étrange que cela puisse paraître, Isis et Osiris étaient frères et sœurs mais aussi mari et femme. Les textes anciens nous disent même qu'ils étaient déjà amoureux l'un de l'autre dans le ventre de leur mère !

RÊVÈLE-MOI TON NOM

Quand Osiris est assassiné, Isis est inconsolable. Elle implore l'aide de Rê, le seul capable de redonner vie à son mari, mais le dieu refuse. Isis n'a cependant pas dit son dernier mot. Rusée, elle sculpte un serpent venimeux avec de la terre qu'elle enfouit en partie dans le sable. Quand Rê s'approche, le serpent sort de terre et le mord ! Isis propose alors de l'aider, à la seule condition qu'il lui donne ses pouvoirs. Rê se retrouve obliger d'accepter... la douleur est trop forte ! C'est un succès pour Isis, qui peut ainsi insuffler un nouveau souffle de vie dans le corps d'Osiris.

LA NAISSANCE D'HORUS

Ramené à la vie, Osiris peut devenir père. Pour les Égyptiens, cet enfant est à la fois le fruit de sa relation avec Isis, mais c'est aussi la rencontre de la constellation d'Orion (associée à Osiris) avec la constellation du Grand Chien (associée à Isis) pour créer l'étoile Sirius.

C'EST L'HEURE D'HORUS

Osiris devient le roi du royaume des morts, le Douât, et Isis se retrouve seule pendant sa grossesse. Pendant ce temps, Seth est toujours à sa poursuite... Elle n'a pas d'autre choix que de trouver refuge dans les papyrus des marais. C'est là qu'elle donne naissance à Horus et l'élève.

AÏE, ÇA PIQUE !

Dans certains récits, Isis est obligée de fuir et de demander de l'aide à des humains ou d'espérer le secours de Thot ou de Rê. Escortée par sept scorpions, Isis peut se défendre. Ainsi, lorsqu'une riche femme refuse d'aider Isis, un scorpion pique le fils de cette dernière. C'est Isis elle-même qui soigne l'enfant.

Mais Horus reste vulnérable. Il est même victime à de nombreuses reprises de maladies et de morsures diverses et variées, notamment des serpents que redoutent tant les Égyptiens. Sa survie montre la puissance du pouvoir guérisseur d'Isis.

LE GRAND COMBAT D'HORUS

Horus grandit, grandit, grandit, jusqu'à être suffisamment fort pour défier son oncle Seth. Il est l'heure de reprendre le trône.

MIS À RUDE ÉPREUVE

Seth et Horus s'affrontent à plusieurs reprises, et les combats sont violents. Pour l'ennéade, l'assemblée des principales divinités égyptiennes, le moment est venu de décider à qui revient le royaume. Certains textes évoquent des épreuves organisées pour les départager : apnée, course en bateau, etc. D'autres imaginent même que ce conflit devient une guerre civile entre Égyptiens.

L'ÉGYPTE, TIENS !

Une grande bataille de plusieurs jours a finalement lieu, et Horus en sort vainqueur. D'après la pierre de Chabaka (une stèle contant ce mythe), Geb, qui a été appelé en renfort, partage l'Égypte en deux royaumes pour apaiser la situation. Il confie la Basse-Égypte à Horus et la Haute-Égypte à Seth, avant de finalement donner tout le royaume à Horus. Seth retrouve sa force dans la bataille et Horus, son œil, symbole du cycle de la Lune.

LE PANTHÉON DES DIEUX

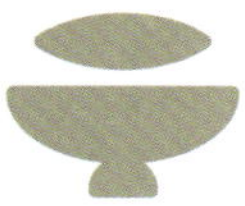

Les Égyptiens sont polythéistes : ils croient en plus de 700 dieux.

RÊ, LE DIEU LE PLUS IMPORTANT

Rê (ou Ra) est sans doute le dieu le plus important. Créateur du monde, il est aussi le soleil et répand sa chaleur et sa lumière sur l'Égypte. Il règne sur les hommes et sur tous les dieux !

LE SAIS-TU ?

Les Égyptiens croyaient que chaque nuit, Rê défiait les créatures des ténèbres sur sa barque sacrée.

AMON, LE DISCRET

Pour les Thébains, Amon aurait pris la forme d'une oie blanche et pondu l'œuf duquel serait né l'Univers. Son culte devient le plus important de la mythologie égyptienne lorsque Thèbes est désignée capitale politique sous le Nouvel Empire.

ANUBIS, DIEU À TÊTE DE CHACAL

Anubis est le protecteur des morts et dieu des Embaumements. Il a un corps d'homme et une tête de chacal.

THOT, DIEU DE LA CONNAISSANCE

Thot est considéré comme le dieu créateur par la ville d'Hermopolis car il aurait créé le langage : nommant chaque chose, il leur aurait donné vie. Il est aussi le dieu de la Connaissance, de la Science et de la Justice.

LE PANTHÉON DES DÉESSES

BASTET, LA PROTECTRICE

Bastet est une déesse à tête de chat. Elle est la protectrice des Foyers et des Femmes enceintes. De fait, elle est vénérée dans chaque maison égyptienne.

HATHOR, DÉESSE DE BEAUTÉ

Hathor est la fille de Rê. C'est la déesse de la Beauté, de l'Amour et de la Joie. On la représente coiffée d'un disque solaire entouré de cornes de vache ou sous la forme d'une femme à tête de vache. Elle peut aussi être associée à la maternité aux côtés de Bastet.

MAÂT, LA JUSTICE

Maât est une déesse très importante dans le panthéon égyptien. Elle représente la justice divine, qui permet le maintien de l'ordre et de l'harmonie dans l'Univers. Chaque pharaon a pour mission de maintenir ou de rétablir la loi de Maât sur Terre.

SEKHMET, LA VIOLENTE

Sekhmet est le troisième visage de l'entité que constituent déjà Hathor et Bastet. Elle est la version la plus violente des trois avec son visage de lionne.

LA CONSTRUCTION DES PYRAMIDES

La construction d'une pyramide nécessite de faire des choix, notamment en ce qui concerne le site : elle doit être construite à l'ouest, là où le soleil se couche.

LE DÉBUT D'UNE BELLE CARRIÈRE

Une pyramide doit être à l'abri des crues et donc construite sur un plateau légèrement surélevé. Mais elle doit aussi se trouver suffisamment près du Nil pour pouvoir acheminer le reste des matériaux ! Enfin, une carrière doit être à proximité pour fournir les nombreuses pierres du noyau de la pyramide. Un vrai casse-tête.

LES ÉGYPTIENS EN FONT DES TONNES

Les égyptologues se sont longtemps demandé comment les Égyptiens de l'Antiquité avaient assemblé les 2 300 000 blocs de pierre de 2,5 tonnes de la pyramide de Khéops. On sait aujourd'hui que c'est grâce aux 20 000 à 30 000 paysans qui ont travaillé pendant 20 ans, mais aussi grâce à un ingénieux système de rampe en escargot qu'on commence à peine à comprendre.

DES ÉGYPTOLOGUES À BLOC

Jusque-là, on pensait que c'était impossible et qu'ils n'auraient pas pu dépasser 5 à 7 %. Or, en 2018, une mission franco-anglaise a retrouvé une rampe lisse à 20 %, encadrée de deux escaliers, dans la carrière d'Hatnoub, à 200 km de Khéops. Certaines marches de ces escaliers sont trouées à intervalles réguliers pour accueillir des troncs de 50 à 60 cm de diamètre.

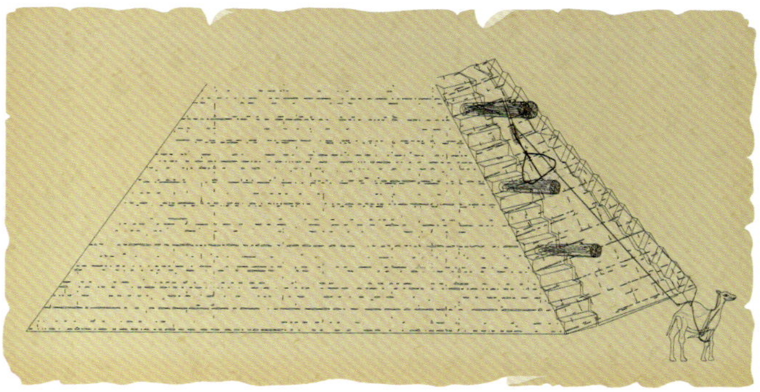

HALAGE DE PIERRES

Les chercheurs pensent qu'il s'agirait d'un mécanisme de halage : des cordes attachées aux troncs permettaient d'éviter que les blocs de pierre ne redescendent de la rampe graissée au limon du Nil.

L'ENTERREMENT DU PHARAON

Le pharaon vient de mourir. Il est temps pour lui de rejoindre sa dernière demeure. Une barque sacrée lui fait traverser le Nil. Arrivé de l'autre côté, sur la rive des morts, il est emmené jusqu'au temple le plus proche.

PAS DE FAUSSE NOTE DEVANT RÊ

Là, les embaumeurs momifient le souverain. Soixante-dix jours plus tard, on l'enterre dans sa demeure d'éternité. La momie royale devient un nouvel Osiris. Le pharaon rejoint son père, Rê, et devient un dieu à part entière.

LA BARQUE SACRÉE, UNE VRAIE GALÈRE

Devenu dieu, il mérite qu'on lui consacre un rite chaque jour. C'est d'ailleurs pour cette raison que le souverain a multiplié les préparatifs en amont : il a besoin que le culte soit rendu matin et soir dans les temples proches de sa pyramide. La petite ville voisine de la pyramide compte plus de 1 000 âmes : hormis les prêtres, on trouve des fonctionnaires, des scribes, des artisans de bouche pour la préparation des offrandes, des artistes pour réaliser reliefs et statues.

LE MYSTÉRIEUX TOMBEAU D'HÉTEP-HÉRÈS

Pendant 23 ans, de 1902 à 1925, une équipe américaine de l'université Harvard fait des fouilles sur le plateau de Gizeh. En mars 1925, alors que l'expédition touche à son terme, un photographe voit un des pieds du trépied de son appareil photo disparaître entièrement dans le sol !

QUEL PIED !

Le photographe appelle des archéologues à la rescousse. Des pierres bloquent l'entrée d'un puits de 27 m de profondeur ! Les explorateurs descendent en rappel et découvrent des meubles plaqués or, des coffres, de la vaisselle en or, des bracelets en argent… Les inscriptions le confirment : c'est le tombeau d'Hétep-Hérès Ire, femme de Snéfrou et mère de Khéops.

LA CALCITE, ÇA EXCITE

Les explorateurs ouvrent le sarcophage de calcite avec excitation, mais hélas, il est vide. On pense que Hétep-Hérès a été enterrée près de son mari, mais que sa momie et les bijoux qui l'ornaient ont été dérobés. Les prêtres auraient alors procédé à un nouvel enterrement symbolique sans son corps.

LA VIE N'EST QU'UN PASSAGE

La vie sur Terre n'est qu'un passage pour les Égyptiens. Comme dans toutes les sociétés antiques, ils croient à une vie après la mort, une vie éternelle même, ce qui explique les rites autour du corps du défunt. Cela implique aussi que tout Égyptien prépare de son vivant ses funérailles et son voyage vers l'au-delà.

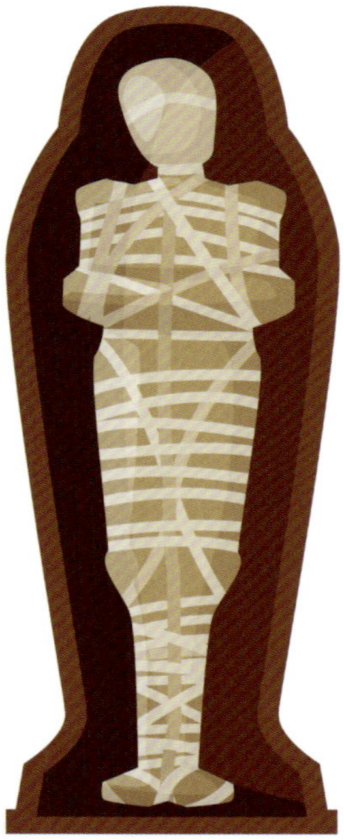

UN PÉRIPLE DANGEREUX

C'est un voyage périlleux : tout homme passe devant le tribunal d'Osiris pour savoir s'il mérite la vie éternelle... et ce n'est pas toujours gagné. Le *Livre des morts* raconte ce passage de la vie physique à la vie dans le royaume des morts.

IL Y EN A COMBIEN, LÀ-DEDANS ?

Une fois que le défunt quitte la rive des vivants, les embaumeurs mettent 70 jours à faire une momie. Entourée de bandelettes, elle est rendue à la famille, qui a eu le temps de s'organiser. C'est enfin l'heure de la cérémonie ! Mais avant, on installe la momie dans son cercueil... ou plutôt ses cercueils. En réalité, on installe la momie dans un ou deux cercueils, suivant sa richesse, puis dans un sarcophage en pierre.

UN CERCUEIL OU DES CERCUEILS ?

La cérémonie commence par un défilé religieux, une procession. Un prêtre ouvre la marche : il répand de l'eau sacrée et fait brûler de l'encens pour purifier le sol et l'air. À ses côtés, un autre prêtre lit des formules rituelles.

UN INNOCENT S'EST FAIT COFFRER

Les cercueils ont évolué au cours du temps. Rectangulaires sous l'Ancien Empire, ils sont décorés d'un simple motif rappelant une façade du palais royal. Sous le Moyen Empire, on y ajoute une porte et deux *oudjats*, les yeux protecteurs d'Horus. Noirs ou dorés, ils sont couverts d'inscriptions et de tableaux qui représentent des divinités en compagnie du disparu. Les hiéroglyphes aussi font leur apparition : à l'extérieur, des formules d'offrandes sont inscrites tandis qu'à l'intérieur, des prières favorisent la renaissance du défunt. Un nouveau modèle apparaît à la fin de cette période en forme de momie, ou « momiforme ». On les place ensuite dans un sarcophage.

DANS LES BRAS DE NOUT

À l'intérieur du sarcophage, on retrouve des scènes du même type et surtout, au fond, une représentation de Nout, la déesse du Ciel. Comme Osiris, le défunt retrouve son intégrité physique en se régénérant dans le sein de Nout.

LA PESÉE DU CŒUR ET L'ÉTERNITÉ

Avant tout, le défunt doit prononcer la Déclaration d'innocence. Il affirme ne pas avoir appauvri les paysans, menti, volé, maltraité les gens, fait le mal, tué, blasphémé et pris les offrandes du temple.

MAÂT-MOI CETTE BÊTE AFFREUSE !

La pesée reste néanmoins le véritable juge de paix. Si le cœur du défunt est aussi léger que la plume du Maât, il est pur et accède au royaume des morts. S'il est plus lourd, il est impur et un sort terrible l'attend : la Grande Dévorante avale son cœur et le prive de vie éternelle. Cette bête fantastique est une synthèse de toutes les peurs des Égyptiens : pattes avant et crinière de lion, arrière-train d'hippopotame et gueule de crocodile.

PRIÈRE DE PRIER

L'enjeu est tel que les Égyptiens se prémunissent contre tout accident. Le *Livre des morts* propose une prière pour endormir la vigilance du cœur et éviter que ne remontent à la surface les souvenirs enfouis de mauvaises actions qui pourraient faire pencher la balance du mauvais côté, au sens propre comme au figuré !

PRÉSERVER LE CORPS PHYSIQUE

La méthode de conservation des corps par le sable a beau être efficace, les classes sociales les plus favorisées ne veulent plus être enterrées dans des fosses. Ils entendent passer le reste de l'éternité dans de grands tombeaux confortables, non mais ! Pour des raisons de prestige, mais aussi pour protéger le disparu des bêtes sauvages, on l'enferme donc maintenant dans un cercueil en bois ou en terre cuite.

LA FOSSE BONNE IDÉE

Au fil des années, les caveaux deviennent plus spacieux et on peut même y déposer des offrandes. Mais ce confort nouveau pose un problème : le disparu n'est plus protégé par le sable. Laissé à l'air libre, son cadavre se décompose et est rapidement réduit à l'état de squelette !
Il faut donc trouver des méthodes de conservation artificielle du corps, qui prendront plusieurs entaines d'années à se parfaire.

– 3000 On enveloppe le cadavre dans des bandelettes de lin trempées dans un onguent.

On vide le cadavre et on le remplit de paille pour garder la forme du corps. – 2600

– 2400 On recouvre de plâtre les bandelettes du visage pour y dessiner les yeux et la bouche.

On réalise que le natron dessèche les chairs et la peau. – 2000

DE L'EMBAUMEMENT...

Le rite de l'embaumement, en plus d'être coûteux, n'est pas un exercice simple pour les embaumeurs.

UNE COURSE CONTRE LA MONTRE

Tout d'abord, on emporte au plus vite le défunt en bateau sur la rive des morts car le climat de l'Égypte n'est pas idéal : les embaumeurs ont peu de temps avant que les chairs ne se dégradent ! On lave d'abord le corps, puis on le rase avant de retirer le cerveau avec un long crochet. Ensuite, on vide le corps en pratiquant une courte incision le long de l'abdomen pour ne pas l'endommager. Le cœur reste en place : siège de l'intelligence, il doit être pesé au tribunal des morts.

L'ADDITION VA ÊTRE SALÉE

Vient alors l'étape la plus importante : le salage. Le corps est allongé dans du natron sec et il y reste 40 jours : 65 % de l'eau du corps est alors absorbée. Il ne reste ensuite plus qu'à assouplir les chairs avec des onguents, à bourrer le corps de tissus et à recoudre les plaies. Un peu de fard sur le visage, une perruque éventuellement, et le mort est prêt pour être entouré de bandelettes.

...AUX BANDELETTES

La pose des bandelettes est une opération précise : on commence par les pieds et les mains, puis le prêtre enveloppe la tête avec un tissu plus ou moins fin et luxueux, suivant la classe sociale du défunt. On couvre ensuite séparément les bras, le thorax et les jambes.

UN SCARABÉE POUR NE PAS AVOIR LE BOURDON

L'embaumeur dispose des amulettes protectrices à des endroits stratégiques comme le cœur, les yeux, l'abdomen. En fonction de l'importance et de la richesse du défunt, on le pare aussi de bijoux. Plus important encore, on pose un grand scarabée de pierre sur sa poitrine, sur lequel est écrite une prière extraite du *Livre des morts*, qui demande au cœur de ne pas mentir sur sa pureté au moment du jugement.

RITUEL EN CARTON

On enferme alors la tête dans un masque donnant une image parfaite du disparu. Jeune et beau pour l'éternité, il est suffisamment ressemblant à ce qu'il était pour être reconnu lors de ses futures sorties... Ce masque est en bois, en cartonnage ou en or massif pour les pharaons.

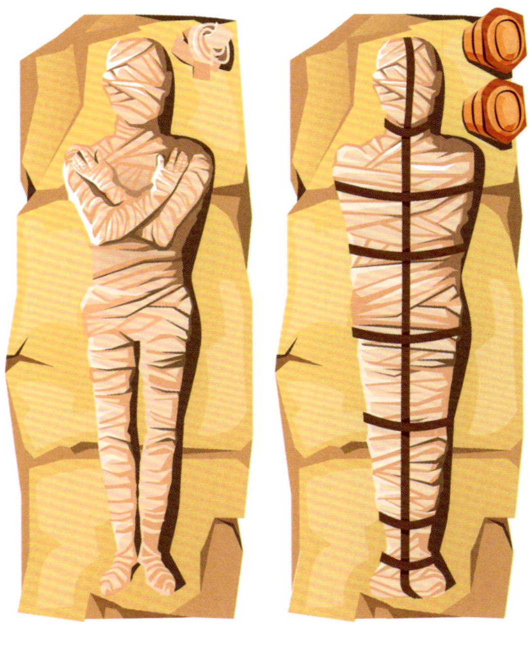

LE MOYEN ÂGE

COMMENT NAÎT LE MOYEN ÂGE ?

LES LIMITES DU LIMES

L'Empire romain est à bout de souffle au ve siècle. Des peuples germaniques venus de l'est de l'Europe ne cessent de vouloir franchir le limes, la frontière fortifiée de l'Empire romain. Pire, le chef barbare **Alaric attaque Rome et la pille en 410.** Cet événement marque davantage les Romains de l'époque que la chute de l'Empire quelques années après.

L'OCCIDENT OXYDÉ

Odoacre, un chef germain, renverse Romulus Augustule, le dernier empereur romain, en **476. C'est la fin de l'Empire romain**.

DES ROYAUMES EN PIRE

Les peuples germaniques déferlent sur l'Europe et créent des royaumes : les **Francs** en Gaule, les **Ostrogoths** en Italie, les **Wisigoths** en Espagne et les **Vandales** en Afrique du Nord, notamment.

UN INSIGNE HONNEUR

Odoacre est un chef barbare. À ce titre, il ne peut devenir empereur romain. Il envoie donc les insignes de Romulus Augustule à Constantinople où se trouve le chef de l'Empire romain d'Orient. L'Empire romain d'Orient prend alors le nom d'**Empire byzantin**, du nom de son ancienne capitale Byzance.

Romulus Augustule se rend à Odoacre

LES PEUPLES GERMANIQUES : LES FRANCS

LES ORIGINES DES FRANCS

Les Francs sont un peuple germanique. En réalité, il s'agit d'une confédération de tribus germaniques. Leur nom a deux sens : dans le sens latin, *francus* désigne un peuple libre. Mais dans les langues germaniques, *frekkr* signifie « vaillant », « hardi ».

LA PREMIÈRE DYNASTIE DE L'HISTOIRE

Mérovée serait le troisième roi des Francs et le premier roi de la dynastie des Mérovingiens. Chez les Francs, les fils succèdent au père : Childéric devient ainsi roi après Mérovée ; Clovis lui succède et devient le premier roi chrétien des Francs après son baptême en 496.

Clovis, premier roi chrétien des Francs

ENVAHISSEURS ET DÉFENSEURS

Les Francs envahissent la Gaule au Ve siècle. Soyons francs : ils avaient déjà largement commencé à s'installer de l'autre côté du limes dès la fin du IVe siècle. Plus étonnant encore, ils ont même été alliés des Romains contre des barbares plus menaçants !

FRANCS 1 - HUNS 0

Les Romains cèdent aux Francs tout le Nord de la Gaule après la bataille des champs Catalauniques de 451 où une alliance de Francs et de Gallo-Romains repousse Attila, le roi des Huns.

LES PEUPLES GERMANIQUES : LES WISIGOTHS

LES PREMIERS ENVAHISSEURS

Les Wisigoths sont un peuple germanique d'origine **scandinave**. Ils viennent du Sud de la Suède même si leur nom signifie « Goths de l'ouest » en germanique.
Ils sont installés dans l'Empire romain, en Dacie, l'actuelle Roumanie, à partir de 235. Ils ont tenté de conquérir d'autres régions romaines mais sont à chaque fois repoussés par les Romains.

GRAND D'ESPAGNE

Les Wisigoths obtiennent au milieu du Ve siècle de pouvoir diriger l'**Aquitaine**. Ils s'y installent et conquièrent l'**Espagne**, puis le **Portugal** actuel. Pendant près de 250 ans, ils maintiennent leur royaume.

DES ALLIÉS PEU FIABLES

Les Wisigoths s'allient aux Romains face aux Huns : les Romains laissent les Wisigoths se mettre à l'abri des Huns en traversant le Danube en échange de mercenaires wisigoths pour l'armée romaine.
Au Ve siècle, les relations se dégradent. Les Romains massacrent 30 000 membres des familles des guerriers wisigoths. Le roi **Alaric Ier pille Rome** pendant trois jours en 410.

LE SAIS-TU ?

Le pillage de Rome a tellement impressionné les Romains que certains historiens considèrent que le Moyen Âge commence dès le 24 août 410.

LES PEUPLES GERMANIQUES : LES OSTROGOTHS

TOUS POUR HUNS

Installés à l'est de l'Europe, les Ostrogoths ne sont pas longtemps restés un peuple indépendant. En 370, les Huns les soumettent. En 451, les Ostrogoths combattent même aux côtés d'Attila à la bataille des champs Catalauniques. La défaite d'Attila permet aux Ostrogoths de retrouver leur indépendance. Mieux encore, ils battent les fils d'Attila à la bataille de Nedao en 454. Ils s'installent ensuite en Pannonie, territoire de l'actuelle Hongrie

THÉODORIC, ROI D'ITALIE

Théodoric le Grand a été le plus grand roi des Ostrogoths. Il a été à la fois ami et ennemi des Romains. Il a d'ailleurs fini par conquérir Rome en 488, puis par tuer Odoacre de ses propres mains en 493 à Ravenne. Les Ostrogoths dominent alors toute l'Italie. Narsès, un général byzantin, reconquiert l'Italie sous l'empereur Justinien. En 552, il tue Totila, le roi des Ostrogoths à la bataille de Busta Gallorum. En 553, il défait Teias, le successeur de Totila : c'est la bataille du mont Lactarius.

LES ANGLES

DES ANGLES PAS TRÈS DROITS

Originaires du Nord de l'Allemagne actuelle, les Angles auraient porté secours à Vortigern avant de s'installer et de créer leurs propres royaumes, souvent en s'emparant de territoires appartenant aux Bretons. Ils créent trois royaumes : le royaume de Northumbrie (au nord), d'Est-Anglie (à l'est) et de Mercie (au centre). En dépit des différents royaumes, les Angles maintiennent au VIIe siècle leur unité culturelle face aux Bretons, Saxons et Jutes qui peuplent l'île.

LA FIN DES ANGLES

À partir de la fin du VIIIe siècle, l'Angleterre a connu de nombreuses invasions venues du Nord de l'Europe : le monastère de Lindisfarne est pillé en 793. En 879, les Danois s'installent en Anglie orientale tandis que les Vikings norvégiens atteignent York. C'est la fin des royaumes des Angles. Néanmoins, l'Angleterre conserve son nom de « Terre des Angles » encore aujourd'hui.

LES PEUPLES GERMANIQUES : LES VANDALES

Originaires de Scandinavie, les Vandales s'établissent d'abord au bord de la mer Baltique avant de migrer vers l'Europe du Sud-Est.

VANDALES VANDALISÉS

Poussés par les Huns, les Vandales traversent et pillent la Gaule et l'Espagne. En 429, 80 000 Vandales et Alains (peuple barbare originaire de la Caspienne) conduits par Genséric traversent le détroit de Gibraltar pour s'installer en Afrique du Nord. En 439, les Vandales s'emparent de Carthage, de la Sardaigne et de la Corse. Ils fondent le Royaume vandale d'Afrique.

LA FIN DES VANDALES

En 533-534, le général byzantin Bélisaire débarque en Afrique du Nord et livre bataille aux Vandales pour récupérer les anciens territoires romains. Le roi Gélimer se rend. Les Vandales sont déportés en masse à Byzance, puis en Galatie (Asie Mineure).

ESPÈCE DE VANDALE !

En français, le mot « vandale » est employé pour la première fois dans un sens péjoratif par Voltaire en 1734. Depuis, ce mot désigne en Français une personne qui casse tout sans réfléchir.

LE SAIS-TU ?

Certains Algériens, les Kabyles, ont les cheveux roux. Des historiens pensent qu'ils sont les lointains descendants des Vandales.

LES PEUPLES GERMANIQUES : LES ALAMANS

Les Alamans sont un peuple germanique dont le nom signifie « tous les hommes ». Cela semble indiquer qu'il s'agissait d'un regroupement de plusieurs tribus. Ils sont continuellement en conflit avec les Romains à partir du milieu du IIIe siècle.

L'HEURE DE LA REVANCHE

Au début du Ve siècle, les Alamans franchissent le Rhin, puis s'installent en Alsace et en Suisse. Leur royaume dure jusqu'en 496 et leur défaite face à Clovis au cours de la bataille de Tolbiac. Ils acceptent la domination des Francs ; leur royaume devient le duché d'Alémanie.

La bataille de Tolbiac

RAIDES DINGUES

En 258, les Alamans lancent leur raid le plus dévastateur. Ils envahissent la Rhétie, détruisent les forts du limes des champs Décumates et atteignent l'Helvétie. Ils sont cependant battus à Milan et repoussés au nord. En novembre 268, Claude oblige les Alamans à se battre. Il les vainc à la bataille du lac de Garde. Les Alamans doivent retourner en Germanie.

LE SAIS-TU ?

Le peuple des « Alamans » a donné son nom à l'Allemagne et aux Allemands.

LE VASE DE SOISSONS

UN BUTIN PAS TRÈS CATHOLIQUE

Vers 486, Clovis vainc le gallo-romain Syagrius et prend sa capitale Soissons. En marge de la bataille, les soldats de Clovis **pillent une église** et emportent un superbe vase.
L'évêque de Reims, Rémi, envoie un émissaire à Clovis pour lui demander la **restitution du vase**. Clovis invite Rémi à Soissons où il a son camp principal et où le **partage du butin** doit être fait selon la **tradition franque**.

HACHE POUR HOMME

Clovis contient sa colère. Un an plus tard, Clovis inspecte ses hommes. Il reconnaît le soldat insolent. Il remarque que sa tenue est sale. Il prend l'arme de l'homme et la jette à terre pour lui montrer son mécontentement.
Le soldat se baisse. Clovis lui fracasse alors la tête d'un coup de francisque en disant : « **Ainsi as-tu fait au vase à Soissons !** »

DRÔLE DE MOISSON À SOISSONS

Le jour venu, Clovis parle à ses hommes. Il demande sa part et le vase. Les guerriers francs acceptent tous. Tous, sauf un. Ce soldat s'avance et **brise le vase** en disant : « Tu n'auras rien d'autre que ce que le sort t'attribuera. »

L'épisode du vase de Soissons

LES FRANCS SALIENS, UN PEUPLE ENTOURÉ DE LÉGENDES

Les Francs sont une confédération de différents peuples. Parmi ces peuples, les Francs saliens se sont distingués par leur esprit de conquête. On pense que Clodion le Chevelu (390-450) a été le premier roi des Francs saliens.

LE DÉBAT EST CLO- !

Son nom n'a rien à voir avec « Claude », mais vient du germain *hlod* qui signifie « illustre » ou « valeureux au combat ». Beaucoup de ses descendants comme Clovis ou Clodomir ont ce préfixe dans leur nom.

CLODION À L'ORIGINE DU ROYAUME DES FRANCS

Clodion aurait été aussi le premier à entrer sur le territoire des Romains, au nord de la France. Vers 445-448, le général romain Aetius négocie avec Clodion qui peut conserver les territoires conquis et faire de Tournai sa capitale. C'est le tout début du futur royaume des Francs.

CHEVEU ÊTRE ROI !

Clodion était surnommé « le Chevelu ». Chez les Francs, on portait pourtant en général les cheveux courts. Pour se faire reconnaître même de ceux qui ne les connaissaient pas, les rois francs ont commencé à porter les cheveux longs jusqu'aux épaules. C'était le symbole du soutien des dieux.

Clodion le Chevelu

MÉROVÉE À L'ORIGINE D'UNE NOUVELLE DYNASTIE

Mérovée est le descendant de Clodion. C'est le troisième roi des Francs. Personne ne sait toutefois vraiment s'il était le fils de Clodion, son gendre ou un membre de sa famille.

Mérovée

MI-HOMME MI-BÊTE

Sa naissance est entourée de légendes. On raconte ainsi que sa mère Altina, probablement l'épouse du roi Clodion, déjà enceinte, aurait été séduite par une « bête de Neptune semblable au Quinotaure » tandis qu'elle se baignait dans l'océan. Elle aurait été enceinte une deuxième fois de ce taureau des mers. Les sangs de Clodion et de l'animal légendaire se seraient mêlés. Les membres de la dynastie mérovingienne auraient ainsi eu de grands pouvoirs surnaturels. Les Mérovingiens croyaient d'ailleurs en la magie.

LA PREMIÈRE DYNASTIE

Tous les descendants de Mérovée se font appeler les Mérovingiens. Ils appliquent la coutume des Francs saliens et donc la loi salique : seuls les garçons peuvent être rois ; les fils succèdent au père. Les Mérovingiens sont la première dynastie royale de l'histoire de France.

CLOVIS, ROI CHRÉTIEN DES FRANCS

CLOVIS, UN CHEF GUERRIER

Clovis naît en 466 à Tournai. C'est le fils de Childéric Ier. Selon la coutume, il est élu à 15 ans roi des Francs. Au début de son règne, Clovis ne dispose alors que de 5 000 hommes. Il remporte plusieurs batailles pour agrandir son territoire : il vainc Syagrius, un chef gallo-romain, à Soissons, puis il bat les Alamans à Tolbiac. Il décide de se convertir à la religion chrétienne pour remercier Dieu de sa victoire.

CLOVIS, PREMIER ROI CHRÉTIEN DES FRANCS

Nous sommes en 496. Rémi, l'évêque de Reims, prend quelques gouttes d'eau bénite dans une coquille Saint-Jacques et les verse sur la chevelure abondante du jeune roi mérovingien Clovis. Il est baptisé par cette cérémonie et devient le premier roi des Francs chrétien, sous le regard bienveillant de son épouse, Clotilde.

DE NOUVELLES CONQUÊTES

Fort de cette foi nouvelle et avec le soutien de l'Église, Clovis repart en guerre. Il bat les Burgondes à Dijon, puis repousse les Wisigoths à la bataille de Vouillé. Il s'empare ainsi de l'Aquitaine. Il renforce son pouvoir en faisant de Paris sa capitale. En 511, à sa mort, la Gaule est presque entièrement aux mains des Francs.

Le baptême de Clovis

La bataille de Vouillé

L'EXPANSION DU ROYAUME DES FRANCS

UNE ALLIANCE INTELLIGENTE

Les Mérovingiens qui succèdent à Clovis renforcent leur pouvoir. La taille de leur **royaume double** quasiment en un siècle. Clovis a l'intelligence politique de marier son fils Thierry à une princesse burgonde. Les Francs se trouvent donc **alliés avec les Burgondes**, un peuple puissant établi sur le territoire de la Bourgogne actuelle.

LE SAIS-TU ?

La cérémonie du sacre n'existait pas vraiment chez les Francs : on hissait le futur roi sur un **pavois**, un grand bouclier, pour le proclamer roi.

LE POUVOIR CHEZ LES FRANCS

Dans les coutumes des rois Francs, le droit d'aînesse n'existait pas, c'est-à-dire que le plus vieux des fils n'héritait pas de tout le territoire de son père. Au contraire, **chaque fils devenait roi d'une partie du royaume**. Cependant, le royaume des Francs continuait d'exister.

QUEL HÉRITAGE ?

À la mort de Clovis, la Gaule est ainsi divisée entre ses fils. Le royaume des Francs est séparé en quatre régions : la **Neustrie**, l'**Austrasie**, la **Bourgogne** et l'**Aquitaine**.

FRÉDÉGONDE ET BRUNEHAUT : ENNEMIES POUR LA VIE

Les histoires de famille des Mérovingiens ont été particulièrement brutales et cruelles. Elles ont souvent conduit à des assassinats, voire à des guerres civiles. C'est le cas de la rivalité entre Frédégonde et Brunehaut, deux reines du VIe siècle.

FRÉDÉGONDE

Frédégonde est une très jolie jeune fille, selon la légende. C'était la maîtresse de Chilpéric Ier, petit-fils de Clovis. À l'époque, les rois avaient plusieurs femmes et souvent des maîtresses. Cela leur assurait d'avoir au moins un fils pour leur succéder. Frédégonde ne s'arrête pas là. Elle pousse le roi à répudier la reine Audovère. Mais hélas pour la comploteuse, Chilpéric épouse Galswinthe, fille du roi des Wisigoths. Elle n'est pas belle mais sa dot est importante. Quelques mois plus tard, on retrouve la reine Galswinthe étranglée et poignardée dans son lit. Chilpéric finit par se marier avec Frédégonde.

Frédégonde

BRUNEHAUT

Brunehaut est la sœur de Galswinthe. Reine d'Austrasie par son mariage avec Sigebert, elle réclame vengeance car elle soupçonne Frédégonde d'avoir fait assassiner sa sœur.

Le mariage de Chilpéric et Galswinthe

FRÉDÉGONDE ET BRUNEHAUT : UNE VÉRITABLE VENDETTA

Chilpéric cède quelques territoires à son frère Sigebert en réparation du crime comme le prévoit le droit des Francs. L'histoire pourrait s'arrêter là…

MORTS EN SÉRIE

À ceci près que Chilpéric trahit son engagement et essaie de reprendre ces territoires par la force. Sigebert envahit la Neustrie. C'est la « faide », ou guerre civile. Chilpéric doit s'enfuir. Frédégonde intervient à nouveau et parvient à faire assassiner Sigebert pour sauver son mari !
Brunehaut ne s'en laisse pas conter : elle épouse le fils de Chilpéric et Audovère ! Frédégonde entre dans une colère noire. Elle fait assassiner ce nouveau roi d'Austrasie et, au passage, ce brave Chilpéric qui avait découvert son infidélité !

LA FAIDE EST FINIE

La reine fait alors reconnaître son fils de 4 mois comme roi de Neustrie sous le nom de Clotaire II et gouverne à sa place mais meurt peu après.

QUE DEVIENT BRUNEHAUT ?

Elle connaît une fin terrible. Après de nombreuses péripéties, elle est arrêtée et suppliciée pendant trois jours. On l'attache par la jambe et les cheveux à un cheval indompté. Elle meurt de ses blessures.

BATHILDE ET DAGOBERT, DES FIGURES MARQUANTES

DAGOBERT, DERNIER GRAND ROI MÉROVINGIEN

Dagobert ne règne que dix ans, entre 629 et 639. Mais il a été un grand roi qui a gouverné habilement. Conseillé par l'évêque saint Éloi et soutenu par l'Église, Dagobert prit plusieurs décisions importantes :

- Il restaure la paix dans le royaume en se battant contre les révoltes des Bretons et des Basques ;
- Il crée une monnaie unique pour tout le royaume des Francs, ce qui favorisa le commerce ;
- Enfin, il crée l'abbaye de Saint-Denis au nord de Paris où sont depuis enterrés tous les rois de France.

Dagobert

BATHILDE, UNE REINE HABILE

Bathilde était la femme de Clovis II. À sa mort en 657, Bathilde devient reine des Francs au nom de son fils Clotaire III. Elle dirige donc la Neustrie et la Bourgogne. Elle évite une guerre civile en faisant de Childéric le roi d'Austrasie. Elle fonde par ailleurs de nombreux monastères et interdit la vente et l'achat d'esclaves sur le territoire des Francs.

Bathilde et Clovis II

LE SAIS-TU ?

Dagobert est devenu célèbre à cause d'un refrain populaire se moquant de lui. Cette chanson fait partie de toutes les légendes créées pour abaisser les Mérovingiens.

LES DERNIERS MÉROVINGIENS

Après Dagobert, le pouvoir des Mérovingiens ne cesse de s'affaiblir. Leur Premier ministre, qu'on appelle alors le maire du palais, devient un personnage central. De 639 à 751, on considère que les maires du palais exercent le pouvoir à la place du roi.

LES ROIS FAINÉANTS

Les derniers rois mérovingiens ne remportent quasiment plus de victoires militaires. Ils ne peuvent donc s'enrichir de cette façon.
Pire encore, ils se montrent incapables de faire rentrer les impôts et les taxes.
Le Trésor royal fond rapidement.
La légende donne aux derniers rois mérovingiens le surnom de « rois fainéants ». Ils dilapident le peu de fortune qui leur reste pour acheter la fidélité des soldats et des conseillers qui les entourent.
En réalité, ils n'ont plus d'autorité.

MARTEL EN TÊTE

Ils s'épuisent à se combattre ou s'assassiner entre eux. Ils laissent l'aristocratie franque devenir de plus en plus forte et notamment la famille des Pippinides, une riche famille d'Austrasie.
En 751, Charles Martel, maire du palais, chasse du trône Childéric III, le dernier roi mérovingien.

Charles Martel

PÉPIN LE BREF, PREMIER ROI CAROLINGIEN

UNE FAMILLE PLUS POPULAIRE QUE LE ROI

Au VIIIe siècle, les Arabo-Musulmans sont à la tête d'un immense empire qui s'étend de l'Orient jusqu'à l'Espagne. Désormais, ils menacent le royaume des Francs. En 732, ils sont devant Poitiers. Charles Martel conduit l'armée des Francs et les repousse en Espagne. Il leur reprend même la Provence et la Septimanie (le Languedoc actuel). Il gagne un immense prestige auprès de la population et de l'aristocratie.

Charles Martel à Poitiers

PETITS ARRANGEMENTS ENTRE AMIS

Le fils de Charles Martel se nomme Pépin le Bref. Il est à son tour maire du palais. Il passe alors un accord avec le pape. En échange de son aide militaire contre les Lombards, un peuple germanique qui occupe le Nord de l'Italie, le pape accepte que Pépin renverse Childéric III.

Pépin le Bref

UN GROS PÉPIN POUR CHILDÉRIC

Pépin fait prisonnier Childéric, le fait tondre pour lui ôter tout pouvoir et l'enferme dans un monastère. Il se fait élire roi en 751 par l'aristocratie franque. Il est même sacré par Étienne II, venu exprès d'Italie. C'est le début de la deuxième dynastie royale de l'histoire de France : les Carolingiens.

CHARLEMAGNE, EMPEREUR EUROPÉEN

Charlemagne est avant tout un roi guerrier : il combat les Lombards en Italie, les Arabes en Espagne, les Bavarois au sud de l'Allemagne et les Saxons au nord. Il met 30 ans à les convertir à la foi catholique.

CHARLEMAGNE EST INCONSOLABLE

Au retour de la conquête de l'Espagne en 778, le neveu de Charlemagne, Roland, est pris au piège à Roncevaux, un col des Pyrénées. La faute au traître Gamelon qui a averti les Arabes du passage de l'armée de Charlemagne. Roland se bat avec fougue, repoussant l'ennemi à l'aide de sa légendaire épée Durandal, mais il est blessé à mort. Il souffle dans son olifant (une sorte de cor) pour prévenir son oncle. Hélas, Charlemagne arrive trop tard pour le sauver.

LE SAIS-TU ?

Charlemagne est la francisation du nom *Carolus magnus* (« Charles le grand » en latin). Il est redouté dans toute l'Europe.

UNE COURONNE GÊNANTE

Le pape Léon III remercie Charlemagne en le couronnant empereur d'Occident le 25 décembre 800 à Rome. Charlemagne devient alors l'égal des empereurs romains. Mais d'après certains historiens, il a été couronné par surprise par le pape et en a été très gêné car il ne voulait pas que les Byzantins, véritables héritiers de l'Empire romain, ne se vexent ! Charlemagne établit son palais à Aix-la-Chapelle. En 814, à sa mort, l'empire de Charlemagne s'étend sur toute l'Europe occidentale. Il fait figure d'empereur européen et reste une figure historique importante en France et en Allemagne.

Couronnemen de Charlemag

LE TRAITÉ DE VERDUN ET LA FIN DE L'EMPIRE

Louis le Pieux

UNE FRATRIE DIVISÉE

Louis le Pieux, le fils de Charlemagne, parvient à maintenir l'Empire uni entre 814 et 840. Mais à sa mort, ses trois fils, Lothaire, Louis et Charles veulent tous être empereur. Or, le droit d'aînesse n'existe pas chez les Carolingiens. Lothaire essaie de rallier les grands du royaume à sa cause. Louis le Germanique et Charles le Chauve s'allient contre leur frère par les Serments de Strasbourg. Lothaire accepte alors de négocier.

UN SEMBLANT DE PAIX

Un accord est signé entre les trois frères en 843. C'est le traité de Verdun. Ce traité prévoit de couper l'Empire en trois parts égales. Chaque frère a une partie du royaume : Louis le Germanique a la Francie orientale, Charles le Chauve la Francie occidentale et Lothaire tous les territoires entre les deux, de la Belgique au nord de l'Italie. On appelle alors ce royaume la Lotharingie.

La signature du traité de Verdun en 843

FRANCE EST-FRANCE OUEST

Lothaire n'a pas de descendants. Ses territoires deviennent un objet de dispute entre la Francie occidentale, qui deviendra la France, et la Francie orientale, qui deviendra l'Allemagne.

L'EMPIRE MENACÉ PAR LES VIKINGS

LES VIKINGS ATTAQUENT !

Au IXe siècle, des envahisseurs venus du nord de l'Europe menacent l'Europe. Ce sont les Vikings. Ces « guerriers de la mer » arrivent par la mer et remontent les fleuves par l'embouchure grâce à leurs redoutables navires à fond plat, les drakkars. Ils envahissent ainsi une partie de l'Allemagne d'alors, de l'Angleterre et de la France.

OÙ EST LE GROS DES TROUPES ?

En 886, ils arrivent jusqu'à Paris en remontant la Seine. Le comte de Paris, Eudes, organise une défense efficace de la ville, notamment grâce à des tourelles de tir sur les ponts. L'empereur Charles le Gros arrive en renfort avec ses troupes, mais préfère proposer de l'argent aux Vikings plutôt que de les combattre. Pire, il leur propose de piller la Bourgogne à condition de ne plus assiéger Paris. Charles le Simple finit par céder la Normandie au chef viking Rollon par le traité de Saint-Clair-sur-Epte en 911.

LE SAIS-TU ?

La Normandie prend ce nom à l'époque des Vikings. C'est en effet la région des hommes du nord (*Nord Mann*, qui donnera Normand et Normandie).

L'EMPIRE MENACÉ PAR LES HONGROIS

Au xe siècle, l'Europe est menacée par les Hongrois. Ces Hongrois, aussi appelés Magyars, sont des éleveurs-cultivateurs aux origines mystérieuses. Ce peuple viendrait de l'Oural, puis aurait migré vers la mer Noire, se mélangeant à des peuplades turques.

UNE ÉQUIPE ENTRAÎNÉE

Montés sur des hongres, ils lancent des razzias, armés d'arcs. Ils peuvent parcourir jusqu'à 100 km par jour.

HENRI IER, DÉFENSEUR CENTRAL

Le roi saxon Henri Ier l'Oiseleur parvient à les adoucir en leur payant tribut. Ce sursis lui permet d'organiser la défense de la Germanie. Henri Ier et son fils Otton remportent ensuite plusieurs victoires significatives en 933 et 938.

UNE BATAILLE DÉCISIVE

Mais c'est le 10 août 955 qu'a lieu la bataille décisive du Lechfeld. Les Hongrois traversent le Lech, une rivière des Alpes, et attaquent Otton. Les Hongrois sont battus. Otton traverse le Lech pour piller leur camp, traquer les Hongrois en fuite et arrêter leurs chefs, comme Bulcsú. C'est la fin des raids hongrois en Europe et la fin de sept siècles d'invasions en Europe occidentale.

La bataille du Lechfeld

L'EMPIRE MENACÉ PAR LES SARRASINS

Les Arabo-Musulmans sont durablement installés en Afrique du Nord et dominent la Méditerranée. Certains d'entre eux deviennent des pirates que les Européens appellent Sarrasins.

UNE CONQUÊTE PROGRESSIVE

Les Sarrasins conquièrent une partie de la Méditerranée après la mort de Charlemagne. En 831, ils soumettent la Sicile et dominent Malte, la Sardaigne, la Corse et les Baléares. Ils s'attaquent bientôt à l'Italie. Ils prennent Brindisi, Bari, Tarente et menacent les faubourgs de Rome.

UNE AVANCÉE PAR LE SUD

Les Sarrasins prennent pied en Provence. Ils pillent Arles et Marseille et s'emparent de La Garde-Freinet en 890. De là, ils lancent des razzias et dominent le passage des Alpes. Ils s'aventurent dans le Dauphiné, le Valais et la Suisse où ils croisent les Magyars, les Hongrois. En 973, le comte Guillaume Ier chasse les Sarrasins de Provence.

LE SAIS-TU ?

Le personnage de profil que l'on peut voir sur le drapeau corse ou qui est représenté deux fois sur le drapeau sarde est un Maure, c'est-à-dire un Sarrasin. Ce sont donc deux drapeaux à tête de Maure !

LE CHÂTEAU FORT

À partir de la fin du IXe siècle, une grande insécurité règne dans les campagnes. Les propriétaires de terres font alors construire des châteaux pour se protéger.

LA BASE

Ils construisent d'abord des tours de bois sur des collines, entourées de palissades et de fossés. On les appelle des mottes. Mais ils ne sont pas suffisamment résistants. Bientôt, ils sont renforcés ou reconstruits en pierre pour devenir de véritables châteaux forts. Les seigneurs possèdent les terres autour du château : l'ensemble constitue le domaine seigneurial.

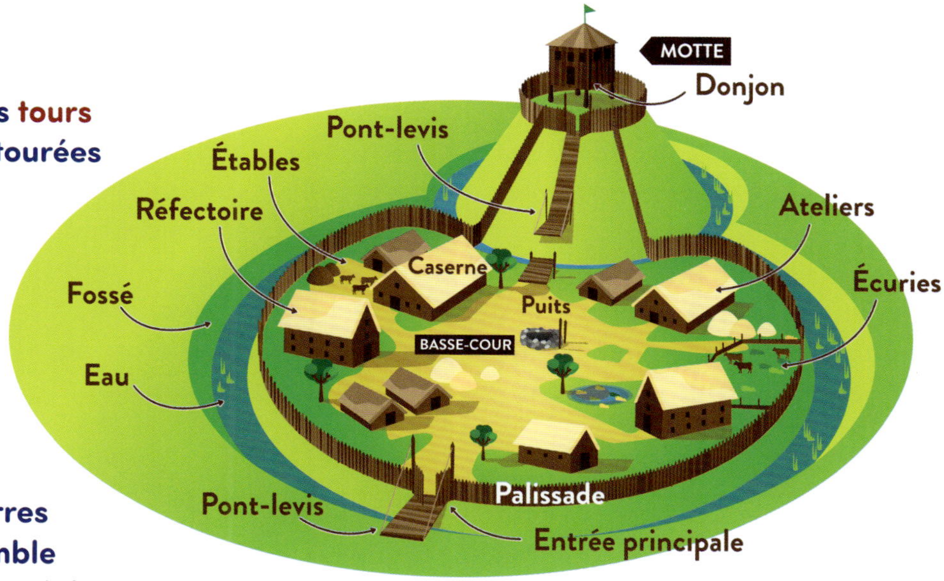

L'ENTRÉE DES ARTISTES

On passe d'abord par un pont-levis, c'est-à-dire une porte qui se bascule à la verticale pour devenir un pont et peut se relever rapidement en cas d'attaque. On entre dans le château par la basse-cour. On y trouve le potager, les écuries, la forge, le pigeonnier et les maisons des proches du seigneur. On y trouve souvent aussi une réserve de bois, de provisions et une citerne qui permet de récupérer l'eau de pluie.

CARRÉ VIP

En cas d'intrusion, le seigneur peut se réfugier dans son donjon qui abrite chambres, salle de réception et même chapelle privée.

LE SIÈGE DU CHÂTEAU

Les châteaux forts étaient réputés pour être imprenables. Cependant, il arrivait que des seigneurs tentent d'attaquer ou d'assiéger les châteaux ennemis.

AUX ARMES OU RIEN

On ne peut pas attaquer un château avec de simples chevaliers. Attaquer un château nécessitait l'invention d'armes de guerre souvent très perfectionnées. Pour prendre d'assaut un château, on utilisait souvent des tours de sièges (ou beffrois) sur roues. On les approchait des remparts. Les chevaliers montaient par un escalier intérieur et pouvaient pénétrer par une courte plateforme déployée entre la tour et le château.

Une tour de siège (beffroi)

ET BÊÊÊ !

Afin de briser la porte, on utilisait des béliers, parfois sur roues et protégés par un toit.

Une catapulte

TOUS LES COUPS SONT PERMIS

Enfin, pour semer la panique dans le château et/ou briser les murs des remparts, on utilisait une sorte de catapulte appelée trébuchet. Il pouvait tirer des boulets de 120 kg à 200 m de distance ! Parfois, on plaçait dans la catapulte des cadavres infectés dans le but de répandre la maladie dans le château fort !

SEIGNEURS ET VASSAUX

Pour disposer en permanence d'une armée puissante, les seigneurs prennent l'habitude de recruter des compagnons d'armes. Les seigneurs ont rapidement cherché à créer un lien de loyauté entre eux et leurs compagnons d'armes.

UN PUISSANT LIEN DE FIDÉLITÉ

Les compagnons d'armes juraient fidélité au cours d'une cérémonie. Ils prêtaient hommage, c'est-à-dire qu'ils s'engageaient à être les hommes du seigneur. Ils devenaient ainsi ses vassaux. Ce lien fort entre un seigneur et son vassal se transmettait souvent de père en fils !

UNE AIDE RÉCIPROQUE

Les vassaux devaient obéir au seigneur et lui apporter leur aide militaire en cas de guerre. Ils devaient aussi l'aider à rendre la justice sur le domaine seigneurial, le conseiller et ils s'engageaient à payer la rançon en cas de capture du seigneur. De son côté, le seigneur les protégeait contre tout ennemi. Mieux encore, les seigneurs donnaient à chacun de leur vassal un fief, c'est-à-dire un territoire qui assurait des revenus au vassal.

LE SAIS-TU ?

C'est du mot « fief » que vient le mot « féodal ». C'est pour cela qu'on parle d'époque féodale quand on évoque le temps des seigneurs.

LA PYRAMIDE FÉODALE

Il arrivait souvent que les vassaux des seigneurs recrutent eux-mêmes des compagnons d'armes, qui devenaient alors leurs vassaux. De la même façon, au fil du temps, les seigneurs sont parfois devenus les vassaux de seigneurs plus puissants.

UNE ORGANISATION TRÈS HIÉRARCHISÉE

Au cours du Moyen Âge, un véritable ordre social s'est créé : on l'appelle pyramide vassalique ou pyramide féodale.

- À la base de cette pyramide, les simples chevaliers n'avaient pas de vassaux et ne rendaient pas la justice.
- Plus haut dans la pyramide se trouvaient les petits seigneurs (barons et châtelains).
- Plus haut encore dans la pyramide, on trouvait les grands seigneurs : ducs, marquis, comtes, vicomtes et hauts barons.

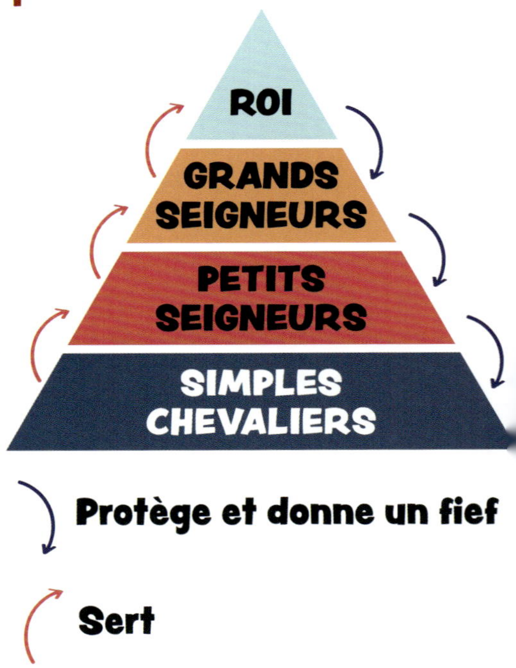

LA CERISE SUR LE GÂTEAU

Enfin, en haut de la pyramide, le seigneur des seigneurs, était le roi. Le roi n'était le vassal de personne. Cependant, les rois ont mis du temps à s'imposer et à se placer en haut de la pyramide féodale. Longtemps, des seigneurs ont été plus puissants que les rois et refusaient d'être leurs fidèles vassaux !

DEVENIR CHEVALIER

Dans la pyramide vassalique, on ne trouve que des chevaliers, c'est-à-dire des soldats suffisamment riches pour posséder un cheval, une épée et une armure. Ils constituent ce qu'on va appeler la noblesse, par opposition aux roturiers qui n'ont ni titre ni terre.

SON DESTIN

Le chevalier consacre toute sa vie au combat. Lorsqu'il n'accompagne pas son seigneur dans des expéditions militaires, il participe à des tournois pour s'entraîner. Il forme aussi les futurs chevaliers.

DIFFÉRENTES ÉTAPES

Vers 7 ans, le futur chevalier quitte sa famille et se met sous la protection d'un chevalier, ami de sa famille. Il devient ensuite page et s'occupe des armes et du cheval de son parrain. Puis il devient écuyer vers 13 ans et suit parfois son parrain à la guerre.

ADOUBEMENT ET COLLÉE

Les écuyers deviennent des chevaliers au cours de la cérémonie de l'adoubement. Dans le grand hall du château, les écuyers posent un genou à terre et prêtent serment sur la Bible. Le seigneur pose son épée à plat sur leur épaule, puis il le relève et lui donne un coup du plat de la main sur la nuque : c'est la collée. L'écuyer reçoit enfin ses armes de chevalier.

La cérémonie de l'adoubement

DES SEIGNEURS DE GUERRE

L'ARMURE DU CHEVALIER

Le chevalier est lourdement armé. Il porte un **gilet** de lin. Par-dessus, il revêt un **haubert**. Le haubert est une tunique constituée de 30 000 anneaux de fer ! Pour protéger ses bras et ses jambes, il enfile des **gantelets** et des **chaussures** en métal. Enfin, il se vêtit également d'un **capuchon** en tissu et d'un casque de fer : le **heaume**. Il se bat avec une épée, une lance et un poignard.

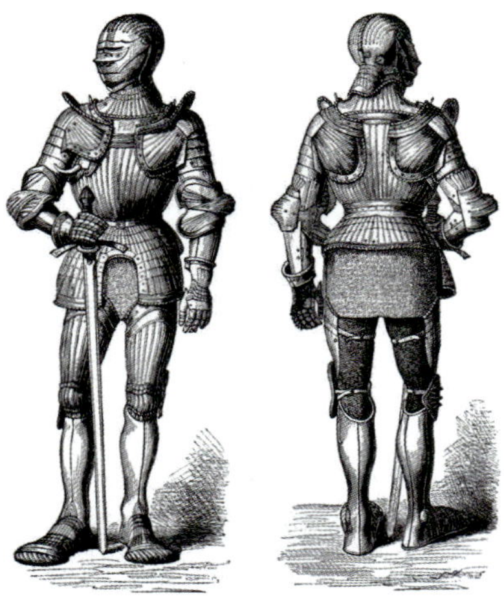

C'EST DU LOURD !

Les armures protègent efficacement les chevaliers mais elles sont aussi **très lourdes**. Un chevalier à terre peut à peine se relever seul ! À la bataille d'Azincourt en 1415, les Anglais utilisent des arcs à longue portée. L'armure devient un handicap.

DE NOUVELLES VALEURS

Les chevaliers des premiers temps aimaient la guerre et certains étaient violents. L'Église leur impose même des règles très strictes vers l'an mil : ne pas se battre les jours de fêtes religieuses, ne pas attaquer des personnes sans défense, etc.
Petit à petit, les chevaliers adoptent ce code de conduite et en font les valeurs de la chevalerie : **fidélité** à son seigneur, défense de la **justice**, **générosité** et **courtoisie** envers les dames.

DES PAYSANS DOMINÉS

Même si les paysans représentent, au Moyen Âge, 90 % de la population, ils sont dominés par les seigneurs. Beaucoup de paysans sont des serfs. Ils appartiennent au seigneur qui a droit de vie et de mort sur eux. Lorsqu'un seigneur vend une partie de ses terres, les serfs attachés à cette terre sont vendus avec.

VILAINS PAYSANS

D'autres paysans n'appartiennent pas au seigneur mais ils doivent en revanche travailler et payer des impôts au seigneur pour cultiver ses terres. On les appelle des « vilains ». Ils paient de nombreuses taxes au seigneur comme une taxe sur les ponts ou l'utilisation du moulin.

LE SAIS-TU ?

« Serf » vient du latin *servus* qui signifie « esclave ».

CHACUN SON RYTHME

La vie des paysans est rythmée par l'Église qui impose le baptême, le mariage, l'extrême-onction tout au long de la vie. L'année est aussi rythmée par les fêtes chrétiennes et le quotidien par la cloche de l'église. Le calendrier agricole (moissons, fenaisons, plantations, etc.) rythme aussi l'année des paysans, tandis que le soleil décide du temps de travail. L'hiver est la saison des veillées au coin du feu.

LA SEIGNEURIE, UN TERRITOIRE ÉCONOMIQUE DOMINÉ PAR LE SEIGNEUR

Les seigneurs sont les maîtres des terres cultivables rassemblées dans des seigneuries, c'est-à-dire un ou plusieurs châteaux entourés de villages et de terres.

LE SEIGNEUR ET...

Sur le territoire de la seigneurie, le seigneur possède le droit de ban, c'est-à-dire le droit de commander tous les habitants. Il possède en outre le pouvoir de rendre la justice. Enfin, le seigneur possède le pouvoir de lever des redevances, c'est-à-dire des impôts.

...LES PAYSANS

Les paysans, en revanche, n'ont que peu de droits. Ils cultivent les terres du seigneur pour nourrir le château et ses hommes (la réserve). Ils cultivent également les tenures, des champs loués au seigneur en échange d'une somme d'argent (le cens). En échange de sa protection, le seigneur exige aux paysans des redevances qu'on appelle les banalités (utilisation obligatoire de son moulin, de son four, de son pressoir) et des corvées (1 à 6 jours de travail par an).

PAS LE DROIT À L'ERREUR

Si les paysans désobéissent, ils sont punis au pilori. Ils peuvent même parfois être condamnés à mort par le seigneur. Ils sont alors pendus à un gibet.

LE TRAVAIL DU PAYSAN

UN TRAVAIL AGRICOLE BIEN RYTHMÉ

Un calendrier du XVe siècle, le Rustican, nous donne une idée assez précise de ce qu'était l'**année d'un paysan du Moyen Âge** : curage des fossés en janvier, épandage du fumier en février, taille des vignes en mars, tonte des moutons en avril, récolte du blé en juin, moisson des céréales en juillet, battage des épis en août, semailles en septembre, foulage au pied des raisins en octobre, glandée en novembre pour nourrir les cochons qu'on tuait en décembre.

DE MEILLEURS OUTILS

Petit à petit, l'outillage des paysans s'améliore : le travail du **fer** dans les forges permet de renforcer les outils en bois, et notamment le soc de l'araire. On crée le **collier d'épaule pour les chevaux** qui permet de doubler leur force de travail. Les **charrues** sont de plus en plus utilisées à partir du Xe siècle : elles permettent de retourner la terre plus profondément et donc d'obtenir de meilleurs rendements.

DES CONDITIONS DE VIE SOUVENT MISÉRABLES

La grande majorité des paysans au Moyen Âge vit dans une extrême pauvreté.

UN RÉGIME PRÉCAIRE

Leur alimentation est maigre et peu variée : le pain et la soupe sont la base de l'alimentation. La soupe est souvent un mélange de légumes secs, de racines ou de restes. Quelques fruits et des œufs du poulailler viennent parfois améliorer l'ordinaire. Ce régime alimentaire est précaire. Les paysans souffrent souvent de périodes de manque de nourriture qu'on appelle des disettes. Les disettes sont fréquentes, notamment l'hiver.

MAZETTE, QUELLE MASURE !

Les paysans vivent dans des maisons sans confort qu'on appelle des masures. Ce sont des maisons en pierre ou en torchis, un mélange de terre et de paille. Le sol est en terre battue. Elles sont souvent couvertes d'un toit de chaume. La maison paysanne se compose d'une grande pièce, mal éclairée, organisée autour d'un foyer qui permettait de s'éclairer, de cuisiner et de se chauffer. Les fêtes paysannes et les veillées au coin du feu sont les seuls loisirs des paysans. Leur espérance de vie dépasse rarement 40 ans.

LES RÉVOLTES PAYSANNES

Les révoltes paysannes sont nombreuses au Moyen Âge.

LA GRANDE JACQUERIE

La plus célèbre d'entre elles est la Grande Jacquerie de 1358. Elle survient dans les campagnes d'Île-de-France, de Champagne, d'Artois et de Normandie. Elle est menée par un certain Jacques Bonhomme, surnom donné à Guillaume Carle.

LE SAIS-TU ?

À partir de ces événements, toutes les **émeutes paysannes** sont appelées des **jacqueries**. Ce terme est formé à partir du prénom Jacques qui était un prénom largement répandu dans la population des campagnes mais aussi de la veste courte des paysans qui s'appelaient des jacques.

POURQUOI ÉCLATE-T-ELLE ?

La guerre de Cent Ans et la peste expliquent peut-être la révolte. Mais surtout, les défaites de Crécy (1346) et de Poitiers (1356) ont beaucoup affaibli la noblesse que les paysans ne respectent plus. Cela explique que les violences paysannes soient surtout dirigées contre les nobles. Cette révolte éclate le 23 mai 1358. Elle est violemment réprimée, notamment avec le massacre de Mello dans l'Oise, le 9 juin.

Le massacre de Mello

LES CHARTES DE FRANCHISE

À la fin du XIe siècle, des villageois obtiennent des droits et des privilèges de la part des seigneurs à travers ce qu'on appelle des chartes de franchise.

COMMENT ÇA MARCHE ?

Ces chartes sont des documents précisant les libertés que donne le seigneur en échange d'une contrepartie financière. Le seigneur accorde ces chartes de franchise à la suite de révoltes ou volontairement pour obtenir l'appui des habitants ainsi « libérés ».

COMMUNES NORD ET COMMUNES SUD

Dans le Nord de la France, les communes sont gouvernées par des jurés, pairs, échevins ou maires élus par leurs concitoyens. Dans le Sud, elles sont en général administrées par le seigneur et les représentants des habitants du bourg, les bourgeois.

LE SAIS-TU ?

Le mot « bourgeois » désigne à l'origine l'habitant d'un bourg qui a obtenu sa liberté vis-à-vis du seigneur.

C'EST PAS DONNÉ !

La première charte de franchise date de 1066. Elle a été concédée par le prince-évêque de Liège, Théoduin de Bavière, à ses sujets de la ville d'Huy, en échange de la moitié de leurs biens ! Les communautés urbaines bénéficiant d'une charte de franchise sont appelées des communes.

L'ÉGLISE AU MOYEN ÂGE, PLUS PUISSANTE QUE LES ÉTATS

Au Moyen Âge en Europe, l'Église est une véritable puissance, de force égale voire supérieure aux États.

UNE RICHESSE CONSIDÉRABLE

Elle détient des terres qu'elle cultive ou loue à des paysans ; elle perçoit un impôt, la dîme ; elle reçoit de très nombreux dons en or ou en terre venant de fidèles. Son pouvoir est aussi politique. Le pape ou les évêques peuvent excommunier ceux qui contrarient leur autorité, c'est-à-dire qu'ils peuvent les priver des sacrements, et autoriser leurs vassaux à rompre leur serment d'obéissance.

LE SAIS-TU ?

« Aller à Canossa » est une expression qui signifie « faire pénitence pour se faire pardonner ».

EXCOMMUNION ET PARDON

En 1075, le pape Grégoire VII se brouille avec Henri IV, l'empereur allemand : le pape souhaite nommer les évêques. Pas question pour Henri de céder ce pouvoir. Grégoire VII l'excommunie. Les seigneurs allemands reprennent leurs terres et leur liberté et élisent même un nouveau roi. Abandonné de tous, Henri IV se rend à Canossa où réside le pape et reste pieds nus pendant 3 jours dans la neige pour faire pénitence avant que le pape ne décide le pardonner !

L'empereur allemand Henri IV

L'ORGANISATION DE L'ÉGLISE : CLERGÉ SÉCULIER ET RÉGULIER

L'Église est le premier ordre de la société, avant la noblesse. Toute la population de l'Europe occidentale est alors chrétienne.

EN BANDE ORGANISÉE

L'Église doit sa puissance à son organisation. Le pape est le chef de l'Église et de toute la chrétienté. Il est élu par les cardinaux, à la mort du précédent pape. Ce cérémonial renforce le pouvoir du pape au Moyen Âge. Le clergé obéit à une hiérarchie. Le pape dirige les cardinaux, qui sont au-dessus des évêques. Ces derniers sont au-dessus des prêtres. Tous les hommes d'Église sont appelés clercs. Il existe en outre deux sortes de clergés : le clergé séculier vivant au milieu des chrétiens (évêques et prêtres) et le clergé régulier vivant en dehors du monde dans des abbayes ou des monastères (abbés et moines) et consacrant leur journée au travail et à la prière.

DES RÈGLES STRICTES

En théorie, tous les membres du clergé font vœu de pauvreté. Ils doivent aussi rester célibataires. Le pape Grégoire VII lance la réforme grégorienne pour lutter contre les abus et faire respecter les règles.

LE RÔLE DE L'ÉGLISE DANS LA SOCIÉTÉ MÉDIÉVALE

Un chrétien croit qu'il sera jugé après sa mort en fonction de ses actions sur terre. Pour sauver son âme, c'est-à-dire faire son salut, un chrétien doit respecter les enseignements de l'Église pendant sa vie sur Terre. Sinon, il sera privé de paradis et devra aller en enfer.

UN SACRÉ CHEMIN

Cette conception du monde explique que l'Église soit partout présente dans la vie quotidienne. Ainsi, un chrétien suit une grande partie des sept sacrements : baptême, communion, confirmation, mariage (à partir du XIIe siècle), ordination (devenir homme d'Église), guérison et réconciliation par la confession.

ALLER VERS DIEU

Un chrétien doit aussi faire de bonnes actions comme l'aumône aux pauvres ou des pèlerinages, c'est-à-dire se rendre à pied dans des lieux importants du christianisme comme Rome, Jérusalem ou Saint-Jacques-de-Compostelle.

Coquille de pèlerin, indiquant le chemin de Compostelle

LE JOUR DU SEIGNEUR

Il doit aussi assister aux messes le dimanche, célébrer les fêtes chrétiennes et apporter son soutien à l'Église qui joue le rôle d'intermédiaire entre Dieu et les hommes. Les hommes d'Église, eux, ont pour fonction de prier pour les hommes.

L'ÉGLISE EN GUERRE À L'INTÉRIEUR DE LA CHRÉTIENTÉ

En tant que puissance, l'Église souhaite se développer. Elle cherche donc aussi à lutter contre ce qu'elle considère comme des menaces.

LES BONS ET LES MAUVAIS

La première menace contre l'Église, ce sont tous les chrétiens qui pratiquent leur foi différemment ou en dehors de l'Église. On les appelle les hérétiques. En effet, la pratique de la religion chrétienne est fondée sur la Bible et sur les règles fixées par les hommes d'Église dans des assemblées, les conciles.

L'INQUISITION

En Espagne, l'Église catholique crée le tribunal de l'Inquisition en 1223 : des enquêteurs, appelés inquisiteurs, sont envoyés par le pape pour faire avouer des hérétiques, y compris par la torture, les juger, les condamner et les brûler vif sur le bûcher. N'importe qui peut être inquiété sur simple dénonciation. Bernard Gui est un des inquisiteurs les plus célèbres.

CATHARES, À PART

Les Cathares, dans le Sud de la France, sont des chrétiens qui vivent leur foi sans respecter les règles de l'Église. Ils sont pourchassés et exterminés par les rois et les nobles au nom de l'Église.

L'ÉGLISE EN GUERRE À L'EXTÉRIEUR DE LA CHRÉTIENTÉ

Après la chute de l'Empire romain d'Occident en 476, l'Empire romain d'Orient survit. Il prend alors le nom d'Empire byzantin et contrôle Jérusalem : les chrétiens peuvent donc se rendre en toute sécurité sur le tombeau du Christ pour prier.

Le pape Urbain II prêchant la première croisade à Clermont

LES PREMIÈRES CROISADES

En 1078, les Turcs Seldjoukides, venus d'Asie, attaquent l'Empire byzantin et s'emparent de Jérusalem. Ils en interdisent l'accès aux chrétiens. Le pape Urbain II lance donc un appel à reconquérir Jérusalem, à Clermont, en 1095. De nombreux chevaliers cousent une croix sur leurs vêtements pour se reconnaître entre eux. D'où le nom de « croisés » et de « croisade ». En 1099, les croisés reprennent Jérusalem mais commettent des violences et des pillages inutiles.

CHRÉTIENS ET MUSULMANS

Les chrétiens veulent aussi chasser les musulmans, installés en Espagne depuis le XIIIe siècle. C'est ce qu'on appelle la Reconquista (la reconquête). Après plusieurs batailles, comme celle de Las Navas de Tolosa (1212), les chrétiens parviennent à reconquérir une grande partie de l'Espagne. En 1492, la Reconquista est achevée.

La bataille de Las Navas de Tolosa

LE COMMERCE

En Europe de l'Ouest, après la chute de l'Empire romain d'Occident, les échanges commerciaux diminuent.

LES ROUTES EN DÉROUTE

Après la chute de l'Empire romain d'Occident, les ponts et les routes romaines ne sont plus entretenus. Certains tronçons disparaissent : les seigneurs récupèrent les dalles et les pierres pour leurs châteaux, les paysans en profitent pour agrandir la taille de leurs cultures. On estime que la vitesse moyenne de déplacement au Moyen Âge est de 10 à 15 km par jour ! D'autres obstacles freinent le commerce. Les seigneurs font payer des péages ou un droit de passage aux personnes qui transportent des marchandises. Les brigands pullulent.

COUP DE BOL AVEC LES CÉRÉALES

Entre l'an mil et 1250, les paysans se mettent à produire beaucoup plus, grâce aux grands défrichements et au réchauffement climatique. Au XIVe siècle, pour un grain de blé semé, on en récolte deux fois plus que 300 ans auparavant. Comme les fermiers commencent à produire plus qu'ils ne peuvent consommer, ils cherchent à vendre le surplus. Avec l'argent gagné, ils peuvent se procurer du sel ou des produits artisanaux. Dans les chartes de franchise qu'ils signent, les seigneurs autorisent les marchés, les foires et facilitent le commerce.

ON Y DANSE, ON Y DANSE

Vers le XIIe siècle, de nouvelles voies de communication sont créées. Des associations de bénévoles, laïcs ou hommes d'Église, décident de reconstruire des ponts. C'est le cas du fameux pont d'Avignon au XIIe siècle. L'Église fonde aussi des refuges et des hospices comme celui du Grand-Saint-Bernard pour permettre aux marchands de faire des haltes au cours de leurs voyages. Il faut cependant attendre le XIVe siècle pour que le réseau routier s'améliore réellement.

LA MAILLE A LA COTE

Les quantités de produits agricoles deviennent parfois importantes. Des métiers nouveaux apparaissent donc : transporteurs de marchandises, gérants d'entrepôts, courtiers spécialisés dans la négociation des prix. Comme l'Église voit d'un mauvais œil le commerce de monnaie et les prêts d'argent, les juifs se spécialisent dans ce domaine car leur religion ne le leur interdit pas. Dans les grandes villes, les premières banques naissent ainsi.

LES PROGRÈS DE LA NAVIGATION

Les routes restent incertaines et lentes. Plusieurs inventions permettent aux Européens de développer le commerce maritime.

LES COMMERÇANTS NE PERDENT PAS LE NORD

L'innovation la plus importante de cette époque est la diffusion de la boussole. Longtemps, les marins ont longé les côtes pour ne pas se perdre. Cette invention chinoise s'est probablement diffusée en Europe par les commerçants arabes. L'aiguille magnétique flottait sur de l'huile. Elle a ensuite été fixée sur un pivot pour pouvoir tourner la boussole dans toutes les directions sans perdre le nord !

DES ASTRES POUR ÉVITER LA CATASTROPHE

On doit aux Arabes deux inventions, l'astrolabe et le sextant. Ces instruments permettent de mesurer la hauteur des astres au-dessus de l'horizon. On pouvait donc déterminer par le calcul les distances parcourues ou à parcourir. Les Génois tirent profit de cette invention les premiers et créent la route maritime entre l'Italie, les Flandres et l'Angleterre à la fin du XIIIe siècle. La voile latine triangulaire et le gouvernail d'étambot permettent aussi d'améliorer les manœuvres.

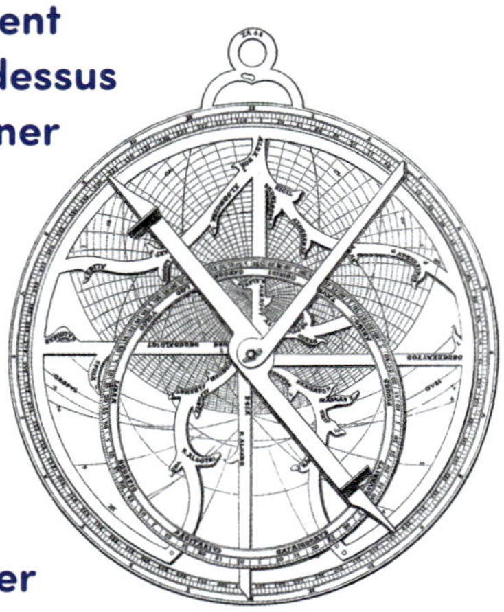

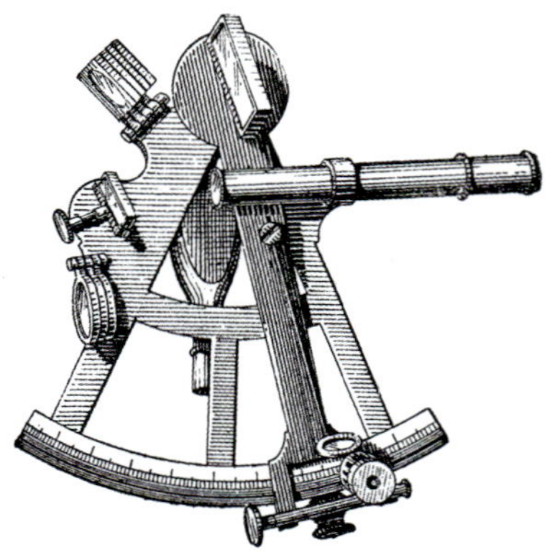

Sextant (à droite) et astrolabe (à gauche)

LOUIS IX, ROI TRÈS CHRÉTIEN

Né en 1214, le petit Louis est élevé par sa mère, Blanche de Castille, dans un profond amour de la religion. Elle espère faire de lui un roi idéal qui aurait les qualités d'un moine et d'un roi.

UN VÉRITABLE SAINT

Adulte, Louis n'oublie pas les leçons de sa mère et s'occupe souvent des pauvres et des nécessiteux. La légende raconte qu'il va fréquemment dans les hôpitaux laver les pieds des pauvres. Il fait même construire l'hôpital des Quinze-Vingt à Paris pour eux.

VINCENNES DEVINT SAINE

On dit aussi qu'il rendait la justice dans le bois de Vincennes, sous un grand chêne. Souvent, il prend parti pour le paysan contre le seigneur. Aujourd'hui, le gland est resté le symbole de la justice.

MANSOURAH NE LUI SOURIT PAS

Louis est aussi un roi guerrier. Mais il fait la guerre pour la gloire de Dieu. Il participe aux croisades mais est battu par le calife du Caire à la bataille de la Mansourah. Il monte rapidement une deuxième expédition. Bloqué à Tunis, il est bientôt touché par la peste et meurt en 1270. Après sa mort, l'Église le reconnaît comme saint et on le nomme Saint Louis.

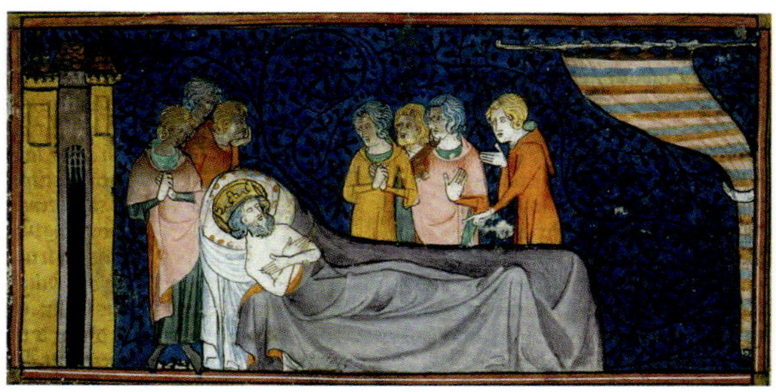

ALIÉNOR D'AQUITAINE

Née duchesse d'Aquitaine, Aliénor devient à 14 ans reine de France par son mariage avec Louis VII, en 1137.

FACE AUX DÉSILLUSIONS

Pour cette jeune fille, quitter la brillante cour de Poitiers et ses troubadours qui chantent l'amour en latin et en langue d'oc est un déchirement. La voici dans un palais austère et froid. Le mariage ne dure d'ailleurs pas. D'autant qu'Aliénor tombe amoureuse d'Henri Plantagenêt. Il est l'héritier du trône d'Angleterre. En se mariant avec lui, Aliénor devient alors la femme la plus puissante d'Occident. Hélas, Henri est infidèle. Aliénor incite ses fils à s'allier à Louis VII contre son propre mari ! Henri l'arrête et l'emprisonne pendant 15 ans.

Le mariage d'Aliénor d'Aquitaine et Louis VII

LIBÉRÉE, DÉLIVRÉE

C'est son fils Richard Cœur de Lion qui la libère en 1189 quand il devient roi d'Angleterre à la mort de son père. Dès lors, Aliénor se met à son service. Quand il part en croisade, elle assure pendant deux ans la régence du royaume d'Angleterre. En 1199, Richard Cœur de Lion est tué. Aliénor va chercher sa petite-fille Blanche de Castille et la marie au fils de Philippe-Auguste et héritier du trône de France, le futur Louis VIII.

BLANCHE DE CASTILLE

Blanche de Castille est l'une des femmes les plus puissantes du Moyen Âge. Elle est deux fois reine : par son mariage avec Louis VIII et comme régente pour Louis IX, son fils. Par deux fois, Blanche de Castille sauve le roi de France.

SAUVETAGE DE LOUIS VIII

En 1216, Louis VIII est en guerre contre les barons anglais. Il est sur le point d'être fait prisonnier. Philippe-Auguste, le père du roi, refuse de donner l'argent nécessaire à une expédition. Blanche l'aurait alors menacé de donner ses propres enfants en gage aux Anglais ! Philippe-Auguste cède et Louis VIII est sauvé.

SAUVETAGE DE LOUIX IX

Quand Louis IX est couronné roi, les puissants seigneurs du royaume se réunissent à Corbeil, près de Paris : ils veulent enlever le roi, exercer le pouvoir en son nom et répudier Blanche. Elle se réfugie avec le jeune roi au château fort de Montlhéry. Comme le roi est très populaire auprès des Parisiens, elle leur écrit qu'il est en danger. La rumeur enfle. Les bourgeois de la capitale prennent les armes et arrivent en masse. Ils ramènent le jeune Louis à Paris sous bonne escorte. Blanche a encore sauvé le roi.

DATES CLÉS

1200 *Mariage de Blanche de Castille et de Louis VIII*
1223 *Louis VIII devient roi*
1226 *Mort de Louis VIII et couronnement de Louis IX*
1227 *Révolte des barons contre Blanche de Castille et Louis IX*
1252 *Mort de Blanche de Castille*

LE TEMPS DES CATHÉDRALES

De l'an mil à la fin du XVe siècle, l'Europe se couvre « d'un blanc manteau d'églises » comme l'écrit Raoul Glaber, un témoin de l'époque.

LE GOTHIQUE, ON NE VA PAS EN FAIRE UN ROMAN

Jusqu'au XIIe siècle, l'art roman domine. Les églises sont simples, avec des murs et des piliers épais pour soutenir la voûte. Les fenêtres sont petites. Vers 1150, de nouvelles techniques apparaissent. La voûte devient plus solide et la construction plus légère et plus élancée. On peut maintenant construire d'immenses églises qu'on appelle des cathédrales gothiques, en opposition au style roman. Elles sont décorées de grands vitraux qui laissent entrer la lumière. Le plus grand vitrail se trouve au-dessus de la porte et s'appelle une rosace. L'extérieur est orné de scènes de la Bible.

Les vitraux, typiques de l'architecture gothique

C'EST SULLY QUI DIT QUI Y EST

C'est l'abbé Suger qui fait construire la basilique de Saint-Denis à partir de 1144. En 1160, l'évêque de Paris, Maurice de Sully, décide de transformer la vieille église construite au IVe siècle en une cathédrale longue de 130 m, large de 48 m et haute de 43 m.

JEANNE D'ARC

Jeanne d'Arc naît en 1412 à Domrémy, un village de Lorraine. À cette époque, le royaume de France est en guerre depuis 75 ans avec le royaume d'Angleterre. Les deux pays se disputent non seulement des territoires mais aussi le trône.

UN APPEL DIVIN

À l'âge de 13 ans, alors qu'elle surveille le troupeau de moutons dans la ferme familiale, Jeanne entend des voix venues du ciel. Des saints lui demandent d'aider Charles VII à se faire sacrer à Reims et de chasser les Anglais hors de France.

UNE VICTOIRE EXPRESS

À 16 ans, elle parvient à rencontrer Charles VII. Il lui donne une armée pour libérer Orléans. Huit jours plus tard, la jeune fille de 17 ans libère la ville. Elle avance maintenant devant Reims, livre bataille aux Anglais et l'emporte une nouvelle fois.

JEANNE CONDAMNÉE

Charles VII entre triomphalement dans la ville de Reims et y est couronné roi de France le 17 juillet 1429. Sa mission accomplie, Jeanne continue à se battre. Malheureusement, elle est faite prisonnière par les Anglais.
Son procès se tient à Rouen de février à mai 1431. Les juges l'accusent de sorcellerie et la condamnent à être brûlée vive. Jeanne meurt à 19 ans.

LES INVENTIONS

LES PROGRÈS TECHNIQUES

Nous avons déjà évoqué des innovations importantes dans l'agriculture du Moyen Âge. Mais il faudrait aussi rappeler l'invention de la brouette vers 1170 et du fer à cheval au IXe siècle : cela permet à l'animal de porter des charges plus lourdes et de fréquenter des sols herbeux ou rocailleux plus facilement. La faux est encore plus importante : elle apparaît vers 1300 et fait grimper en flèche la production agricole. La faucille obligeait à se courber tandis que la faux permet de travailler debout, en faisant de grands mouvements.

LE MOULIN, L'INVENTION PHARE

Le moulin est l'invention la plus importante du Moyen Âge. Jusqu'au XVe siècle, l'Europe se couvre de moulins de toutes sortes : moulins à vent, moulins à eau et même moulins utilisant la force de la marée !

DÉVELOPPEMENT DES MÉTIERS À TISSER

On commence dès le XIe siècle à utiliser des métiers à tisser horizontaux, mus par des pédales. On peut tisser des draps cinq à dix fois plus vite ! Enfin, pour rendre le tissu plus compact, on le foulait aux pieds. On utilise désormais le moulin à foulons pour rendre cette tâche moins fastidieuse.

LE TRAVAIL DU MÉTAL

La draperie n'est pas la seule à progresser. Le travail du métal se développe avec la création des **premiers hauts-fourneaux** : dès 1150, on parvient à **fabriquer de la fonte** en mélangeant du fer et du carbone. On peut ensuite mouler cet alliage pour fabriquer des objets élaborés.

LA POUDRE NOIRE

La poudre noire est inventée vers 800. Il s'agit d'un mélange de salpêtre, de charbon et de soufre qui produit une combustion violente une fois enflammé. Si on enferme cette poudre dans une boîte fermée, la combustion de la poudre permet de créer une onde de choc qui peut **projeter une balle ou un projectile à une grande distance.** En Europe, la poudre est utilisée à partir des années 1320. On pense que les Européens l'auraient découverte par leurs contacts avec les Mongols.

LE CANON

Le canon est aussi inventé par les Chinois au cours de la dynastie Song. Il apparaît en Espagne au XIIIe siècle. Il **transforme profondément la façon de faire la guerre.** Dans l'idéal chevaleresque, les chevaliers devaient se battre au corps-à-corps. Avec le canon qui tire à longue distance, la façon de se battre se transforme et le rôle des chevaliers évolue aussi.

L'ÉCLUSE

L'écluse est inventée une fois encore en Chine en 984. Durant la construction du Grand Canal de Chine, un ingénieur remarque qu'en installant deux portes sur la rivière se forme un bassin. On peut en modifier le niveau en ouvrant les portes. On peut donc faire passer un bateau d'un cours d'eau à un autre, même s'ils ne sont pas au même niveau.

EAU-TEMPS, SUSPENDS TON VOL !

Il existait depuis les Grecs des horloges à eau qu'on appelait des clepsydres. Les Chinois et les Arabes en ont fabriqué de très élaborées mais la clepsydre restait imprécise. Au Moyen Âge, l'horloge devient une nécessité : les religieux et savants ont besoin de plus de précision pour les observations astronomiques ou calendaires ; les patrons en ont besoin pour rémunérer les artisans qui travaillent pour eux.

L'HORLOGE SE MONTRE

On prête à Gerbert d'Aurillac, devenu pape en 999, l'invention des horloges. Il en est au moins l'inspirateur. En 1094, on fabrique la première horloge monumentale, abritée dans une tour de 12 m de haut. À la fin du XIIe siècle, les horloges mécaniques sonnent les heures. Au XIVe siècle, on invente l'horloge de table ou de voyage qui remplace le poids par le ressort pour faire fonctionner le mécanisme.

LES LUNETTES

Au XIIIe siècle, les souffleurs de verre vénitiens parviennent à fabriquer des lentilles qui servaient de loupe. À la fin du XIIIe siècle, vers 1270, on commence, à les installer sur des montures en bois ou en corne. Ces lunettes permettent de corriger la presbytie. C'est au XVe siècle que l'on voit apparaître les premiers verres corrigeant la myopie.

GUTENBERG FAIT BONNE IMPRESSION

Gutenberg, un orfèvre médailliste, s'est inspiré de la presse viticole qui permettait d'écraser les grains de raisins : il a alors l'idée de créer des caractères en plomb, de les imbiber d'encre et de les presser sur une feuille. Le principe de l'impression est né.
En réalité, Gutenberg ne peut pas être considéré comme le seul inventeur de cette technique. Il a eu le mérite de créer des caractères en plomb plutôt qu'en bois et d'une presse à vis. Quoi qu'il en soit, cette invention a une importance considérable : les livres deviennent beaucoup moins chers et plus faciles à fabriquer.

L'INVENTION D'UNE ÈRE

Certains historiens pensent qu'à l'échelle du Moyen Âge, l'invention de l'imprimerie transforme le monde comme l'a transformé Internet à la fin du XXe siècle. De fait, ils considèrent même que l'invention de l'imprimerie en 1452 marque la fin du Moyen Âge.

LES TROUBADOURS ET LES TROUVÈRES

Les troubadours sont des auteurs de poèmes et des compositeurs de musique qui écrivent en langue d'oc, c'est-à-dire la langue parlée alors dans le Sud de la France.

Leur nom vient du verbe *trobar* (trouver) ce qui montre qu'ils sont avant tout des créateurs. La plupart du temps, ils ne récitent pas eux-mêmes leurs chants. Ce sont davantage les jongleurs et les ménestrels qui vont de château en château. Parfois d'origine noble, parfois d'origine modeste, ils perpétuent la tradition des poètes arabes d'Espagne.

INSPIRATIONS

Leurs chansons explorent trois thèmes : la chevalerie avec des récits épiques de batailles ; la politique avec des chansons satiriques ; l'amour avec des chansons dédiées à une dame.

SUCCÈS ET FIN DE LA GLOIRE

Leur art se diffuse aussi dans le Nord de la France où on les appelle trouvères. Les trouvères chantent l'amour courtois, ou *fine amor*, c'est-à-dire un amour impossible pour une dame inaccessible. Au XIVe siècle, la guerre de Cent Ans et la peste interrompent leur activité qui connaît le déclin.

LES SORCIÈRES AU MOYEN ÂGE

La première mention en français du mot « sorcière » apparaît au milieu du XIe siècle, dans le *Roman d'Éneas* (1060). Avant l'an mil, on appelle ces femmes *herbariae* ou *sortiariae*, c'est-à-dire « herboriste » et « jeteuses de sort ».

DES GUÉRISSEUSES ?

En réalité, la plupart sont guérisseuses ou sages-femmes. Elles ont recours à une médecine traditionnelle, à base de plantes et de racines médicinales. Pour beaucoup de populations rurales, les sorcières sont les seuls médecins.

LE REJET DE L'ÉGLISE

L'Église les tolère. Mais le pape Jean XXII, en 1326, est le premier à considérer la sorcellerie comme une hérésie. Ces femmes sont alors obligées de vivre en marge de la société, à la lisière des forêts. Ce sont souvent des femmes seules, célibataires, sans enfant. Elles apparaissent comme suspectes.

LES SORCIÈRES CONDAMNÉES

Les procès pour sorcellerie commencent à la fin du Moyen Âge, à partir de 1450. Le Moyen Âge ne persécute pas les sorcières. Entre 1430 et 1630, le continent européen aurait connu 110 000 procès en sorcellerie, dont la moitié se sont terminés par une condamnation à mort.

LA FIN DU MOYEN ÂGE : LA CHUTE DE CONSTANTINOPLE

Au cours du Moyen Âge, l'Empire byzantin s'affaiblit considérablement.

FIN DE L'EMPIRE BYZANTIN

Au XVe siècle, il ne reste plus aux Byzantins que Constantinople et sa région. Ses autres territoires comme l'Anatolie, la Grèce et le Sud des Balkans sont passés sous le contrôle des sultans Mourad Ier, Bajazet et Mourad II. En 1453, le sultan Mahomet II prend Constantinople au bout d'un siège de 54 jours. C'est la fin de l'Empire byzantin et donc la fin de l'Empire romain. C'est un événement considérable pour les Européens de l'époque. Pour certains, cet événement marque la fin du Moyen Âge et le passage à une nouvelle époque.

Bajazet II

FORCE DE L'EMPIRE OTTOMAN

L'Empire ottoman s'empare sous Bajazet II et Sélim le féroce de nombreux territoires méditerranéens, comme l'Arménie, l'Arabie, l'Égypte, l'Afrique du Nord et la Syrie. En Europe de l'Est, les Ottomans s'emparent de la Roumanie, de la Bulgarie, de la Serbie et de la Hongrie. La ville de Vienne est même sous la menace ottomane. En 1517, le sultan prend le titre de calife, c'est-à-dire de chef de tous les musulmans.

LA FIN DU MOYEN ÂGE : LA PRISE DE GRENADE

Au xvᵉ siècle, l'Espagne n'existe pas. Elle est constituée de petits royaumes.

L'ESPAGNE DE LA FIN DU MOYEN ÂGE

En 1469, Isabelle, héritière du trône de Castille, et Ferdinand, héritier du trône d'Aragon, se marient et unissent leurs forces pour ne former qu'un seul pays. En 1492, les armées de Castille et d'Aragon prennent le royaume de Grenade. Le dernier royaume musulman d'Espagne disparaît. C'est la fin de plus de sept siècles d'occupation musulmane et la fin de la Reconquista. L'Espagne est désormais entièrement chrétienne. Entièrement ? Pas tout à fait. Une partie importante de la population est musulmane ou juive.

UNE ESPAGNE CHRÉTIENNE

Ferdinand et Isabelle veulent une Espagne exclusivement chrétienne. Ils imposent donc aux musulmans et aux juifs de se convertir au catholicisme ou de partir. Beaucoup de juifs partent vers les grandes villes de Méditerranée, notamment à Salonique, en Grèce. Ceux qui restent sont souvent inquiétés pendant l'Inquisition.

LA CHUTE DE GRENADE

La chute de Grenade est un événement considérable à l'époque et certains historiens considèrent que la fin de la Reconquista marque la fin du Moyen Âge et le début de l'époque moderne.

LA FIN DU MOYEN ÂGE : LA DÉCOUVERTE DE L'AMÉRIQUE

Les Européens raffolent des épices au Moyen Âge. Depuis la chute de Constantinople, le commerce avec l'Asie est devenu compliqué car les Ottomans laissent plus difficilement passer les chrétiens.

LE COMMERCE MARITIME

Le commerce maritime est une solution compliquée car il faut alors contourner toute l'Afrique pour arriver dans l'océan Indien.

Christophe Colomb

CHRISTOPHE COLOMB

Christophe Colomb, un navigateur italien, propose alors ses services à Isabelle de Castille : puisque la Terre est ronde, il propose de naviguer vers l'ouest pour arriver en Asie et rapporter des épices par cette nouvelle route. Convaincue par son argument, elle le nomme amiral et lui procure trois caravelles, des navires modernes.

En octobre 1492, Christophe Colomb aborde de nouvelles terres. C'est l'Amérique. Mais il ne le sait pas et appelle les habitants des « Indiens » alors qu'il s'agit d'Américains ! Amerigo Vespucci et Giovanni Caboto, deux navigateurs, comprennent que ce continent n'est pas l'Asie. L'Amérique est nommée ainsi en l'honneur d'Amerigo Vespucci.

La plupart des historiens pensent que cet événement marque la fin du Moyen Âge.

CRÉDITS ICONOGRAPHIQUES :

LE SYSTÈME SOLAIRE

Page 8 gauche : Shutterstock ; page 9 : ©NASA (NASA ID : GSFC_20171208_Archive_ e001789/Center JSFC) ; page 10 gauche : Wikimédia : ©NASA/WMAP Science Team ; page 11 : Shutterstock ; page 12 bas : Shutterstock ; page 15 haut : ©NASA (NASA ID : PIA17669/ Center JPL) ; page 17 gauche : Wikimédia : @NASA ; page 22 gauche : ©NASA (NASA ID : GSFC_20171208_Archive_ e001661/Center GSFC) ; page 23 haut : ©NASA (NASA ID : PIA10936/Center JPL) ; page 24 bas : ©NASA (NASA ID : S91-50688/Center JSC) ; page 25 haut : ©NASA (NASA ID : PIA13970/Center JPL) ; page 34 haut : ©NASA (NASA ID : PIA21044/ Center JPL) ; page 35 bas : ©NASA (NASA ID : PIA23764/ Center JPL) ; page 37 haut : ©NASA (NASA ID : PIA01383/ Center JPL) ; page 39 bas : ©NASA (NASA ID : PIA02245/ Center JPL) ; page 40 milieu : ©NASA (NASA ID : PIA00342/Center JPL) ; page 40 bas : ©NASA (NASA ID : PIA00405/Center JPL) ; page 42 haut : ©NASA (NASA ID : as11-42-6237/Center JSC), page 42 bas : @United States Air Force/Senior Airman Joshua Strang ; page 43 : Shutterstock.

LES VOLCANS

Page 50 : Creative Commons Attribution-Share Alike 4.0 International/Kipala ; page 52 haut : Shutterstock ; page 53 milieu : Shutterstock ; page 54 bas : Shutterstock ; page 59 : Creative Commons Attribution 3.0 Unported/Kamil Piriyev ; page 60 : Shutterstock ; page 62 bas : Shutterstock ; page 64 haut et bas : Shutterstock ; page 65 haut gauche : Shutterstock ; page 65 bas : Creative Commons Attribution 3.0 Unported/京浜にけ ; page 173 haut : Shutterstock ; page 69 milieu : domaine public ; page 71 : Creative Commons Attribution 1.0 Generic/David Karnå ; page 73 haut : Creative Commons Attribution 3.0 Unported/Ji-Elle ; page 73 bas : Creative Commons Attribution 3.0 Unported/ Sören Bleikert ; page 76 droite : domaine public ; page 77 droite haut et bas : Creative Commons Attribution-Share Alike 4.0 International/Sémhur ; page 77 gauche haut : Shutterstock ; page 78 haut et milieu : Creative Commons Attribution-Share Alike 4.0 International/Sémhur ; page 79 droite : Creative Commons Attribution-Share Alike 4.0 International/Sémhur ; page 79 bas : Creative Commons Attribution-Share Alike 3.0 Unported/Bjarki Sigursveinsson ; page 79 gauche : domaine public.

LE CORPS HUMAIN

Page 88 : Shutterstock ; page 90 : Shutterstock ; page 96 droite : Shutterstock ; page 106 haut : Shutterstock ; page 123 gauche : Shutterstock ; page 124 : Shutterstock.

LES PAYS D'EUROPE

Page 136 droite : Shutterstock ; page 148 droite : Creative commons attribution/Raph_PH ; page 142 gauche : domaine public ; page 156 droite : Shutterstock ; page 169 droite : Creative commons attribution/Anders Hellberg ; page 170 haut : Shutterstock ; page 170 bas : Creative commons attribution/Peter Menzel ; page 171 gauche : Shutterstock ; page 173 droite : Shutterstock.

LA MYTHOLOGIE GRECQUE

Page 190 droite : Shutterstock.

L'ÉGYPTE ANTIQUE

Page 223 haut : Creative commons attribution/Rama ; page 225 gauche : Creative commons attribution/Gérard Ducher ; page 226 droite : Creative commons attribution/ MusikAnimal ; page 228 haut : Licence de documentation libre GNU/Metropolitan Museum of Art ; page 229 haut : Creative commons attribution/Rama ; page 229 bas : Creative commons attribution/Dosseman.

LE MOYEN ÂGE

Page 251 droite : domaine public ; page 252 : Shutterstock ; page 254 : domaine public ; page 257 : Licence de documentation libre GNU/François-Séraphin Delpech ; page 258 haut : Licence de documentation libre GNU/ Nicolas de Larmessin ; page 258 bas : domaine public ; page 259 droite : Creative Commons Attribution/G.Garitan ; page 260 : domaine public ; page 261 gauche : Licence de documentation libre GNU/Bibliothèque municipale de Nancy ; page 261 droite : Licence de documentation libre GNU/AnonymousUnknownAuthor ; page 262 haut et bas : domaine public ; page 264 droite : Licence de documentation libre GNU/UnknownAuthor ; page 264 gauche : domaine public ; page 265 gauche : Licence de documentation libre GNU/François-Séraphin Delpech ; page 265 bas : Creative Commons Attribution/G.Garitan ; page 267 : Licence de documentation libre GNU/Jean-Joseph Dassy ; page 268 haut et bas : domaine public ; page 269 gauche : domaine public ; page 273 bas : Shutterstock ; page 274 haut : Shutterstock ; page 275 droite : domaine public ; page 276 droite : Shutterstock ; page 277 haut : domaine public ; page 278 haut : Shutterstock ; page 279 : domaine public ; page 280 bas : domaine public ; page 282 : domaine public ; page 284 haut : domaine public ; page 285 gauche : domaine public ; page 286 droite : domaine public ; page 287: Licence de documentation libre GNU/Francisco de Paula Van Halen ; page 288 bas : Shutterstock ; page 289 : Shutterstock ; page 291 gauche : Licence de documentation libre GNU/Recueil des rois de France ; page 291 droite : domaine public ; page 292 haut : Licence de documentation libre GNU/AnonymousUnknownAuthor ; page 292 bas : domaine public ; page 293 haut : Licence de documentation libre GNU/Rijksmuseum ; page 293 bas : domaine public ; page 294 haut : domaine public ; page 294 bas : Shutterstock ; page 297 droite : Licence de documentation libre GNU/UnknownAuthor ; page 300 droite : Shutterstock ; page 301 haut : domaine public ; page 301 bas : Licence de documentation libre GNU/Belli değil ; page 302 : domaine public ; page 303 haut : Licence de documentation libre GNU/Popular Graphic Arts ; page 303 bas : domaine public.

Toutes les autres images proviennent de iStock.